# 經濟轉型與
# 信任危機治理

袁 正 ○ 著

崧燁文化

# 序

　　《經濟轉型與信任危機治理》是一部從經濟學角度研究信任問題的專著，也是我出版的第一本專著。

　　隨著市場化的不斷發展，市場範圍不斷擴大，匿名性、不確定性與風險無處不在，是否信任的問題時刻伴隨著我們。信任是社會中最重要的綜合力量之一（齊美爾，1900），信任是一種簡化機制（Luhmann，1979），信任是社會生活的雞湯（Uslaner，2000），信任是經濟交換的潤滑劑（Arrow，1972）。在理論和經驗上，都已經證明了信任可以促進經濟發展或經濟增長，信任也是增進人們幸福感的一個來源。信任和誠信是同一個問題的兩面，中國歷史上非常強調信的重要性，「信，國之寶也，民之所庇也」「民無信不立」「仁、義、禮、智、信」……這些思想深入人心。

　　在市場化轉型過程中，中國出現了道德滑坡、誠信缺失、不信任等社會問題。我將這一現象歸因於經濟轉型過程中治理機制的缺失。栗樹和（Li，2003）將治理區分為關係型治理和規則型治理，隨著市場範圍和交易規模的擴大，治理機制從關係型治理向規則型治理轉變，若關係型治理開始失去效率，而規則型治理沒有順利建立起來，就可能出現治理上的真空狀態，社會信任危機就可能出現。

因此，理想的轉型模式可以理解為：在轉型的初期，關係型治理沒有遭受明顯的破壞；隨著市場經濟的擴張，規則型治理在較短的時間內迅速建立起來。這樣，在轉型初期，通過有效的關係型治理，可以避免制度真空或制度低效造成經濟衰退和社會動盪。隨著轉型的深入，規則型治理成本迅速下降，並取代關係型治理。

治理信任危機主要有兩個思路，一是法律規則，二是聲譽機制。前者是正式制度，后者是非正式制度。法律實施的邏輯是人們應該按法律行事，否則將受到法律的懲罰。基於法律的懲罰機制可以實現誠信和信任。法律的實施可以改變行為人的行動空間或收益函數，從而改變均衡結果。一般認為，法律是市場經濟有序運行的基礎。當人們討論法律的功能時，常常假定存在一個高效、公正的法律系統，忽視了法律的局限性，如無法可依、存在司法成本、契約不完備、違約行為不可證實、司法腐敗與司法不公等。法律可以區分為好的法律和壞的法律，在好的法律環境下，誠信和信任會實現；在壞的法律環境下，欺騙會盛行。如果人們通過賄賂警察、法官就可以解決問題，為什麼還要誠實守信呢？因此，人們對法律好壞的判斷會決定其信任決策。世界價值觀調查（WVS）的跨國數據證實，一個國家的司法信心越高，其社會信任度也越高，對警察的信心、對政府的信心、對社會的信任度產生顯著的正向影響。世界價值觀調查（WVS）中國部分的微觀數據也證實，對司法的信心越高，個人的信任傾向就越高，對警察的信心、對政府的信心也顯著影響個人的信任傾向。

除了法律規則之外，聲譽機制也可以實現交易的治理。聲譽機制建立在重複博弈基礎之上，人們為了長期的合作收益，放棄短期

的欺騙誘惑，注重建立和維護誠信合作的聲譽。聲譽機制是一種自我實施的非正式制度，是一種私序。聲譽機制包括雙邊聲譽機制和多邊聲譽機制。雙邊聲譽機制基於雙邊懲罰，多邊聲譽機制基於多邊懲罰或集體懲罰。多邊聲譽機制可以區分為熟人社會的多邊聲譽機制和匿名社會的多邊聲譽機制。已有大量文獻討論熟人社會的多邊聲譽機制，似乎只有熟人社會才能提供有效的信息傳遞和多邊懲罰。事實上，匿名社會也可以實現信息傳遞和多邊懲罰，多邊聲譽機制也可以實現匿名交易的治理，我們稱之為匿名聲譽機制。在現代匿名社會，只有建立起覆蓋全社會的徵信系統，並且徵信系統起到了信用信息傳遞的仲介作用，匿名聲譽機制才可以建立起來。

按照波蘭尼的「雙向運動」理論，市場的不斷擴張會遭遇社會反向運動，社會保護力量會阻止市場的野蠻性，人民、輿論、政府不斷掀起自下而上或自上而下的制度變革，以阻止市場對社會造成破壞性后果。社會保護性質的立法有助於解決中國在市場化過程中出現的種種社會問題，我們相信隨著制度規則的完善，社會失序狀況將得到緩解，誠信和信任問題也將得到一定程度的解決。「魏則西事件」引爆了關於民營醫療機構和搜索引擎的不誠信甚至欺騙問題的探討。事件發生后，我們看到了社會保護運動的巨大力量，新聞媒體、民眾、社會組織、政府部門都是社會保護運動的參與者，相關領域的制度也趨向完善。

本書將信任危機歸因於經濟轉型過程中治理機制的缺失，在波蘭尼「雙向運動」理論邏輯下，我們將信任危機視為階段性現象，在市場經濟發展初期，市場力量的野蠻性導致不誠信、不信任等社會問題的出現，隨著市場經濟發展的深入，社會保護運動日漸興起，

法律規則將趨向完善，這些社會問題也將迎刃而解。因此，我們對信任危機等社會問題的解決持樂觀的態度。

袁　正

# 目　錄

1　導論 // 1
　　1.1　中國信任危機 // 1
　　1.2　本書概要 // 3

2　論信任：一個文獻綜述 // 7
　　2.1　不確定性與信任 // 8
　　2.2　信任的功能 // 10
　　2.3　信任的分類 // 14
　　2.4　信任的來源 // 16
　　2.5　小結 // 25

3　中國信任狀況 // 26
　　3.1　信任的衡量 // 26
　　3.2　中國的信任度 // 34
　　3.3　小結 // 59

4　關係契約與治理機制轉軌 // 60
　　4.1　引言 // 60

4.2　法律中心主義 // 60

　　4.3　麥克尼爾關係契約 // 62

　　4.4　關係契約的局限性與治理機制轉軌 // 65

　　4.5　基本結論與中國實際 // 68

5　可能治理曲線與理想轉型模式 // 71

　　5.1　引言 // 71

　　5.2　關係型治理與規則型治理 // 71

　　5.3　可能的治理曲線與理想轉型模式 // 76

　　5.4　中俄轉型經濟之比較 // 79

　　5.5　中國走向理想轉型模式的條件 // 80

　　5.6　結語 // 85


6　經濟轉型與誠信、信任危機 // 87

　　6.1　引言 // 87

　　6.2　轉型前社會關係型治理為主 // 88

　　6.3　轉型社會走向規則型治理 // 97

　　6.4　轉型期為何出現誠信和信任危機 // 101

　　6.5　結論與啟示 // 105


7　法律與信任 // 107

　　7.1　引言 // 107

　　7.2　好人壞人在不確定性下的信任決策 // 108

　　7.3　法律可以產生誠信和信任 // 110

　　7.4　好的法律和壞的法律 // 113

## 目　錄

　　7.5　法律不確定性下的信任決策 // 117

　　7.6　跨國經驗 // 118

　　7.7　中國經驗 // 122

　　7.8　結論 // 130

**8　聲譽機制與誠信、信任 // 131**

　　8.1　引言 // 131

　　8.2　單邊聲譽機制 // 132

　　8.3　雙邊聲譽機制 // 136

　　8.4　多邊聲譽機制 // 139

　　8.5　匿名聲譽機制 // 144

　　8.6　結語 // 147

**9　制度建設與信任重建 // 148**

　　9.1　自由市場 // 149

　　9.2　自由市場的野蠻性 // 151

　　9.3　社會保護運動與雙向運動 // 164

　　9.4　社會保護的推動者 // 166

　　9.5　社會保護措施 // 169

　　9.6　中國的社會失範與重建 // 172

　　9.7　結語 // 174

**10　醫療領域的誠信問題 // 175**

　　10.1　魏則西事件 // 175

10.2　美國社會保護運動的歷史經驗 // 177

10.3　魏則西事件引發中國醫療領域的社會保護運動 // 184

10.4　結論 // 205

**11　發展徵信業，建立匿名信任** // 207

11.1　概念界定 // 207

11.2　發展徵信業之重大需求 // 208

11.3　徵信業 // 211

11.4　國內徵信業發展現狀 // 215

11.5　政策建議 // 220

**參考文獻** // 222

# 1　導論

## 1.1　中國信任危機

　　中國的經濟改革與建設取得了巨大的成就，經濟發展了，國內生產總值上去了，人們的物質生活水平大大提高了。但是，在經濟發展的過程中，出現了誠信危機、道德滑坡、信任缺失等社會問題，不但增加了經濟運行的成本，降低了經濟運行的效率，也在一定程度上剝奪了人們的幸福感。

　　中國社會正面臨著較為嚴重的信任危機。誠信、信任問題引起了黨和國家的高度重視。黨的十八大報告中六次出現「誠信」二字，其中提到「一些領域存在道德失範、誠信缺失現象」，要「加強政務誠信、商務誠信、社會誠信和司法公信建設」。黨的十七屆六中全會明確指出要「把誠信建設擺在突出位置，抓緊建立健全覆蓋全社會的誠信體系，加大對失信行為的懲戒力度，在全社會廣泛形成守信光榮、失信可恥的氛圍」。溫家寶同志在回答關於「毒奶粉」等假冒偽劣產品的問題時曾強調誠信和道德是現代社會應該解決的緊迫問題。[1]

　　人們很難信任陌生人，即使熟人之間也因殺熟現象而不輕易信任，現在的父母都在教育孩子不要和陌生人說話。綠燈亮起，行人卻不敢過斑馬線，人們不能信任綠燈，更不能信任車主，因為車主將行人撞死在斑馬線上的事件時有發生。多起「扶摔倒老人被訛」的事件被曝光之後，社會出現「老人摔倒而沒人敢扶」的局面。人們感嘆：「不知道是壞人變老了，還是老人變壞了?!」2011年10月13日，2歲的小悅悅在佛山南海黃岐廣佛五金城相繼被兩車碾壓，7分鐘內，18名路人路過但都視而不見，漠然

---

[1] 新華網. 溫家寶談「毒奶粉」：誠信和道德是社會應解決的緊迫問題[EB/OL]. (2010-02-27)[2016-08-30]. http://news.xinhuanet.com/politics/2010-02/27/content_13063190.htm.

## 經濟轉型與信任危機治理

而去，最后一名拾荒阿姨陳賢妹上前施以援手，但小悅悅經醫院搶救無效最終離世……好心人被誣陷，路人冷漠，不施以援手，當今社會的道德良知一次次被無情地拷問。

人們不信任商業企業，因為「毒奶粉」「瘦肉精」「假疫苗」「毒膠囊」「染色饅頭」「地溝油」「速生雞」「偷排放」等商業不誠信事件頻發。人們不願信任公共組織，人們對地方政府、法院、警察、醫院等的信任度也不斷下降，「釣魚執法」「養魚執法」「趙作海案」「躲貓貓事件」「野蠻拆遷致死」等事件，一次次讓民眾感到失望。「野蠻拆遷」導致的惡性事件，大多源於補償太低，並且還存在官商勾結的現象。2009年，中國人均輸液8瓶，遠遠高於國際上2.5~3.3瓶的水平，中國人均抗生素的使用量是美國的10倍，濫用抗生素與過度醫療成為醫院賺錢的工具，反而掩蓋了治病這一基本功能。一些權力執法部門為了「創收」，不惜「釣魚執法」，有些地方居然有辦案指標、有罰款任務。可以想像，當罰款任務存在時，「養魚執法」勢必取代真正的治理。不難想像，為什麼高速公路上明明超載的大貨車還能上路：只因為罰款不卸貨，交錢后超載車輛照樣暢通無阻。當任務完成較為困難時，「釣魚執法」就會滋生。老百姓最關注的「兩會」熱點問題中，司法公正常常位列其中。中國行政訴訟勝訴率不足三成，地方政府干預司法，「權大於法」現象屢見不鮮。陝西鳳翔「血鉛」事件曝光之前，居然還是「生態示範縣」。「三鹿毒奶粉」事件曝光之前，三鹿奶粉是國家免檢產品。雙匯集團這麼著名的大企業集團，居然使用「瘦肉精」豬肉。錦湖輪胎違規生產低質量輪胎，一邊是國家質檢總局授予的3C認證標準，一邊卻違規操作。在一些事件曝光之後，當事部門或主管部門總是匆忙、草率地公布調查結果，甚至試圖蒙騙民眾，常常把「臨時工」作為替罪羊，以此來推卸責任。在一次次不誠信事件發生之後，人們對工商企業、政府部門的信任度不斷下降，整個社會的誠信危機也越來越嚴重。

民眾能放心地消費商品嗎？民眾能信任誰？這是一個個沉重的社會問題。生活在一個沒有誠信的社會裡，人們沒有安全感、缺少幸福感，我們每個人都可能成為當事人：假如我們老去，摔倒在路邊，可能沒有人願意扶起；我們自家的「小悅悅」倒在路上被反覆碾壓，路人卻沒人救助……這將是多麼悲慘的結局。

每個人都在擔心自己吃的是有毒食品，穿的是黑心棉，擔心被「釣魚執法」，擔心自己的財產被無理剝奪。因此，有些人選擇移民國外，找一

個「活得放心」的地方。國外反動勢力則乘機煽風點火，用這些事件來攻擊中國。

## 1.2 本書概要

本書研究中國誠信、信任問題出現的原因以及如何治理。我們對信任問題做了一個文獻綜述，介紹了信任的定義、信任的功能、信任的分類、信任的來源等內容。已有研究告訴我們信任問題是什麼、信任的重要性、怎樣建立起信任，這些已有研究的思想對本書的研究具有啓發性，構成了本書的研究基礎。

本書介紹了信任的測度。這是學術界的難題，現在廣泛應用的兩種方法主要是問卷調查和實驗方法。美國的綜合社會調查（GSS）、世界價值觀調查（WVS）都使用問卷調查的方式調查受訪者的社會信任情況。用實驗方法測度被測試者的信任情況多基於伯格等（Berg, et al, 1995）的信任博弈實驗。在信任博弈實驗中，用委託人的投資比衡量信任度，用代理人的返還比衡量可信度或誠信度。不管是調查數據還是實驗數據，中國的社會信任度均是比較高的。本書的研究認同馬德勇（2008）的觀點，中國的社會信任問題不是信任度高低的問題，而是信任度下降過快的問題，在轉型期，中國的社會信任度總體上呈現出不斷下降的趨勢。

本書探討信任問題的角度是轉型和制度分析。改革開放以來，中國從計劃經濟向市場經濟轉型，隨著市場化進程的不斷深入，人格化交易向非人格化交易轉變，「熟人社會」的聲譽機制走向瓦解，而適應非人格化交易的制度規則還不是很完善，這可能造成微觀治理機制的失效，甚至出現制度真空，這就導致了誠信缺失和信任危機。誠信缺失和信任危機是轉型社會的共同特徵，俄羅斯的激進式轉型導致的無序狀態甚至更嚴重。即使美國這樣的發達國家，也經歷過社會轉型，也曾經出現過誠信和信任問題。波蘭尼在《大轉型》一書中用雙向運動來描述市場化運動及社會自我保護運動。在市場化運動中，一個「脫嵌」的、完全自我調節的市場力量是十分野蠻的力量，它試圖把人類與自然環境轉變為純粹的商品，必然導致社會與自然環境的毀滅。市場化的核心原則是經濟理性，市場主體為了追求利益、追求效率、追求經濟增長，把一切資源（包括勞動力、土地和自然資源）都商品化，一切都要為利潤和經濟增長讓步，包括公平、倫理、道德、誠信、生態環境、私有產權、職工權益、公共衛生、醫療、公

## 經濟轉型與信任危機治理

共教育、房地產市場、土地財政、食品藥品安全、生產安全等。自由市場的發展為人類帶來了前所未有的物質財富的增長，但也帶來了一系列複雜的社會、政治和環境問題，進而激發出各種各樣的社會自我保護運動。國家治理就在市場化運動和社會自我保護運動這一「雙向運動」中艱難地平衡和進步。所有工業化國家都經歷過這種「雙向運動」。在美國經濟增長迅速的時代，工業化和城市化快速進展，但貧富差距日益加大，企業行為缺乏監管，政府官員腐敗，環境問題日趨嚴重，工人權利得不到保護，食品安全缺乏監管，民怨沸騰。這驅使美國改善政府治理方式，加強制度建設，監管經濟行為，為大多數人提供基本的社會保障。

在規模較小的交易群體裡，信息發現和傳遞具有優勢，對違約行為的集體懲罰也易於執行，因此關係內群體能實現有效的自我治理。隨著交易規模和範圍的擴大，關係型治理的成本遞增，而規則型治理的成本遞減，當規則型治理的成本低於關係型治理時，關係型治理將讓位於規則型治理。在中國的漸進式轉型過程中，轉型前的人際關係大部分被延續下來，關係型治理沒有遭受大的破壞。轉型初期，關係型治理是主要的交易治理機制，而且是有效率的。這可以解釋中國漸進式轉型的經濟成功。相反，俄羅斯的激進式改革幾乎在一夜之間破壞了關係型治理，短期內又不能建立起完善的正式機制，因此造成微觀治理機制的失效，甚至出現了一段時期的制度真空。這時經濟上往往表現為經濟危機或經濟衰退，政治上往往表現為政治危機，社會層面則出現社會動盪和社會危機（王永欽，2009）。中國的轉型和發展必然意味著交易範圍的擴張，伴隨這一過程的是關係型治理的成本遞增和規則型治理的成本遞減，因此中國始終要面臨一個挑戰，即如何順利地從關係型治理向規則型治理轉變。在關係型治理向規則型治理轉變的過程中，如果市場規模已經足夠大，關係型治理已不再適用，但正式制度尚未建設到位，那麼在轉變的臨界點上，就可能出現治理機制的真空狀態，這時可能出現經濟、社會、政治上的衰退、無序和動盪。中國轉型要避免出現這樣的斷層，就必須在經濟發展的一定階段及時跟進制度建設。如果市場經濟的制度規則能快速地建立起來，那麼之前有低成本的關係型治理，之後有低成本的規則型治理，就能順利實現從關係型治理向規則型治理的轉變，整個轉型過程都是低成本、高效率的。

既然誠信、信任問題是由制度缺失造成的，那麼解決這一問題的關鍵就是制度建設。在轉型社會，交易類型大體上可以分為兩種，一種是「熟人社會」的人格化交易，另一種是「匿名社會」的非人格化交易。在雙邊

或多邊「熟人社會」中，人們依靠自我實施的聲譽機制實現交易的治理，在匿名交易中，人們從徵信機構這樣的中間組織獲取信用信息，也可通過多邊聲譽機制解決誠信和信任問題。這樣，不管是「熟人社會」還是「匿名社會」，不管是重複博弈還是一次性博弈，聲譽機制都可以促進誠信和信任。在華人社會裡，「熟人社群」的聲譽機制一直發揮著重要作用，但中國的匿名聲譽機制還沒有建立起來，原因是沒有一個覆蓋全社會的徵信系統。

在中國的轉型經濟中，市場交易的規模和範圍不斷擴大，人格化交易向非人格化交易轉變，匿名交易成為市場交易的主要部分。在匿名交易中，交易主體之間由於信息不對稱，容易陷入「囚徒困境」，交易及其剩餘無法實現。在匿名交易中，法律作為正式的規則型治理，可以實現交易主體的誠信和信任。基於國家強制力實施的法律規則可以實施懲罰機制，改變交易主體的行動空間或支付函數，從而改變均衡結果。法律機制對交易治理的有效性建立在法律本身的有效性上。然而，法律有其局限性：法律執行是有成本的；法律規則的建立往往滯后於市場發展，常常無法可依；有限理性和不完全信息，使得合同是不完備的，法律無法對沒有約定的交易環節進行裁決，這給了法官自由裁量權；即使合同約定清楚的內容，也可能因為違約行為無法證實，使得法律無法起作用；即使法庭做出了公正的裁決，也可能出現司法裁決難以執行的情況；執法者也是「經濟人」，也具有機會主義傾向，執法的公正性就成為一個問題。我們把法律區分為好的法律和壞的法律，好的法律可以實現交易的有效治理，而壞的法律卻對此無能為力。人們對法律好壞的先驗概率會影響其信任決策，對法律越有信心，越願意信任對方。

我們在波蘭尼的雙向運動框架下，介紹自由市場經濟的野蠻性，列舉了生態環境破壞、圈地運動、食品安全、勞工問題、腐敗問題等社會無序狀況。針對這些問題，英國、美國這樣的老牌資本主義國家興起了社會保護運動，新聞媒體、民眾、政府都不願意看到一個日益敗壞的社會，新聞媒體揭露種種醜聞，民眾的不安全感、自我關切和政治參與被喚起，政府通過致力於制度建設，從結構上改革政府，使得政府能夠積極、負責和有能力地解決存在的各種社會、經濟和政治問題。行政上，政府通過改革運作機制和方式，提高政府的效率，減少腐敗的機會，建立對公民更加負責的政府；經濟上，政府將大型企業置於公共控製之下，運用政府權威制衡私人商業利益，對市場進行管制，保護農民、工人、小業主和消費者的

## 經濟轉型與信任危機治理

利益。

2016年5月,「魏則西事件」成為中國輿論的焦點,醫療市場的「野蠻性」被媒體深挖,民營醫療機構的資質造假、虛假宣傳、醫療騙術、過度醫療、醫療事故等各種不規範行為牽動了每一個人的神經。從「女孩怒斥號販子事件」,到「百度血友病貼吧被承包事件」,再到「魏則西事件」,醫療領域的不誠信、無序被媒體揭發,引起了公眾的持續關注和憤怒,政府部門隨後介入調查,並做出了處理。這一案例是中國社會不誠信問題的一個縮影。

在「匿名社會」,若沒有一個傳遞個人聲譽信息的途徑,欺騙者可以欺騙一個又一個的陌生人,人們在面對陌生人時,就會普遍地不信任。如果社會存在徵信體系,就可起到傳遞聲譽信息的作用。徵信機構為每個經濟主體建立信用帳戶,經濟主體在交易之前向徵信機構查詢交易對象的信用情況,並據此決策其交易行為。這樣一來,人們不會和聲譽差的人交易,每個人就都會注重維護自己的誠信聲譽。只要建立起覆蓋全社會的徵信系統,每個人都將主動控制自己的違約行為。徵信系統起到了與法律一樣的威懾作用,即使沒有健全的法律,在徵信系統的作用下,也可以實現匿名交易的誠信。投資建設覆蓋全社會的徵信系統是建立社會誠信和信任的有效途徑。

# 2　論信任：一個文獻綜述

「信，國之寶也，民之所庇也。」① 「民無信不立。」②齊美爾（1900）把信任看成「社會中最重要的綜合力量之一」，「沒有人們相互間享有的普遍的信任，社會本身將瓦解。」霍布斯（1651）描述了人與人之間沒有任何信任時將面臨的困境，人們將會陷入「所有人對所有人的戰爭」，即「霍布斯叢林」。在不誠信的社會裡，社會交往中將時刻處在對抗狀態，中國社會暴力化也將逐漸成為常態（鄭永年，2011）。③ 權貴集團失信於民，暴力奪取利益，弱勢民眾則暴力反抗剝奪，長此以往，這種狀態必將影響社會穩定和政權穩固。

有些學者認為，市場經濟遵循經濟理性，機會主義是人的本性（Williamson，1985），這種本性必然導致人們為了追逐自身利益而不擇手段，道德滑坡是市場化的派生物。國內外的傳統觀念常常把「義」與「利」對立起來，中國有「見利忘義」「無商不奸」「為富不仁」之說，古希臘的亞里士多德有關於「所有的商業皆是罪惡」的論述。近年來，中國出現的誠信問題不僅破壞了公平競爭的市場秩序，而且引發了人們對市場化改革的正義性、公平性和進一步成功的擔憂。誠信不僅是對個體的一種道德要求，也是關係到社會主義市場經濟能否有序、高效運行的關鍵性條件（楊瑞龍，2002）。亞當·斯密在寫作《國富論》之前，寫作了《道德情操論》，認為市場經濟是建立在講道德的基礎之上的，人可以自利，但不能損人。猶如中國的古話：「己所不欲，勿施於人。」④ 溫家寶同志也說：「《國富論》與《道德情操論》，在我心中具有同樣重要的地位。」日本商

---

① 左傳·僖公二十五年［M］//阮元. 十三經註疏. 北京：中華書局，1980：1821.
② 論語·顏淵［M］//阮元. 十三經註疏. 北京：中華書局，1980：2505.
③ 鄭永年. 司法衰敗、信任危機和中國的社會暴力化［EB/OL］.（2011-02-15）［2016-08-30］. www.21ccom.net/articles/zgyj/ggzhc/article_2011021529836.html.
④ 論語·顏淵［M］//阮元. 十三經註疏. 北京：中華書局，1980：2518.

業之父澀澤榮一有句名言：「一手拿著《論語》，一手拿著算盤。」澀澤榮一在《論語與算盤》一書中總結了自己的成功經驗：「既講精打細算賺錢之術，也講儒家的忠恕之道。」

## 2.1 不確定性與信任

在市場機制作為資源配置的主要手段的社會中①，交換是占支配地位的社會關係，社會分工越發達，交換就越普遍。交易契約的履行依靠雙方的誠信守約，基於誠信的交換是互惠的，交易必須建立在帕累托改進的基礎之上。主流經濟學視市場為非人格化的匿名交易，非人格化匿名交易以貨款和貨物在時空上的分離為特徵（Greif, 2006）。這時，交易的交付就變成一個「囚徒困境」問題，實施交易契約的一方將面臨機會主義風險，一方的不誠信會給另一方帶來風險。因此，交換的基礎是信任，只有很少的交易是建立在對他人的確定性認知之上的。

信任與不確定性和風險聯繫在一起，如果雙方互相瞭解，也就不需要去考慮信任問題；如果雙方互不瞭解，那麼一開始也不會互相信任。因此，信任介於知與無知之間（齊美爾，1900）。只有對對方的誠信狀況不瞭解時，信任問題才會產生。盧曼（Luhmann, 1979）認為信任與不斷增長的複雜性、不確定性和風險聯繫在一起。隨著現代社會不確定性和風險的增加，信任的重要性也增加了。「當今充滿偶然性、不確定性及全球化條件下，信任變成一個非常急迫的中心問題」（Misztal, 1996）。在科爾曼（Coleman, 1988）看來，信任他人意味著將資源交給被信任者處理，若被信任者是可信任的，將帶給信任者利得；若信任過度，信任了不可信任者，則會帶給信任者損失。亞當·塞利格曼（Adam Seligman, 1997）把信任看成與勞動分工、角色分化、多元化以及作為結果的不確定性相關聯的特殊現代現象。現代社會生活具有時空分離的特徵，吉登斯（2000）認為，正是這種脫域特徵使得人們的社會交往從「在場」向「缺場」轉變，陌生成為常態。在不確定的環境裡，「信任是個體面臨不可預料事件，預期的損失大於預期的利益時，所做的一個非理性選擇行為」（Hosmer, 1995）。彼得·什托姆普卡（Piotr Sztompka, 2005）認為，信任是對他人未來的可能行動的賭博。博內特和澤克豪澤（Bohnet & Zeckhauser, 2004）

---

① 除此之外，傳統和命令也是資源配置的方式，即由傳統運行的經濟和由命令運行的經濟。

將信任視為一種風險行為，因此信任決策應該有額外的風險溢價來彌補信任背叛所帶來的損失。

正是因為不確定性和風險，信任是一種對他人在未來的行動的一種預期或信心。賴茨曼（Wrightsman，1974）認為，信任是個體特有的對他人的誠意、善意及可信任的普遍可靠性的信念。羅特（Rotter，1967）認為，信任是個體對另一個人的言詞、承諾及口頭或書面的陳述的可靠性的一般性的期望。吉登斯（2000）將信任定義為對一個人或一個系統之可依賴性所持有的信心，這種信心表達了對誠實或他人的愛的信念，或者，對抽象原則之正確性的信念。薩貝爾（Sabel，1993）認為，信任是交往雙方對於兩人都不會利用對方的易受攻擊性的相互信心。巴伯（1983）將信任定義為對於自然的和道德的秩序的堅持和履行的期望，對那些與自己保持人際關係和有制度性角色交往的人，能按照角色要求行動的期望，對被信任者願意履行他的信託義務的一種確信。福山（Fukuyama，1995）認為，信任是成員對彼此常態、誠實、合作行為的期待，基礎是社團成員共同擁有的規範以及個體隸屬於那個社團的角色。巴塔查里亞等人（Bhattacharya, et al, 1998），吉南（Guinnane，2005），法尚普斯（Fafchamps，2004），羅（Luo，2005）都將信任定義為存在不確定性的情況下，對其他經濟行為者合作行動的樂觀預期。科爾欽斯基（Korczynski，2000）認為，相信交易對方不會利用自己的弱點。馬德勇（2008）認為，中國的信任問題不是初始存量過少的問題，而是社會轉型期信任存量過快下降的問題，對信任下降的一個解釋是不確定性，當社會的不確定性增加時，社會信任就會下降。中國當前信任度的下降主要是社會快速的轉型導致不確定性增加，進而造成了信任的下降。

當然，不可否認，一些人不考慮交易的不確定性和風險，即使面對陌生人，即使對方欺騙他，他也會信任對方。這種信任基於個人的道德心理，因為人類不僅具有自利的天性和機會主義行為傾向，也具有誠實、互惠的天性。信任是一種人際態度，與行為主體的社會心理特質有關，行為主體是否信任他人取決於他對世界的主觀態度。尤斯拉納（Uslaner，2002）認為，信任基於樂觀主義的世界觀。簡·曼斯布里奇（Jane Mansbridge，1999）指出，即使經驗告訴你他人可信度不高，你仍然願意相信他們，這是利他性信任。利他性信任有以下幾種：親緣性利他產生親人間的信任，互惠性利他產生熟人間的信任，道德性利他產生普遍信任。本書不否認利他性信任的存在，但懷疑利他信任的普遍性。雖然人的行為並非唯一地受

自利性引導，但歸根結底，亞當・斯密相信最能貫徹始終的、最普遍適用的，從而也是最可靠的人類行為動機是人對自我利益的追求（汪丁丁，1998）。物競天擇的結果把人的自利性固定下來，在生存競爭中取勝的幸存者都是按照自利原則行事的人。在不確定的環境裡，「小心駛得萬年船」，不顧風險盲目利他的人都被淘汰了。親緣性利他實際上是以一時之付出換得他時之回報，比如父母利他性養育孩子、孩子利他性回報養育之恩，這對於群體的繁榮來說，仍然是理性行為。互惠性利他交易中，理性同樣得到體現，利他的同時也利己。道德性利他同樣是理性的，如果不保持誠信合作，就會出現制度主義所說的合法性危機，沒有誰會長期信任一個欺騙別人、傷害別人的人。

## 2.2　信任的功能

齊美爾（1900）把信任看成社會中最主要的凝聚力之一，沒有人們相互間享有的普遍的信任，社會本身將變成一盤散沙，趨於瓦解。幾乎很少有什麼關係能夠建立在對他人確切的認知之上。盧曼（Luhmann，1979）提出，信任是減少社會交往複雜性的簡化機制。海默（1976）認為，信任有助於行動者消減社會關係中的不確定性和易變性。[1] 盧曼（Luhmann，1979）認為，由於社會的複雜與人的有限理性，人類無法獲取完整的信息，通過信任彌補理性的不足和信息的缺陷，來減少社會交往過程中的複雜性，從而確保內心的安全感。布勞（1964）認為，信任是「穩定社會關係的基本因素」[2]。鄭也夫（2001）認為，信任是社會秩序的基礎之一。張維迎（2001）認為，在市場經濟中，信任是所有交易的前提，市場經濟的道德基礎最重要的是信譽或信任。阿羅（Arrow，1972）認為，信任是經濟交換的有效的潤滑劑。希克斯（Hicks，1976）認為，信任是很多經濟交易所必需的公共品德。阿羅（1972）說：「世界上很多經濟落後現象可以通過缺少相互信任來解釋。」巴伯（Barber，1983）指出，信任是一切社會系統中無所不在和重要的一種社會控製工具。信任、價格和權威一起構成保證社會有效運行、促進經濟繁榮所不可或缺的三大機制。信任就像在經濟交換中使用功效顯著的潤滑劑，信任比採取權威或者討價還價要快速得

---

[1] 張靜. 信任問題 [J]. 社會學研究，1996 (5)：41-46.
[2] 張靜. 信任問題 [J]. 社會學研究，1996 (5)：41-46.

多、省力得多（Powell, 1990）。普特南（Putnam, 1993）把信任視作社會資本的重要組成部分，社會組織中諸如信任、規範以及網路等特點，可以促進合作而提高社會的效率。信任和社會網路、道德規範一起被稱為社會資本的主要組成部分。科爾曼（Coleman, 1990）也把信任看成一種社會資本形式，信任可減少監督與懲罰的成本。

信任會直接影響甚至決定經濟效率，社會信任的水平可以直接預測經濟的繁榮（Fukuyama, 1995）。社會信任通過促進合作、減少交易成本和降低風險的非正式制度發揮作用（Fukuyama, 1995；2000）。幾乎所有的經濟學家都認為，較高的信任水平可以降低交易成本，提高社會組織的運行效率，從而促進經濟增長（Putnam, 1993；Knack & Keefer, 1997；Zak & Knack, 2001）。納克和基弗（Knack & Keefer, 1997）認為，經濟活動需要信任才能完成，在市場經濟國家中，信任和民間合作與經濟績效有很強的聯繫，信任和民間合作能促進經濟增長。高信任的社會可以降低交易成本，高信任的社會可以通過鼓勵投資、加快物質資本和人力資本累積、鼓勵企業家的創新、降低政府的執政成本等方式提高一國的經濟績效。經濟學家們的計量分析發現，信任和經濟增長之間存在著很強的正相關性，如果信任上升一個標準差，就會帶來超過 0.5 個標準差的經濟增長。拉·波特等人（La Porta R, et al, 1997）對 39 個國家 1970—1993 年的數據研究發現，信任對人均國內生產總值增長率有顯著的正相關關係。懷特利（Whiteley, 2000）對 34 個樣本國家 1970—1992 年的數據研究發現，信任與經濟增長正相關。迪爾蒙等人（Dearmon, et al, 2009）的研究指出，各國信任水平的不同，能夠影響物質資本以及人力資本的效率，並最終對各國的產出造成影響。羅曼·霍瓦特（Roman Horvath, 2013）也證實，信任確實是影響經濟長期增長的一個重要因素，法律制度越弱的國家，信任對經濟增長的影響越強。澤克和納克（Zak & Knack, 2001）的模型研究結果表明，如果一個社會的信任水平很低，那麼儲蓄將不足以維持正的經濟增長，因為信任水平低，所以投資較低，增長也較低。「低信任貧困陷阱」常常發生在正式和非正式機構對詐欺行為懲罰較弱的社會中。信任取決於交易發生的社會、經濟和制度環境，制度通過影響信任進而對增長產生影響。當制度較弱的時候，人際信任對經濟增長有很大的影響（Ahlerup, et al, 2009）。本傑斯科夫（Bjornskov, 2006）分析了信任通過哪些途徑對增長產生作用，他利用世界價值觀調查（Word Values Survey, WVS）的數據，證實了信任對增長的因果關係。本傑斯科夫等人（Bjornskov, et al, 2012）

認為，信任通過學校教育、法律法規直接影響經濟增長，或者通過影響投資率來間接影響經濟增長。阿爾干和卡赫克（Algan & Cahuc, 2013）通過研究106個國家信任與經濟發展之間的關係，得出了信任對於經濟發展具有正面的影響。也有研究結論認為，信任和經濟增長不相關或者存在負相關關係。赫利韋爾（Helliwell, 1996）利用17個經濟合作與發展組織國家（OECD）的樣本得出信任對經濟增長率存在顯著的副作用。羅思（Roth, 2009）通過研究41個國家1980—2004年的數據，發現在經濟合作與發展組織的幾個國家中，信任水平與該國家的經濟增長呈負相關關係，但在拉丁美洲的一些國家裡卻呈現正相關關係，他據此認為信任與經濟增長可能呈現倒U形關係。布格爾斯迪克和斯海克（Beugelsdijk & Schaik, 2005）選取歐洲的54個地區作為樣本，並沒有發現信任與經濟增長之間存在顯著的相關性。

信任對經濟增長的作用表現為直接效益和間接效應，直接效益表現為影響經濟活動的效率和規模。索洛（Solow, 1995）指出，信任更多地通過間接途徑影響經濟增長，信任有利於降低交易成本，減少不確定性和信息限制，從而間接地促進物質資本累積、人力資本累積、技術創新及技術擴散。信任通過減少交易成本，促進人際、組織間的合作。信任的經濟效率來源於其對合作行為的促進，促使人際組織在不完全契約和不完全信息情況下進行有利的交易。布勞（Blau, 1964）提出人與人之間的信任是合作和社會協調互動的基礎。勞勒（Lawler, 1992）認為，信任可以使得團隊合作更具效率。萊迪亞德（Ledyard, 1995）提出信任是促使人們進行合作的一個系統性因素。努特布姆（Nooteboom, 2002）與福山（Fukuyama, 1995）指出，當社會關係處於高度信任的情況時，人們願意與他人進行交易，這會降低整個交易成本並增進雙方合作的穩定性。普魯伊特和基梅爾（Pruitt & Kimmel, 1977）以及山岸（Yamagishi, 1986）從社會心理學角度提出「目標理論」，認為互相信任是為達到一個共同的目的，從而形成合作的基礎。懷特利（Whiteley, 2000）指出，高信任社會用於監督、強制執行和保護產權的交易成本較低。高信任社會更少地依賴正式制度來實施協議，選擇長期最優而非短期的生產技術，這樣更有利於社會的長期發展。信任還有助於解決集體行動問題，在高信任社會中，人們較少地搭便車，更願意進行公共資源投資。信任有助於解決委託代理問題，福山（Fukuyama, 1995）指出，信任是正式制度的替代品，在正式制度不能完全安排合約的情況下，信任具有簡化複雜交易的作用。高信任社會對合同

和法律的依賴程度較低，人們在一個相互信任的環境中工作，交易變得更加容易。福山認為，信任直接影響一個社會的經濟實體的規模、組織方式、交易範圍和交易形式以及社會中非生產性尋租活動的規模和強度。納克和基弗（Knack & Keefer, 1997）指出，如果一個企業家把大量的時間和精力用來監督合作者、員工和供應商中可能存在的欺騙行為，那麼他們用來進行產品生產和創新的時間就會減少。普特蘭認為，經濟增長需要互惠的合作，一個社會如果以普遍的信任和互惠為主要特徵，那麼將有助於提高這個社會的總體經濟效益。信任也有利於提高政策的執行效率，有利於公共品的提供，有利於社會的融合，有利於提高個人對生活的滿意度（Delhey & Newton, 2003）。科爾曼（Coleman, 1988）、拉·波特（La Porta, 1997）、普特南（Putnam, 2000）指出，信任能夠創造更高的人力資本，信任能夠促進教育程度的提高，促進主體增加對教育、培訓等的投資。澤克和納克（Zak & Knack, 2001）研究發現，信任通過影響投資進而影響經濟增長。他們的研究結果表明，信任會促進金融投資。拋開風險偏好等因素，那些對外界有著高度信任感的民眾比對外界有著低信任感的民眾更加願意將自己大部分財富投資於資本市場，他們只保留少部分現金供日常使用。有著較高信任水平的人會更多地使用支票付款，也會更頻繁地借助信用機構取得借款（Guiso, et al, 2004）。對於保險銷售人員而言，投資者如果信任保險銷售人員所推薦的保險合同，那麼投資者所購買的合同份額就會增加，從而使得保險市場更加繁榮（Cole, et al, 2013）。吉索（Guiso, 2010）在分析2008年全球金融危機爆發的原因時指出，社會信任度降低也是這一事件發生的導火索之一。在經濟形勢不好的情況下，對未來形勢不看好使得民眾對外界的信任程度降低，因而會減少銀行存款，減少金融市場投資，資金鏈的斷裂使得金融仲介出現虧損、破產，進而影響實體經濟，各種因素交織在一起使得金融危機爆發。

納克（Knack, 2002）分析信任對政府治理的影響，高程度的信任會導致更多的問責，充足的信任會幫助政治家和選民解決囚徒困境問題，更容易達成共識；信任水平越高，越有利於制度創新，民眾對政治家越信任，越能避免對政策創新的懷疑。在低信任的社會裡，民眾會質疑政策創新只是照顧特殊利益集團，也很少能夠得到公眾的支持。麥卡勒姆（McCallum, 1995）等指出信任通過降低交易成本對國際貿易產生影響。福爾肯（Volken, 2002）基於互聯網主機的擴散，發現信任對技術擴散具有重要作用。

較高的社會信任水平在一定程度上促進勞動力的流動。社會的信任程度越高，人際關係就越好。和諧的環境使得流動的勞動力不會感覺到流入地的排斥與歧視，因而更加願意流動。高虹、陸銘（2010）研究中國農村的勞動力流動時發現，當市場化水平較高時，信任對勞動力流動產生正向的促進作用。信任與勞動力市場及失業率也存在一定的關係，在信任程度高的地區，員工與雇主有著良好的關係，工會化程度也較高，使得企業有著更加良好的勞資合作關係，失業率也隨著工會化程度及職工之間良好的關係而降低。如果該企業信任程度較低，使得勞資合作關係惡化，則需要較強硬的手段來對員工進行管理，造成勞動力與雇主之間的緊張關係。信任通過影響分工進而影響著企業的組織形式及創新，高信任度促使合理分工形成，使得企業生產效率提高和產出增加（Algan & Cahuc, 2013）。張爽、陸銘和章元（2007）研究發現，在中國，社區層面的公共信任可以減少農村貧困。張維迎和柯容住（2002）的研究表明，信任不僅影響企業的規模及其分佈，還同時影響企業的效益，信任對一個地區的經濟績效有著顯著的影響。楊宇、沈坤榮（2010）也證實，信任對中國經濟增長具有顯著的正向影響。何立華（2009）認為，較高程度的社會誠信有利於社會分工的發展，從而促進經濟發展。蔣文婷等（2015）利用中國綜合社會調查得到的數據衡量各地區的平均信任水平，研究發現信任對於中國經濟發展有著顯著的正向促進作用，特別是信任對於固定資產投資的影響較為突出。

## 2.3 信任的分類

韋伯（1995）將信任分為特殊信任和普遍信任，前者以血緣、親緣或地緣性社區為基礎，建立在特殊人際關係之上；後者以信仰共同體為基礎，對陌生人也信任。盧曼（1979）將信任分為人格信任與系統信任。前者建立在熟悉度及人與人之間感情聯繫的基礎上；後者則建立在像法律一類的懲戒機制之上，系統信任是普遍信任，人們之所以對陌生人也願意信任，是因為相信制度系統會約束人的欺騙行為。盧曼所指的人格信任與韋伯的特殊信任類似，而系統信任與普遍信任類似。齊美爾（1900）將信任區分為「對他人誠實的信任」和「對社會政治組織和秩序的信任」兩種基本類型。前者是人格信任，與人際特殊性有關；後者是系統信任，基於結構、制度的秩序之上。從傳統到現代的轉變過程中，信任類型從人格信任

為主轉變到系統信任為主，貨幣在這種轉化中起了巨大的作用。吉登斯（2000）將信任區分為人格信任和基於符號系統及專家系統的信任。顯然，人格信任是特殊信任，而符號系統和專家系統是系統信任。人們信任貨幣相應的購買力，信任自己寫的文字能被別人看懂，這是符號信任。人們對飛機的信息知曉不多，但是信任飛機，在於他們相信飛機是由專家製造和操控的。當人們見到國家免檢產品標誌時，會提高對該產品的信任度。學生對教授的課堂更信任，人們更信任主任醫生，這些都是基於專家系統。

朱克（Zucker, 1986）把信任分成基於經驗的信任、基於社會相似性的信任和基於制度的信任。基於經驗的信任根據對他人過去的行為和聲譽的瞭解而決定是否信任；社會相似性產生的信任，一般來說，彼此的成長經歷和生活環境相似性越多，信任度越高；制度信任基於非人格的社會規章制度的保證而給予信任。夏皮羅等人（Shapiro, et al, 1992）把信任區分為基於遏制的信任、基於知識的信任和基於認同的信任。基於遏制的信任是害怕受到對方的懲罰而保持信任；基於知識的信任是指對他人有足夠的瞭解，從而能準確地預測對方的行為而給予的信任；基於認同的信任是指具有共同偏好和利益的人們之間的信任。劉易斯和魏格特（Lewis & Weigert, 1985）將信任劃分為認知性信任和情感性信任兩種類型。前者是基於對他人的可信程度的理性考察；后者是基於強烈的情感聯繫。隨著社會結構的變化和社會流動的增加，人們從鄉村熟人社會走向城市匿名社會，人際信任以認知性信任而非情感性信任為主要基礎。威廉姆森（1996）把信任分成計算信任、制度信任和個人信任。計算信任是指當某種行動可以獲得的利益高於付出的代價時，當事人才會產生信任，即信任是理性計算的結果；制度信任是指行動者害怕制度的懲罰機制而遵守契約，在制度的約束下，人們樂意信任；個人信任是指即使人們處於契約不完全、理性有限而且制度缺失的條件下，仍然相信契約會被執行，這種信任是不現實的烏托邦契約。簡·曼斯布里奇（Jane Mansbridge, 1999）認為信任有兩種：一種是基於對他人可信度的估計，另一種是利他性信任。阿德勒（Adler, 2001）把信任劃分為基於計算的信任、基於熟悉的信任和基於規範的信任。與此類似，張維迎（2002）把信任分為三類：基於個性特徵的信任、基於制度的信任和基於信譽的信任。

## 2.4 信任的來源

### 2.4.1 特殊信任

最常見的信任建立在血緣、親緣關係之上。韋伯在《儒教與道教》中寫道：「在中國，一切信任，一切商業關係的基石，明顯地建立在親戚關係或親戚式的純粹個人關係上面。」涂爾干（2000）也指出信任來自家庭和血緣關係。班菲爾德（Banfield, 1958）對義大利南部的研究發現，那裡的人信任度極低，幾乎對誰都不相信，但他們對家人是很信任的。依據費孝通的「差序格局」理論，親人間的信任高於朋友間的信任，朋友間的信任高於熟人間的信任，熟人間的信任又高於對陌生人的信任。這裡，特殊信任外擴到特殊的人際關係。尤斯拉納（Uslaner, 1996）對費城的調查表明，那裡的信任也呈「差序格局」，該地的人對家人的信任度高達97.8%，對同事的信任度為89.3%，對鄰居的信任度為73.9%，對陌生人的信任度為57%。

人際關係的特殊性大多來自特殊的聯結紐帶所保持的某種相似性，如血緣、親戚、同鄉、同學、戰友等，朱克（Zucker, 1986）稱之為基於社會相似性的信任。特殊信任也來自某種情感聯繫，是情感性信任（Lewis & Weigert, 1985），如師生之間、鄰里之間、朋友之間、情侶之間等。華人社會善於處理人際關係，把關係構建作為獲取社會資源的工具或手段。這種關係並不局限於血緣、親緣關係，還包括人為運作和建構的關係，關係中包含的情感內涵是信任的基礎（李偉民、梁玉成，2002）。

### 2.4.2 個體道德心理

一個人對他人的信任程度與其人際信任傾向有關，有的人傾向於信任他人，有的人傾向於懷疑他人（Wrightsman, 1991）。尤斯拉納（Uslaner, 2002）認為，信任基於樂觀主義的世界觀，如果你認為事物在向好的方向發展，你有能力控製自己的生活，你就樂於信任。吉登斯（2000）認為，個體的信任是人類普遍的心理需求，源於人的「本體性安全」需求，最初產生於嬰兒對母親「在場」與「缺場」這樣的時空轉變所造成的焦慮的克服，以滿足其安全感。個人早期的幸福、安全、可靠的經歷會形成樂觀的人生態度，更易形成信任傾向（吉登斯，2000）。個人成長於中上階層居

住的社區，出生於和諧美滿的家庭，信任感更容易產生。在過去的生活中，受到公正和慷慨對待的人，比那些在生活中遭受歧視、排斥的人更信任他人（Delhey & Newton, 2003；Alesina & Ferrara, 2002）。個人的信任心理一旦形成便不易改變，早年形成的信任心理，成年後要有大量相反的經驗才能將其克服（Erickson，1963）。

### 2.4.3 理性計算

信任來源於理性計算，經過理性計算后決定是否信任，這是計算性信任。理性人在決定是否信任他人時必須權衡兩樣東西，一是潛在收益與潛在損失相比孰重孰輕，二是對方失信的可能性有多大（Coleman, 1990）。可能的收益為 $G$，可能的損失為 $L$，對方誠信的概率為 $P$，只有在計算出 $G \times P > L \times (1-P)$ 的情況下，委託人才會信任代理人。什扎姆普卡（Sztompka, 1999）指出，甲是否信任乙，既取決於甲對乙失信可能性的判斷，又取決於甲對乙失信可能帶來的損失有多大的承受能力，即甲的相對易損性。威廉姆森（Williamson, 1993）假設人具有有限理性和機會主義本性，認為市場中的信任都是基於理性計算，在人的自利本性面前，非理性信任是十分脆弱的。正是基於理性計算，無限重複博弈可能誘導人們的合作（即守信）（Axelrod, 1984）。在重複博弈中，人們追求長期利益會產生信任（Kreps, 1986；Fudenberg & Tirole, 1992；張維迎, 2002）。

理性計算需要充分的信息，齊美爾認為，人們歸納生活經驗來供給信任。信任總是根據已有的證據進行推斷（盧曼，1979）。朱克（Zucker, 1986）、夏皮羅等人（Shapiro, et al, 1992）、路易斯和魏格特（Lewis & Weigert, 1985）、阿德勒（Adler, 2001）等人都認為經驗、認知是信任的來源。吉登斯（2000）認為，熟悉是信任的根本，人們初到一個陌生的環境，對陌生的人是不可能有很高信任度的。其他條件相同時，人們更信任那些有過長期交往的個人和組織（Alesina & Ferrara, 2002）。

### 2.4.4 基於制度的信任

某些制度環境比其他制度環境更有利於信任的產生。現代匿名社會，信息獲取受限，人們靠法律制度、專家系統來供給信任。信任之所以成為制度的產物，是因為法律制度保護誠信、打擊欺騙。柯武剛、史漫飛（2000）認為，制度通過促進秩序而促進信任。組織或者個人接受和採納外界公認、贊許的形式與做法，如果行為有悖於這些制度環境，就會出現

合法性危機，對今後的發展造成困難（周雪光，2003）。制度信任脫離個體人格，是普遍信任的基礎。法律是典型的制度，一個社會信任度的高低，直接與這個社會的法律、法規是否完善以及執行力度密切相關（金俐，2002）。當第三方通過法律體系執行合同的能力被認可時，企業之間的信任程度也比較高（Raiser, et al, 2004）。

科爾奈強調，以法治為基礎的良好的政府治理是建立信任的基礎。政府建立的正式機制應該獎勵守信者，懲罰失信者。東歐的經驗表明，如果國家不能有效保障商業合同的履行，犯罪行為的滋生就無法避免。[①] 納克和基弗（Knack & Keefer, 1997）對29個國家的研究表明，對政府行政權力的限制和司法的獨立程度與國民的信任高度正相關。民主也會影響信任，只有當人們沐浴在民主的陽光下時，他們才可能信任陌生人（Mueller & Seligson, 1994）；而當政府「一手遮天」時，人們至多只能信任自己的家人和密友（Levi, 1996）。由於行政權力對司法的嚴重干預，司法不公和司法低效率已經嚴重影響了人們的契約行為（張維迎、柯榮住，2001）。

非正式制度也是履行契約的基礎，非正式制度能促進企業間信任（Greif, 1993）。法律制度並不是合同得以執行的唯一機制，法律制度的作用被大大地誇大了（Greif, 1997）。即使像美國這樣法制健全的國家，大部分交易活動也是通過非正式合約進行的，商業糾紛的解決常常並不借助法律的裁決（Macaulay, 1985; Macneil, 1985）。

### 2.4.5 信任文化

信任受文化規範（如道德和習俗）的影響。作為一種歷史遺產，信任來自長期的文化積澱（Dore, 1987）。例如，宗教影響信任，人們出於對來世懲罰的恐懼會在現在守信（張維迎，2002）。在長期的演化中，穩定的信任關係內化在組織、制度和文化之中，最終形成一種社會普遍的信用價值觀和信用文化（Barney & Hansen, 1994）。人之所以守信並信任他人，是因為社會倡導誠信的道德規範，任何人不誠信時，會受到他人的道德譴責並被社會所排斥，這種價值觀念會內化為人的自覺行動。英格哈特（Inglehart）的世界價值觀調查證明，有些社會具有高信任的政治文化，有些社會則相反，受新教和儒家學說影響的國家比受天主教、東正教、伊斯蘭

---

① 葉初升，孫永平. 信任問題經濟學研究的最新進展與實踐啟示 [J]. 國外社會科學，2005 (3): 9-16.

教影響的國家更容易產生信任。福山（Fukuyama，1995）強調信任是從人們共享的規範和價值觀中產生的，他把世界上的國家劃分為低信任社會和高信任社會。亨廷頓（1999）也強調，合作有賴於信任，信任最容易從共同的價值觀和文化中產生。即使在一個國家的內部（如義大利的南部和北部），信任文化也可能很不一樣（Putnam，1993）。

種族異質性、收入差距、社會分割等社會特徵會影響信任文化的形成。阿萊西納和費拉拉（Alesina & Ferrara，2002）發現，以種族異質性和收入差距來衡量的社區異質性顯著降低居民的信任水平。社區的穩定性和較少的人口流動有利於增加信任，而社會分割下被歧視群體的信任水平較低（Putnam，2000）。當資源分配的不平等程度較高時，分化的價值觀會降低人們的信任度（Boix & Posner，1998）。在信任文化形成過程中，信任存在正反饋，信任促進信任，不信任促進不信任（彼得·什托姆普卡，2005），信任他人者所占比例越高的群體，成員之間越容易產生信任行為（臧旭恒等，2007）。

### 2.4.6 基於懲罰的信任

如果違約不受到相應的懲罰，人們就缺乏履行合約的激勵。懲罰的目標是為了改變欺騙行為的成本和收益，使誠信成為理性選擇。懲罰之值在任何情況之下，皆須不小於犯罪之收益（邊沁，2000）。懲罰可分為雙邊懲罰、三邊懲罰和多邊懲罰。雙邊懲罰通常難以實施，事實上，最好的雙邊懲罰是中斷合作。在發生合同糾紛的時候，如果企業能夠通過中止未來業務關係來懲罰客戶的機會主義行為，使客戶失去長期合作的淨收益，那麼理性客戶會選擇保持誠信合作（Greif, Milgrom & Weingast，1994）。三邊懲罰通常要借助仲裁或法律機制，典型的懲罰是法律對契約的保護。正式機構越弱，對於欺騙的社會懲罰越是無效率，那麼這個社會的信任水平也就越低（Zak & Knack，2001）。要使懲罰機制可行，欺騙行為要能被及時觀察到（即可證實性），並且懲罰的成本不能太高。然而，在許多情況下，通過法律實施懲罰具有局限性，主要體現為契約不完備、機會主義行為不可證實、通過法律程序實施懲罰成本高昂、法院判決常常得不到執行等。如果採取懲罰的成本過高，受害者就沒有積極性實施懲罰措施（張維迎，2001）。很多時候，兩兩之間是一次性博弈，本人無法對對方的欺騙行為實施懲罰，但每個人都面臨著和不同個人的重複博弈。如果存在信息傳播機制，能夠及時將成員的詐欺行為傳遞給其他成員，就可由其他成員

對詐欺者實施懲罰，這就是多邊懲罰機制。多邊懲罰機制需要形成懲罰的社會規範，懲罰欺騙者，還要懲罰不懲罰欺騙者的人（Kandori, 1992），接受該懲罰但沒有採取懲罰措施的人也必須受到懲罰（Abreu, 1988）。在這樣的社會規範下，團體的每一個成員都被激勵去懲罰詐欺行為以及懲罰沒有對欺騙行為進行懲罰的成員。在多邊懲罰中，欺騙信息傳輸的速度要足夠快，否則當事人就不會有建立信譽的積極性（Kandori, 1992）。一個遭到團體排斥的商人將永遠失去與團體成員進行交易的機會從而失去生存的空間，這種排斥行為體現了多邊懲罰機制的力量以及社會規範對社會成員的約束。在封閉的村莊中，人們的口頭交流、閒言碎語就足以使任何欺騙行為人人皆知，即使沒有法律，村民之間也可以建立起高度的信任（Merry, 1984；張維迎, 2002）。俱樂部制度也是一種多邊信任機制，俱樂部成員間的經常交往使信息保持高度流通，成員的欺騙行為會被其他成員迅速知曉，俱樂部的聯合抵制將使欺騙者失去生存的空間。

2.4.7 基於聲譽的信任

在大量交易活動中，信任是靠聲譽機制維持的（Macauley, 1963；Grief, 1993）。聲譽可理解為為了獲得交易的長遠利益而自覺遵守合約的承諾。基於聲譽的信任是指基於長期合作關係而建立起來的信任（Kreps, et al, 1982）。克雷普斯和威爾遜（Kreps & Wilson, 1982），米格羅姆和羅伯特（Milgrom & Roberts, 1982），法馬（Fama, 1980），霍姆斯特龍（Holmstrom, 1999）等人都指出，在重複博弈中，為了獲得長期的未來收益，人們會極力維護聲譽，保持誠信合作。在聲譽機制裡，對欺騙的懲罰不是來自法律，而是來自未來合作關係的中斷（張維迎, 2003）。麥考利（Macaulay, 1963）發現，企業之間的長期業務關係有助於加強彼此的信任。一方面，業務交往的次數越多，持續時間越長，互相瞭解的程度越充分，信任程度也越高（Ghosh & Ray, 1996；Watson, 1999）；另一方面，如果破壞合作的機會主義行為導致的未來商業利益損失遠遠超過其帶來的短期收益，誠信就會成為理性選擇（Woodruff, 2002）。

在無限重複博弈中，只要參與人有足夠的耐心，合作的結果總可以出現，這就是無名氏定理（Friedman, 1971；Fudenberg & Maskin, 1986），阿克塞爾羅德（Axelrod, 1984）的實驗研究發現，即使在有限重複博弈中，誠信合作也頻繁出現。克雷普斯（Kreps）、米格羅姆（Milgrom）、羅伯特和威爾遜（Roberts & Wilsom, 1982）將不完全信息引入重複博弈，他

們證明，只要博弈的重複次數足夠多，合作行為在有限次重複博弈中也會出現。由於不完全信息，有欺騙本性的人可能在相當長時間內表現得像個好人，直到最后才暴露出他的欺騙本性。

在封閉的鄉村社會中，閒言碎語就足以使人維持誠信的聲譽。而在匿名社會中，閒言碎語難以起作用，匿名社會的欺騙和犯罪往往更多。但是，企業（或單位、社團、組織）將一次性博弈的機制轉化為重複博弈的機制，成為聲譽的載體（Kreps，1990），俱樂部制度、單位制度也能起到聲譽機制的作用。個人的生命有限，但組織的生命可以永續存在，組織的價值取決於它的聲譽，因此組織就會嚴格要求其成員注重個人的聲譽，會對成員的不良行為實施內部懲罰。通俗地講，在現代社會中，連鎖店的服務更值得信賴，名校畢業的學生更值得信任。正如韋伯所言，參加社團組織等於獲得一個「社會印章」，使得團體懲罰成為可能（張維迎，2002）。

法律與聲譽是維持市場有序運行的兩個基本機制，事實上，與法律機制相比，聲譽機制的成本更低，特別是在許多情況下，法律是無能為力的，只有信譽才能起作用（張維迎，2001）。在中世紀的商人法律制度中，法官的判決雖然沒有國家強制力的支持，但聲譽機制保證了法官的判決通常都能被有效地執行（Milgrom，North & Weingast，1990），欺騙一方如果不履行法官的判決，將受到商人俱樂部的團體排斥。

### 2.4.8 社會關係網路

人際關係網路對信任的形成有影響（懷特利，1999）。普特南（Putnam，1993）認為，社會信任產生於互惠規範和公民參與網路的行為。社會關係網路對信任的作用來源於重複博弈和信息傳遞機制，在關係網路內，個人面臨重複博弈（即使兩兩之間是一次性博弈），為了長期的合作收益，個人有必要保持誠信的聲譽。關係網路有助於成員聲譽信息的傳播。網路內的信息傳播，可以懲罰欺騙行為，維護企業間的信任（McMillan & Woodruff，1999）。即使以前沒有業務關係，企業也能通過網路瞭解潛在的商業夥伴，建立起與潛在客戶的信任關係（Johnson，McMillan & Woodruff，2002）。企業可以通過社會關係網路傳播或收集客戶的商業糾紛信息，從而懲罰那些破壞合作的行為（Hendley，Murrell & Ryterman，2000）。伯特和科尼茲（Burt & Knez，1996）分析了信任與第三者閒言之間的關係，若第三方傳遞的是積極的閒言，則有助於增加信任；反之，則可能增加不信任感。烏茲（Uzzi，1997）對紐約服裝行業的研究證

實了第三方在信任的發展與傳播中的關鍵作用。

在匿名城市社會中，社團活動是典型的網路互動，參與社團會推動人們之間的合作並促使信任的形成（Colman, 1988, 1990; Putnam, 1993; Fukuyama, 1995）。布雷姆和拉恩（Brehm & Rahn, 1997）的研究也發現，參與社團活動有利於加強社會信任。與穩定的關係網路相反，人口流動會降低人們對於未來合作的期望，從而減少信任（Alesina & Ferrara, 2002）。社會分割也會降低信任水平，社會分割越嚴重、收入越不平等和種族異質性越大的國家，信任水平也越低（Knack & Keefer, 1997; Leigh, 2006）。普特南（Putnam, 1995）指出，隨著美國社會資本的衰退，大多數人都獨自看電視、獨自打保齡球，社會交往時間大大減少，社區俱樂部和社團不斷減少，基於社交網路和互惠規則的信任也在不斷衰退。

### 2.4.9 微觀因素影響信任

佔有資源較多的人具有更加開放、更加樂觀、更富同情心、更自在的人生態度，可以增強對他人的信任感；反之，缺乏資源可能使人對他人充滿疑心，對他們來說，別人失信的潛在損失可能是災難性的。因此，一個人掌握的資源越少，其災難線就越低，相對易損性也就越高，他越不願意冒險信任別人；反之，一個人掌握的資源越多，其災難線就越高，相對易損性也就越低，他越願意冒險信任別人（Luhmann, 1979）。居民較高的收入會增強其對錯誤的信任決策所造成損失的承受能力，因而提高其信任水平（Alesina & Ferrara, 2002; Delhey & Newton, 2003）。失業或工作沒有保障的人對別人的信任度也相對低一些（Patterson, 1999）。婚姻形成家庭，為居民提供抵禦外部風險的機制，可以提高其信任水平（李濤，等，2008），但也減少了居民與社會外界互動的強度，可能降低其信任水平（Alesina & Ferrara, 2002）。較高的受教育程度提高了居民的認知分析能力和風險控製能力，進而提高其信任水平（Cole, 1973; Mishler & Rose, 2001; Alesina & Ferrara, 2002）。王紹光、劉欣（2002）的研究發現，文化程度較高者的綜合信任度較高，因為學歷是評價一個人社會地位的重要指標。與男性相比，女性長期處於弱勢地位，因此女性的信任水平較低；另外，曾經有過不幸經歷的人的信任度也比較低（Alesina & Ferrara, 2002）。在中國，黨員作為一種特殊的政治身分，可能會提高居民的信任水平（陸銘、張爽，2008）。個人的年齡也會影響信任，年齡越大，信任感越強，可以稱之為年齡效應。在不同的時代成長起來的人，受那個時代的

影響，信任感也不相同，可以稱之為代際效應（王紹光、劉欣，2002）。其他研究一般傾向於支持代際效應說，並不是越老的人信任度越高（Patterson，1999）。卡朋特（Carpenter，2004）對東南亞城市貧民區的調查顯示，信任與合作會隨著性別、教育、年齡、家庭規模、居住年限、心理因素等的不同而變化，同時還與其所居住社區的特徵有關，如社區的同質性、鄰里關係等。

經濟組織的微觀特徵影響其可信度。卡明和布羅姆利（Cumming & Bromiley，1996）提出了組織的可信性的三個維度：善意的努力、誠實、不過分利用他人。邁爾等人（Mayer, et al，1995）則將這三個維度歸結為能力、善意和正直。庫特、福里斯特和塔姆（Coote, Forrest & Tam，2003）認為，信任存在於一方對另一方誠實、可靠性和行動的正直懷有信心之時。加尼森（Ganesan，1994）認為，信任是對一個交易夥伴依賴的意願及對這一交易夥伴懷有的信心。他提及了可信性和仁愛之心兩個維度。摩根和漢特（Morgan & Hunt，1994）認為，信任是一方對另一方所持有的誠實和善意的信念，信任的存在依賴於一方對另一方的可靠性和忠誠性的看法；可靠、誠實和可延續性預期是信任的三個關鍵組成部分。薩科和赫爾彭（Sako & Helper，1998）認為，信任是一個機構對交易夥伴所持有的期望，認為對方會以一種雙方都可接受的方式行動，並在有投機行為的可能時能夠加以公平地處理。楊和魏斯瑪（Young & Wierseme，1999）認為，信任建立在三個因素之上：可靠性（合作夥伴會從雙方最大化利益的角度出發採取行動）、可預見性（行動的前後一致）和信念（夥伴不會採用機會主義行為）。另外，組織的壟斷性會影響其誠信，因為對欺騙行為最好的懲罰是中斷交易關係，但對壟斷組織實施懲罰的可能性很小，所以行政壟斷必然導致不誠信（張維迎，2001）。

### 2.4.10 經濟社會環境影響信任

除了個人特徵之外，社會經濟環境和公共機構的效率也會影響信任（Cole，1973；Mishler & Rose，2001）。什托姆普卡（Sztompka，1999）針對波蘭的研究發現，在經濟轉型中，人們的公共信任經歷了一個先下降再上升的過程。在轉型前期，公共信任下降，原因是人們在新舊體制的交替過程中面臨巨大的不確定性，當轉型取得較為顯著的成效時，人們的公共信任又會明顯提高。一個社會的信任由於社會的急遽變革而受到侵蝕和損害，但是當穩定、透明和可預測的制度和結構不斷建立之後，原有的信任

重新恢復，新的信任也能產生。納克和基弗（Knack & Keefer, 1997）基於29個國家的世界價值觀調查發現，一個國家的經濟績效、民間合作、正式制度和種族差異對信任有重要影響。德爾希和牛頓（Delhey & Newton, 2003）考察7個國家的信任來源，發現除個人的福利水平之外，社區安全和社會網路參與也是影響信任的重要因素，衝突減少和社區安全的增加有利於提高信任，經常參與社會關係網路也會顯著地增加信任。澤克和納克（Zak and Knack, 2001）認為，交易過程中的信任水平取決於交易發生時的社會、經濟和制度環境，一個社會的異質性越強，正式機構就越弱，對於欺騙的社會懲罰就越是無效率，那麼這個社會的信任水平也就越低。阿萊西納和費拉拉（Alesina & Ferrara, 2002）也發現，以種族異質性和收入差距來衡量的社區異質性會顯著降低居民的社會信任水平。社會分割下被歧視的群體，如美國的低收入階層和黑人群體，其信任水平較低（Putnam, 2000）。社會分割下，處在異質性程度越高的環境中的人，其信任水平越低（汪匯、陳釗、陸銘，2009）。如果一個社會失業率很高，收入分配極不平等，人們的安全感會被嚴重削弱，這會削弱信任的基礎（Uslaner, 2002）。有研究發現，美國社會信任的一度下降與不平等的擴大及不安全感的增加有關。米格爾等人（Miguel, et al, 2006）在研究印度尼西亞工業化進程中的勞動力流動時發現，勞動力向外地流動會降低當地的相互合作和信任。波特斯等人（Portes, et al, 1993）的研究發現，當移民面臨新的外部環境的歧視、難以獲得較高的社會地位和較好的經濟機會時，移民社區內部的信任度會提高，而對社區外部的信任度會下降。

　　政府公信力也是影響社會信任水平的一個因素。司法公正是組織誠信的前提（Zak & Knack, 2001）。法律制度不但要規制個人的行為，還要規制執法者的行為（Glaeser & Hart, 2000）。如果欺騙行為可以通過賄賂執法者而不受懲罰，人們就不會誠實守信，會把精力用於行賄。一方面，政府的機會主義行為使私有產權得不到至高無上的保護。產權制度是組織守信的基礎，人們若沒有恒產，那麼他們做的都是一次性博弈，也就不會守信（張維迎，2001）。另一方面，政府的機會主義行為會引致個體的機會主義行為（楊小凱，2003）。如果政府權力太大，制度對政府的約束不夠，人們沒辦法預測未來，當然就不會講信譽。而且，政策要具體，法律條文要明確，其越是含糊、抽象，政府或執法者的權力就越大，就越有可能破壞信任的基礎（張維迎，2001）。穩定的政府政策可以形成穩定的預期，可以促進組織守信。在中國，政府的某些短期行為已經嚴重影響到市場信

任的建立（張維迎，2003）。

## 2.5 小結

　　社會學最早開始關注信任問題，心理學、經濟學、法學、道德倫理學、組織管理學也分別對信任問題展開研究。研究方法多基於調查、實驗和統計。經濟學研究要麼遵循經濟理性，要麼做制度分析，多從博弈論視角，把信息不對稱、不確定性引入分析，制度視角的研究則從契約、制度比較、經濟秩序、法等方面展開。信任問題的研究主要沿兩個思路：信任的功能和信任的產生。國內對信任問題的研究也是從社會學領域開始的，一些學者把中國目前的信任危機與經濟轉型和市場經濟秩序聯繫在一起。中國社會的信任危機破壞了經濟秩序，增加了經濟運行的成本，甚至危及社會穩定和政權的公信力。因此，解決信任危機是中國面臨的迫切問題。

　　國內對信任問題的研究在20世紀末才起步，隨著近年的信任危機問題的凸顯，信任問題才逐漸受到關注。中共中央於2001年發布了《公民道德建設實施綱要》，黨的十六屆四中全會正式提出建設社會主義和諧社會，誠信友愛就是社會主義和諧社會的總要求之一。黨的十八大提出，倡導富強、民主、文明、和諧，倡導自由、平等、公正、法治，倡導愛國、敬業、誠信、友善，積極培育和踐行社會主義核心價值觀。在社會主義市場經濟改革和建設過程中，經濟理性和市場法則主導著經濟活動，道德滑坡、誠信缺失等社會問題卻困擾著國人。與誠信缺失、信任危機這種普遍性實際相比，中國對誠信和信任問題的研究比較滯後。

　　國內現有的研究主要集中於引進、介紹國外的信任理論。但顯然，中國特殊的信任文化和轉型經濟的現實國情決定了我們不能照搬國外的理論。國內對信任的社會學研究較多，也較深入，而經濟學、管理學方面的研究較少；以信任為自變量的考察相對較多，以信任為因變量的研究較少；以定性探討居多，基於數據調查和實證研究的分析較少。什麼樣的機制才能提高人們的信任？什麼樣的機制才能讓組織保持誠信？這迫切需要國內學術界進行研究。

# 3 中國信任狀況

## 3.1 信任的衡量

如何有效地測量一個社會或者個體的信任水平,仍然是一個學術難題。對信任水平進行測量,主要有兩種方法,一種是社會調查問卷方法,另一種是信任博弈實驗方法(陳葉烽,等,2010)。以綜合社會調查(General Social Survey, GSS)和世界價值觀調查(World Values Survery, WVS)為代表的社會調查問卷方法中均有對信任水平的測度。國際學術界大多採用「一般來說,您認為大多數人是可以信任的,還是和人相處時越小心越好」來測量個體的社會信任水平。在世界價值觀調查(WVS)中,對受訪者信任情況的調查問題如下:

一般來說,你認為大部分人可以被信任,還是與人打交道時需要非常謹慎?

1 大部分人可以被信任

2 需要非常謹慎

世界價值觀調查(WVS)還調查了受訪者對不同群體的信任情況,信任程度分成四個有序等級,即「完全信任」「有一些信任」「不是很信任」「完全不信任」。這些群體包括「家庭成員」「鄰居」「認識的人」「你第一次遇到的人」「另一種宗教的人」「另一個國家或民族的人」。調查問題如下:

請問你對下列群體有多信任,請對每一個群體的信任情況選擇「完全信任」「有一些信任」「不是很信任」「完全不信任」。

|  | 完全信任 | 有一些信任 | 不是很信任 | 完全不信任 |
|---|---|---|---|---|
| 家庭成員 | 1 | 2 | 3 | 4 |
| 鄰居 | 1 | 2 | 3 | 4 |

| 你自己認識的人 | 1 | 2 | 3 | 4 |
| 你第一次遇到的人 | 1 | 2 | 3 | 4 |
| 另一種宗教的人 | 1 | 2 | 3 | 4 |
| 另一個國家或民族的人 | 1 | 2 | 3 | 4 |

在綜合社會調查（GSS）中，也有對受訪者信任情況的調查，問題與世界價值觀調查（WVS）基本相同。其問題如下：

一般說來，你認為大多數人能夠被信任還是生活中怎麼小心都不為過？

1 不適用

2 大部分人能夠被信任

3 生活中怎麼小心也不為過

4 依情況而定

5 不知道

6 沒回答

另一個類似的問題如下：

一般說來，你認為人們能夠被信任還是與人相處時怎麼小心都不為過？

1 不適用

2 總是可以被信任

3 通常可以被信任

4 通常不被信任

5 總是不被信任

6 無法選擇

7 沒回答

綜合社會調查（GSS）中，對他人公平和助人為樂傾向的感知也可以近似地反映受訪者的信任情況。關於公平的問卷問題如下：

你認為大部分人一有機會就試圖利用你還是他們試圖公平對你？

1 不適用

2 會利用你

3 會公平對你

4 依情況而定

5 不知道

6 沒回答

你認為人們大多數時候試圖幫助別人還是幾乎只顧自己?

1 不適用

2 人們會幫助別人

3 人們幾乎只顧自己

4 依情況而定

5 不知道

6 沒回答

在 2013 年中國綜合社會調查（CGSS）的問卷中也有關於受訪者信任情況的調查。其具體如下：

總體來說，您同不同意在這個社會上，絕大多數人都是可以信任的?

非常不同意 ………………………………………………………… 1

比較不同意 ………………………………………………………… 2

說不上同意不同意 ………………………………………………… 3

比較同意 …………………………………………………………… 4

非常同意 …………………………………………………………… 5

一般來說，您對現在社會上的陌生人是否信任?

非常不信任 ………………………………………………………… 1

不信任 ……………………………………………………………… 2

一般 ………………………………………………………………… 3

信任 ………………………………………………………………… 4

非常信任 …………………………………………………………… 5

在 2010 年中國綜合社會調查（CGSS）的問卷中，還有以下調查問題，但沒有關於對陌生人的信任問題。

總體來說，您認為大多數人是可以信任的還是您在與人交往的時候不得不小心謹慎?

人們幾乎總是可以信任的 ………………………………………… 1

人們經常是可以信任的 …………………………………………… 2

你經常不得不小心謹慎地應付人 ………………………………… 3

你幾乎總是小心謹慎地應付人 …………………………………… 4

## 3 中國信任狀況

對於下面幾類人，您的信任程度怎麼樣？

|  | 完全不可信 | 比較不可信 | 居於可信與不可信之間 | 比較可信 | 完全可信 |
|---|---|---|---|---|---|
| 1. 自己家裡人 | 1 | 2 | 3 | 4 | 5 |
| 2. 親戚 | 1 | 2 | 3 | 4 | 5 |
| 3. 朋友 | 1 | 2 | 3 | 4 | 5 |
| 4. 同事 | 1 | 2 | 3 | 4 | 5 |
| 5. 領導幹部 | 1 | 2 | 3 | 4 | 5 |
| 6. 生意人 | 1 | 2 | 3 | 4 | 5 |
| 7. 同學 | 1 | 2 | 3 | 4 | 5 |
| 8. 老鄉 | 1 | 2 | 3 | 4 | 5 |
| 9. 信教的人 | 1 | 2 | 3 | 4 | 5 |

您對於下面這些機構的信任程度怎麼樣？

|  | 完全不可信 | 比較不可信 | 居於可信與不可信之間 | 比較可信 | 完全可信 |
|---|---|---|---|---|---|
| 1. 法院及司法系統 | 1 | 2 | 3 | 4 | 5 |
| 2. 中央政府 | 1 | 2 | 3 | 4 | 5 |
| 3. 本地政府(農村指鄉政府) | 1 | 2 | 3 | 4 | 5 |
| 4. 軍隊 | 1 | 2 | 3 | 4 | 5 |
| 5. 公安部門 | 1 | 2 | 3 | 4 | 5 |
| 6. 中央媒體 | 1 | 2 | 3 | 4 | 5 |
| 7. 地方媒體 | 1 | 2 | 3 | 4 | 5 |
| 8. 民間組織 | 1 | 2 | 3 | 4 | 5 |
| 9. 公司企業 | 1 | 2 | 3 | 4 | 5 |
| 10. 全國人民代表大會 | 1 | 2 | 3 | 4 | 5 |
| 11. 宗教組織 | 1 | 2 | 3 | 4 | 5 |
| 12. 學校及教育系統 | 1 | 2 | 3 | 4 | 5 |

格萊澤等人（Glaeser, et al, 2000）參考綜合社會調查（GSS）問卷調查結果，進一步設置了測度信任行為的更多變量指標，包括對朋友和陌生人的借款頻率、是否經常鎖門等。陳葉烽等（2010）在實驗中設計了被試的信任態度問卷和信任行為問卷，其中信任態度問卷包括綜合社會調查

（GSS）信任問卷變量、綜合社會調查（GSS）公平問卷變量和綜合社會調查（GSS）助人為樂問卷變量，這3個變量加總標準化後可以構造一個綜合社會調查（GSS）信任指數變量。同時，該信任態度問卷還借鑑格萊澤等人（Glaeser, et al, 2000）設置的關於對陌生人的信任程度、自我評價的可信任度和誠實度。信任行為問卷的3個信任行為變量和受侵害史變量也借鑑了格萊澤等人（Glaeser, et al, 2000）提出的方法，3個信任行為變量分別是：「你是否離開宿舍時經常不鎖門」「你是否曾經借錢給陌生人」「你經常借錢給朋友或同學嗎」。3個信任行為變量在加總標準化後構造為一個信任行為指數變量，上述變量的取值與綜合社會調查（GSS）和中國綜合社會調查（CGSS）基本相同，有些是二元取值，如綜合社會調查（GSS）信任問卷變量、綜合社會調查（GSS）公平問卷變量和綜合社會調查（GSS）助人為樂問卷變量；有些是從1到5取值，如3個信任行為變量。王紹光、劉欣（2002）的調查就是按照這種方法選擇了10種置信對象，包括家庭成員、直系親屬、其他親屬、密友、一般朋友、單位領導、單位同事、鄰居、一般熟人、社會上的大多數人。被調查者談了他們對每一類置信對象的信任程度。信任程度分為5個等級，即完全不可信任、不可信任、說不準、可信任、完全可信任。

　　行為經濟學和實驗經濟學廣泛使用實驗的方法測度行為人的信任。伯格等人（Berg, et al, 1995）的經典研究給出了測度信任行為的實驗方法，即著名的信任博弈實驗。該實驗描述了一個委託代理關係的投資過程，在整個實驗中，委託人和代理人都不直接接觸而是通過電腦或者實驗組織者來傳遞信息。在可控的帶有激勵機制的實驗環境條件下，因為實驗參與人的雙向匿名性剔除了博弈雙方的相互關係及社會因素，所以能夠衡量出一個純粹的信任水平（Camerer, 2003）。

　　在信任博弈中，委託人最初會從主持人那裡得到一筆錢（或實驗籌碼）$y$，委託人可以選擇$0\sim y$之間任何數額的錢$z$交給代理人，當委託人投資$z$時，代理人能自動得到$3z$的投資收益，然后代理人可以選擇一個從$0\sim 3z$的數額$x$還給委託人。最終投資人的收益為$y-z+x$，被信任者得到的收益是$3z-x$。沒有正式的契約規定委託人應該給代理人投資多少錢，也沒有契約規定代理人對委託人的返還額。根據博弈論的逆向歸納法，在最後一階段，代理人知道博弈是一次性的，服從理性原則，他應該持有所有的錢而不返還。逆推到第一階段，委託人知道代理人是理性的，他就不會投資任何錢給代理人，即這個博弈的納什均衡是委託人選擇不投資，代理人

選擇不返還，雙方無法建立信任。然而，伯格等人（Berg, et al, 1995）發現投資人往往選擇信任對方而進行一部分投資，而代理人往往選擇將一部分回報返還給投資人。后來的研究者用這個方法在世界各地做了很多實驗，平均來看實驗者會選擇 $0.5y$ 投資給代理人，代理人會選擇返還一個略小於 $0.5y$ 的值給委託人，而且返還額與投資額成正比。

陳葉烽、葉航、汪丁丁（2011）根據卡德納斯和卡朋特（Cardenas & Carpenter, 2008）、卡普拉等人（Capra, et al, 2008）文獻中的數據整理出了 25 篇信任博弈實驗研究文獻中的基本數據，如表 3-1 所示：

表 3-1　　25 篇信任博弈實驗研究文獻中的基本數據[①]

| 文獻 | 實驗地區 | 被試是否為學生 | 投資比 | 返還比 | 回報率 |
| --- | --- | --- | --- | --- | --- |
| 阿什拉法等人（Ashraf, et al, 2006） | 美國 | 是 | 0.41 | 0.23 | 0.58 |
| | 俄羅斯 | 是 | 0.49 | 0.29 | 0.80 |
| | 南非 | 是 | 0.43 | 0.27 | 0.73 |
| 巴里等人（Bahry, et al, 2005） | 俄羅斯 | 是 | 0.51 | 0.40 | 1.19 |
| 巴爾（Barr, 2003） | 津巴布韋 | 不是 | 0.43 | 0.43 | 1.28 |
| 伯格等人（Berg, et al, 1995） | 美國 | 是 | 0.52 | 0.3 | 0.9 |
| 巴肯等人（Buchan, et al, 2006） | 美國 | 是 | 0.65 | 0.45 | 1.35 |
| | 中國 | 是 | 0.73 | 0.5 | 1.51 |
| | 日本 | 是 | 0.68 | 0.5 | 1.51 |
| | 南非 | 是 | 0.64 | 0.49 | 1.47 |
| 伯克斯等人（Burks, et al, 2003） | 美國 | 是 | 0.65 | 0.4 | 1.31 |
| 伯恩斯（Burns, 2006） | 南非 | 是 | 0.33 | 0.23 | 0.70 |
| 卡德納斯（Cardenas, 2003） | 哥倫比亞 | 是 | 0.50 | 0.41 | 1.22 |
| 卡特爾和卡斯蒂略（Carter & Castillo, 2003） | 南非 | 不是 | 0.53 | 0.38 | 1.14 |
| 卡特爾和卡斯蒂略（Carter & Castillo, 2005） | 洪都拉斯 | 不是 | 0.49 | 0.42 | 1.26 |

---

[①] 陳葉烽，葉航，汪丁丁. 超越經濟人的社會偏好理論：一個基於實驗經濟學的綜述［J］. 南開經濟研究，2012（1）：13-100.

表3-1(續)

| 文獻 | 實驗地區 | 被試是否為學生 | 投資比 | 返還比 | 回報率 |
|---|---|---|---|---|---|
| 考克斯(Cox, 2004) | 美國 | 是 | 0.60 | 0.28 | 0.83 |
| 丹尼爾森和霍姆(Danielson & Holm, 2007) | 坦桑尼亞 | 不是 | 0.56 | 0.46 | 1.4 |
| 恩斯明格(Ensminger, 2000) | 肯尼亞 | 不是 | 0.44 | 0.18 | 0.54 |
| 費爾和李斯特(Fehr & List, 2004) | 哥斯達黎加 | 是 | 0.40 | 0.32 | 0.96 |
| | 哥斯達黎加 | 不是 | 0.59 | 0.44 | 1.32 |
| 格萊澤等人(Glaeser, et al, 2000) | 美國 | 是 | 0.83 | 0.46 | 0.99 |
| 霍姆和丹尼爾森(Holm & Danielson, 2005) | 坦桑尼亞 | 是 | 0.53 | 0.37 | 1.17 |
| | 瑞士 | 是 | 0.51 | 0.35 | 1.05 |
| 格雷和博內特(Greig & Bohnet, 2008) | 肯尼亞 | 不是 | 0.3 | 0.41 | 0.82 |
| 約翰遜·斯滕曼等人(Johansson-Stenman, et al, 2005) | 孟加拉 | 不是 | 0.46 | 0.48 | 1.45 |
| 卡蘭(Karlan, 2005) | 秘魯 | 不是 | 0.46 | 0.43 | 1.12 |
| 考福特(Koford, 2003) | 保加利亞 | 是 | 0.63 | 0.46 | 1.34 |
| 拉扎里尼等人(Lazzarini, et al, 2005) | 巴西 | 是 | 0.56 | 0.34 | 0.8 |
| 莫斯勒和維舍爾(Mosley & Verschoor, 2005) | 烏干達 | 不是 | 0.49 | 0.33 | 0.99 |
| 歐特曼等人(Ortmann, et al, 2000) | 美國 | 是 | 0.44 | 0.21 | 0.62 |
| 謝克特(Schechter, 2007) | 巴拉圭 | 不是 | 0.47 | 0.44 | 1.31 |
| 威爾遜和巴里(Wilson & Bahry, 2002) | 俄羅斯 | 不是 | 0.51 | 0.38 | 1.15 |

　　伯格等人（Berg, et al, 1995）的實驗度量是將委託人投資的比例作為其社會信任的度量，即 $z/y$，而將代理人返還的比例作為誠信的度量，即 $x/3z$，這一信任的實驗度量成為實驗經濟學領域的標準度量方法。

　　既然對信任水平的測度有綜合社會調查（GSS）調查問卷和信任博弈實驗兩種方法，那麼一個很自然的問題就是這兩種方法對信任水平的測度在結果上是否會呈現一致性？格萊澤等人（Glaeser, et al, 2000）比較了

這兩種方法的測度信任水平的異同，他們對哈佛大學 160 個實驗樣本的研究表明，儘管關於代理人誠信的回報行為可以顯著地被綜合社會調查（GSS）調查問卷方法測度的可信任水平值（格萊澤等人調查了被試自我評價的可信任度和誠實度）解釋，即在綜合社會調查（GSS）調查問卷中體現出較高可信任性的人在信任博弈實驗中也往往呈現出較高的回報額，但是信任博弈中委託人的信任投資行為和綜合社會調查（GSS）調查問卷測度的信任水平並不存在顯著正相關關係。格萊澤等人（Glaeser, et al, 2000）的結論受到了質疑，他們的實驗設計存在一個缺陷，即在信任博弈實驗中被試雙方是面對面的，而不是匿名的，這種情境下得到的結果會掺雜雙方的社會關係，如長相、親和力、是否認識、是否為異性等。霍姆和丹尼爾森（Holm & Danielsson, 2005）認為，在格萊澤等人的信任博弈實驗中，個體之間是面對面的，其「社會距離」是比較近的，因此得出的信任水平是一個「厚」的信任水平，而並不是純粹的信任水平。霍姆和丹尼爾森（Holm & Danielson, 2005）改進了信任博弈實驗，在他們的實驗中，博弈雙方是互相匿名的，他們得出的結論是，在瑞士的樣本中綜合社會調查（GSS）信任指數與信任投資額是顯著正相關的，但是在坦桑尼亞的樣本中沒有支持該結論，這一問題可能存在區域和文化的差異性。格萊澤等人的研究的第二個缺陷是沒有分解信任博弈實驗中委託人信任投資行為的社會偏好，信任的本質是出於個體的一種互惠偏好，而信任博弈實驗中委託人的投資行為可能受到互惠偏好和利他偏好的雙重影響，因為這種投資行為還可能包含了利他偏好的因素（陳葉烽，等，2010），所以不能簡單地將其投資額作為測度信任水平的指標。卡普拉等人（Capra, et al, 2008）的研究表明，在控製利他偏好時，綜合社會調查（GSS）信任指數可以解釋信任博弈中的信任投資行為。基於卡普拉等人（Capra, et al, 2008）的研究，可以認為用調查方法得到的綜合社會調查（GSS）信任指數是一個對實驗中信任投資行為較好的預測指標。陳葉烽等人（2010）用信任博弈實驗和綜合社會調查（GSS）調查問卷兩種方法測度了行為人的信任水平，結果發現信任水平的兩種測度方法存在內在的一致性，無論是否控製利他偏好，信任博弈實驗中的投資額均可被綜合社會調查（GSS）信任指數解釋。

### 3.2 中國的信任度

關於中國的社會信任度，有兩種主要的觀點，一種觀點是中國是低信任度國家，另一種觀點是在數據上中國是高信任度國家。在一些西方觀察家的眼裡，中國是一個低信任的社會。例如，韋伯（Weber, 1951）指出，所有到過中國的觀察家都證實，中國人存在明顯的不信任，這與基督教文化中人們普遍的信任和誠實構成鮮明的對比。雷丁（Redding, 1990）和福山（Fukuyama, 1995）的觀點類似，認為華人家族企業的特點之一就是對家族以外的人存在極度不信任，他們都把中國歸為低信任社會。近年來，許多國人感嘆世風日下，人心不古，商業誠信危機、組織誠信危機、社會誠信危機頻發，不少人感覺中國社會正在經歷嚴重的誠信危機，不誠信導致不信任，人們不敢輕易信任他人，尤其不信任陌生人，「不要和陌生人說話」甚至已成為主流傾向。

然而，由英格哈特主持的世界價值觀調查（WVS）於1990年第一次將中國包括在調查對象之中，結果發現在被調查的41個國家和地區中，中國相信「大多數人值得信任」的比例高達60%，僅次於瑞典、挪威、芬蘭，位列第四，該比例不僅高於大多數第三世界國家，也高於包括美國在內的大多數西方發達國家，這個結果讓英格哈特大感意外，也大惑不解，以為自己的調查方式出了問題（Inglehart, 1997）。世界價值觀調查（WVS）之後的1995年、2001年和2007年的調查數據表明，中國的社會信任水平分別為52.3%、54.5%和52.3%，而這三次調查的世界範圍的社會信任水平均值分別為24.9%、28.1%和24.5%，中國的社會信任度遠遠高於世界平均水平。1993年，一位日本學者針對同一問題在中國進行調查，所得到的結果雖然比世界價值觀調查（WVS）的數據要低一些，但仍然高於所有非民主國家和新興民主國家（Manabe, 1995）。中國學者組織的調查結果也得出了同樣的結論，如汪匯等（2009）對上海市的調查顯示其社會信任水平高達66.23%。

在76個國家和地區中，曾經受儒家文化影響較深的幾個國家和地區的信任度分別為：中國大陸53.6%、臺灣40.2%、日本38.8%、韓國33.1%、越南38.7%。從全世界的角度看，這些國家和地區的信任度總體上雖然不

比北歐及一些新教國家高，但是也算是比較高的了。特別需要指出的是，中國大陸的信任度明顯高於日本、韓國等。社會信任度比較低的國家主要集中於拉丁美洲、非洲以及東歐地區。一位韓國學者利用其他多種調查方法進行檢驗，如用德爾菲法加以檢驗，中國大陸與北歐諸國屬於高信任組，這一檢驗結果支持了世界價值觀調查（WVS）的結論（馬德勇，2008）。馬德勇（2008）認為，中國的社會信任度不能說很低，中國的社會信任問題或許不是信任度高低的問題，而是信任度下降過快的問題。中國的社會信任度總體上處於不斷下降的趨勢，1990年為60.3%，1995年為52.3%，2001年為54.5%，2003年下降到46.3%。另外一項調查的數據顯示下降幅度更大，亞洲民主動態調查（Asian Barometer）2002年的調查數據顯示，中國大陸地區的信任度為41.8%，比1990年世界價值觀調查（WVS）的數據低了18.5%（馬德勇，2008）。

根據世界價值觀調查（WVS）的數據，我們列出中國的社會信任數據，針對「大多數人是否能夠被信任」這一問題，總體上，給出正面回答的占54%，也有41%的人給出反面回答。1989—2014年的五次調查中，中國的社會信任度依次是59%、50%、52%、49%、60%，先有下降之勢，但最近的這次調查，信任度又上升到60%。在世界價值觀調查（WVS）最近的這次調查（2010—2014）中，中國的社會信任度高居第二位，這著實又出乎了很多人的意料。

現將世界價值觀調查（WVS）裡中國社會信任數據（見表3-2、圖3-1）、一部分國家和地區的信任數據（見表3-3、表3-4）羅列如下。

表3-2　　　　　　　　大部分人能夠被信任（1989—2014年）　　　　　單位:%

|  | 平均值 | 1989—1993年 | 1994—1998年 | 1999—2004年 | 2005—2009年 | 2010—2014年 |
|---|---|---|---|---|---|---|
| 大部分人能夠被信任 | 54 | 59 | 50 | 52 | 49 | 60 |
| 怎麼小心也不為過 | 41 | 39 | 46 | 44 | 44 | 35 |
| 沒有回答 | 2 | 0 | 0 | 4 | 1 | 2 |
| 不知道 | 3 | 2 | 4 | 0 | 6 | 3 |

经济转型与信任危机治理

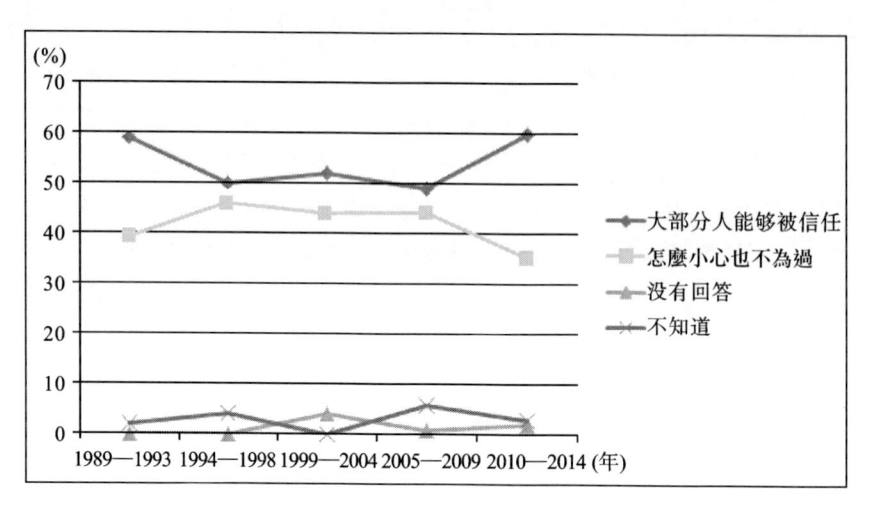

图 3-1 大部分人能夠被信任

表 3-3　　大部分人能夠被信任（2010—2014年）　　單位: %

| 國家或地區 | 比例 | 國家或地區 | 比例 |
| --- | --- | --- | --- |
| 荷蘭 | 66.10 | 斯洛文尼亞 | 19.90 |
| 中國 | 60.30 | 阿根廷 | 19.20 |
| 瑞典 | 60.10 | 西班牙 | 19.00 |
| 新西蘭 | 55.30 | 阿爾及利亞 | 17.20 |
| 澳大利亞 | 51.40 | 盧旺達 | 16.60 |
| 中國香港 | 48.00 | 突尼斯 | 15.50 |
| 德國 | 44.60 | 尼日利亞 | 15.00 |
| 愛沙尼亞 | 39.00 | 阿塞拜疆 | 14.80 |
| 也門 | 38.50 | 烏茲別克斯坦 | 13.90 |
| 哈薩克斯坦 | 38.30 | 烏拉圭 | 13.80 |
| 新加坡 | 37.30 | 約旦 | 13.20 |
| 吉爾吉斯斯坦 | 36.30 | 智利 | 12.40 |
| 日本 | 35.90 | 墨西哥 | 12.40 |
| 美國 | 34.80 | 摩洛哥 | 12.30 |
| 巴林 | 33.50 | 土耳其 | 11.60 |

3 中國信任狀況

表3-3(續)

| 國家或地區 | 比例 | 國家或地區 | 比例 |
|---|---|---|---|
| 白俄羅斯 | 32.60 | 亞美尼亞 | 10.90 |
| 印度 | 32.10 | 利比亞 | 10.00 |
| 泰國 | 32.10 | 黎巴嫩 | 9.80 |
| 臺灣 | 30.30 | 格魯吉亞 | 8.80 |
| 伊拉克 | 30.00 | 馬來西亞 | 8.50 |
| 科威特 | 28.50 | 秘魯 | 8.40 |
| 俄羅斯 | 27.80 | 津巴布韋 | 8.30 |
| 韓國 | 26.50 | 羅馬尼亞 | 7.70 |
| 南非 | 23.30 | 塞浦路斯 | 7.50 |
| 烏克蘭 | 23.10 | 厄瓜多爾 | 7.20 |
| 巴基斯坦 | 22.20 | 巴西 | 7.10 |
| 波蘭 | 22.20 | 加納 | 5.00 |
| 埃及 | 21.50 | 哥倫比亞 | 4.10 |
| 卡塔爾 | 21.40 | 菲律賓 | 3.20 |
|  |  | 特立尼達和多巴哥 | 3.20 |

表3-4　　大部分人能夠被信任（2005—2009年）　　單位:%

| 國家或地區 | 比例 | 國家或地區 | 比例 |
|---|---|---|---|
| 挪威 | 73.70 | 安道爾 | 20.00 |
| 瑞典 | 65.20 | 西班牙 | 19.80 |
| 芬蘭 | 58.00 | 保加利亞 | 19.60 |
| 瑞士 | 51.20 | 羅馬尼亞 | 19.30 |
| 越南 | 50.90 | 法國 | 18.70 |
| 中國 | 49.30 | 埃及 | 18.50 |
| 新西蘭 | 48.50 | 波蘭 | 18.10 |
| 澳大利亞 | 45.60 | 格魯吉亞 | 17.60 |
| 荷蘭 | 42.60 | 摩爾多瓦 | 17.60 |

表3-4(續)

| 國家或地區 | 比例 | 國家或地區 | 比例 |
| --- | --- | --- | --- |
| 加拿大 | 41.80 | 斯洛文尼亞 | 17.50 |
| 泰國 | 41.30 | 阿根廷 | 17.40 |
| 中國香港 | 40.30 | 墨西哥 | 15.40 |
| 美國 | 39.10 | 危地馬拉 | 14.90 |
| 伊拉克 | 38.60 | 馬里 | 14.90 |
| 印度尼西亞 | 37.50 | 哥倫比亞 | 14.30 |
| 日本 | 36.60 | 布基納法索 | 13.80 |
| 德國 | 33.80 | 摩洛哥 | 12.80 |
| 約旦 | 30.70 | 智利 | 12.40 |
| 英國 | 30.00 | 津巴布韋 | 10.80 |
| 匈牙利 | 28.70 | 伊朗 | 10.50 |
| 韓國 | 28.00 | 塞浦路斯 | 9.70 |
| 義大利 | 27.50 | 巴西 | 9.20 |
| 俄羅斯 | 24.60 | 馬來西亞 | 8.80 |
| 烏拉圭 | 24.60 | 加納 | 8.50 |
| 烏克蘭 | 24.50 | 秘魯 | 6.20 |
| 臺灣 | 24.20 | 盧旺達 | 4.80 |
| 埃塞俄比亞 | 21.40 | 土耳其 | 4.80 |
| 印度 | 20.70 | 特立尼達和多巴哥 | 3.80 |

　　根據世界價值觀調查數據庫裡中國的數據，本書列出了國人對家庭、鄰居、認識的人、首次遇見的人的信任情況（見表3-5、表3-6、表3-7、表3-8），對家庭完全信任的受訪者占87%，對鄰居完全信任的受訪者占22%，對認識的人完全信任的受訪者占16%，而對第一次見面的陌生人完全信任的受訪者只占1%。這種信任格局對應了費孝通（1949）的差序格局論。費孝通在《鄉土中國》一書中，提出了著名的差序格局論，在鄉土社會，在生活上互相合作的人都是天天見面的，彼此熟悉得不必見面就知道對方是誰。如果村民敲門造訪，你問：「誰呀？」門外的人十之八九回答你一個大聲的「我」，這是說，你得用聲音辨人，在熟悉的鄉土社會，是

不必通名報姓的。在鄉土社會，即使互相熟悉，但也存在一個親疏有序的差序格局，以「己」為中心，像一顆石子投入水中，產生一圈圈推出去的波紋，越推越遠，也越推越薄。人和人往來所構成的關係網路中的綱紀就是一個差序，也就是「倫」，「不失其倫」是指能分辨清楚父子、遠近、親疏。在所有的關係中，最重要的是親屬關係，這是由生育和婚姻事實形成的社會關係。人們根據血緣、親緣關係決定親疏遠近，「一表三千里」形象地說明了這一點。差序格局也體現在地緣關係上，每一家以自己所在的位置為中心，在周圍劃出一個圈子，這個圈子是街坊，有喜事要請酒，生了孩子要送紅蛋，有喪事要出來助殮，這個圈子就是生活上的互助機構。範圍的大小依中心的勢力厚薄而定，有勢力人家的街坊則可能可以遍及全村，窮苦人家的街坊只是比鄰的兩三家。針對社會信任的調查結果表明，時至今日，中國人民仍維持著親疏有序的關係格局，親人間的信任高於鄰居間的信任，鄰居間的信任高於熟人間的信任，熟人間的信任又高於對陌生人的信任。實際上，差序格局也存在於其他國家，班菲爾德（Banfield,1958）對義大利南部的研究發現，那裡的人信任度極低，幾乎對誰都不相信，但他們對家人是很信任的。美國是一個信任度很高的國家，1996年對費城的一次調查表明，那裡的信任也呈差序格局，對家人的信任度達97.8%，對同事的信任度為89.13%，對鄰居的信任度為73.19%，對陌生人的信任度為57%（王紹光、劉欣，2002）。最近一次世界價值觀調查（WVS）的數據顯示（2010—2014年），這種差序格局在每一個國家都基本成立，完全信任選項的比例中，家庭大於鄰居或認識的人，鄰居或認識的人大於第一次見面的人，至於鄰居和認識的人，並沒有嚴格的比較關係（見表3-9）。

表3-5　　　　　　　　　　對您的家庭有多信任　　　　　　　　單位:%

|  | 平均值 | 2005—2009 年 | 2010—2014 年 |
| --- | --- | --- | --- |
| 完全信任 | 87 | 88 | 85 |
| 有些信任 | 9 | 10 | 9 |
| 不是很信任 | 1 | 1 | 1 |
| 完全不信任 | 0 | 0 | 0 |
| 沒有回答 | 2 | 0 | 5 |
| 不知道 | 0 | 1 | 0 |

經濟轉型與信任危機治理

表3-6　　　　　　　　　對您的鄰居有多信任　　　　　　　　單位:%

|  | 平均值 | 2005—2009年 | 2010—2014年 |
| --- | --- | --- | --- |
| 完全信任 | 22 | 25 | 19 |
| 有些信任 | 59 | 59 | 59 |
| 不是很信任 | 14 | 13 | 14 |
| 完全不信任 | 1 | 1 | 1 |
| 不適用 | 0 | 0 | 0 |
| 沒有回答 | 2 | 0 | 5 |
| 不知道 | 2 | 2 | 1 |

表3-7　　　　　　　　對您認識的人有多信任　　　　　　　　單位:%

|  | 平均值 | 2005—2009年 | 2010—2014年 |
| --- | --- | --- | --- |
| 完全信任 | 16 | 19 | 13 |
| 有些信任 | 59 | 60 | 58 |
| 不是很信任 | 17 | 17 | 18 |
| 完全不信任 | 1 | 1 | 2 |
| 不適用 | 1 | 0 | 2 |
| 沒有回答 | 2 | 0 | 5 |
| 不知道 | 2 | 3 | 2 |

表3-8　　　　　　　對您首次遇見的人有多信任　　　　　　　單位:%

|  | 平均值 | 2005—2009年 | 2010—2014年 |
| --- | --- | --- | --- |
| 完全信任 | 1 | 1 | 1 |
| 有些信任 | 9 | 9 | 10 |
| 不是很信任 | 60 | 63 | 59 |
| 完全不信任 | 20 | 21 | 19 |
| 不適用 | 1 | 0 | 1 |
| 沒有回答 | 3 | 0 | 5 |
| 不知道 | 6 | 6 | 5 |

表 3-9　　　　　完全信任的比例（2010—2014 年）　　　　單位:%

| 國家或地區 | 家庭 | 鄰居 | 認識的人 | 第一次見面的人 |
|---|---|---|---|---|
| 阿爾及利亞 | 86.20 | 24.20 | 23.40 | 2.00 |
| 阿塞拜疆 | 65.00 | 15.70 | 16.40 | 1.40 |
| 阿根廷 | 91.60 | 22.90 | 29.20 | 3.30 |
| 澳大利亞 | 81.20 | 6.00 | 39.60 | 0.80 |
| 巴林 | 44.00 | 22.40 | 21.40 | 8.60 |
| 亞美尼亞 | 95.50 | 15.50 | 19.60 | 0.50 |
| 巴西 | 70.10 | 10.90 | 9.50 | 0.60 |
| 白俄羅斯 | 87.50 | 18.10 | 17.40 | 1.90 |
| 智利 | 86.80 | 15.60 | 18.90 | 3.40 |
| 中國 | 85.50 | 19.00 | 13.30 | 1.00 |
| 臺灣 | 82.80 | 13.90 | 25.40 | 0.70 |
| 哥倫比亞 | 81.00 | 10.80 | 14.40 | 1.00 |
| 塞浦路斯 | 89.80 | 16.50 | 21.50 | 0.60 |
| 厄瓜多爾 | 84.00 | 11.30 | 7.10 | 2.00 |
| 愛沙尼亞 | 88.60 | 19.50 | 24.40 | 1.10 |
| 格魯吉亞 | 91.40 | 27.00 | 15.30 | 1.00 |
| 德國 | 75.90 | 14.30 | 18.10 | 2.00 |
| 加納 | 66.60 | 12.80 | 15.30 | 2.50 |
| 中國香港 | 83.60 | 12.20 | 30.00 | 2.50 |
| 印度 | 64.40 | 17.20 | 23.10 | 15.50 |
| 伊拉克 | 96.90 | 38.20 | 25.70 | 1.80 |
| 日本 | 72.60 | 3.80 | 11.70 | 0.20 |
| 哈薩克斯坦 | 93.20 | 23.50 | 23.10 | 1.90 |
| 約旦 | 90.80 | 35.20 | 33.40 | 2.80 |
| 韓國 | 82.50 | 11.30 | 15.60 | 0.90 |
| 科威特 | 85.90 | 28.50 | 39.40 | 7.20 |
| 吉爾吉斯斯坦 | 95.50 | 29.30 | 19.90 | 3.30 |
| 黎巴嫩 | 65.20 | 16.20 | 26.60 | 7.60 |
| 利比亞 | 94.20 | 38.00 | 40.20 | 2.20 |

**經濟轉型與信任危機治理**

表3-9(續)

| 國家或地區 | 家庭 | 鄰居 | 認識的人 | 第一次見面的人 |
|---|---|---|---|---|
| 馬來西亞 | 83.00 | 14.10 | 18.50 | 0.70 |
| 墨西哥 | 81.40 | 13.20 | 15.20 | 1.20 |
| 摩納哥 | 91.30 | 28.20 | 27.40 | 1.80 |
| 荷蘭 | 58.60 | 15.70 | 19.00 | 0.10 |
| 尼日利亞 | 88.50 | 27.40 | 18.50 | 4.50 |
| 巴基斯坦 | 84.70 | 32.60 | 24.00 | 7.50 |
| 秘魯 | 78.50 | 6.60 | 11.40 | 0.70 |
| 菲律賓 | 86.00 | 15.80 | 21.60 | 2.40 |
| 波蘭 | 69.20 | 8.30 | 7.50 | 0.10 |
| 卡塔爾 | 91.00 | 35.00 | 42.80 | 4.50 |
| 羅馬尼亞 | 80.50 | 8.80 | 9.70 | 0.80 |
| 俄羅斯 | 87.10 | 18.40 | 20.00 | 1.70 |
| 盧旺達 | 78.60 | 47.60 | 32.30 | 5.20 |
| 新加坡 | 81.70 | 18.00 | 30.80 | 3.10 |
| 斯洛文尼亞 | 85.70 | 13.80 | 20.60 | 0.40 |
| 南非 | 76.00 | 23.90 | 19.90 | 8.90 |
| 津巴布韋 | 81.30 | 15.70 | 13.60 | 1.30 |
| 西班牙 | 93.60 | 26.80 | 38.10 | 2.40 |
| 瑞典 | 88.80 | 29.00 | 42.60 | 4.70 |
| 泰國 | 85.50 | 24.50 | 20.40 | 3.70 |
| 特立尼達和多巴哥 | 70.30 | 13.00 | 18.20 | 0.60 |
| 突尼斯 | 94.90 | 37.70 | 33.50 | 2.50 |
| 土耳其 | 93.70 | 36.90 | 31.90 | 3.10 |
| 烏克蘭 | 91.90 | 23.10 | 18.30 | 0.90 |
| 埃及 | 99.30 | 55.90 | 61.30 | 4.00 |
| 美國 | 69.40 | 8.10 | 30.20 | 0.80 |
| 烏拉圭 | 85.30 | 23.00 | 22.20 | 4.40 |
| 烏茲別克斯坦 | 97.30 | 46.70 | 33.00 | 1.70 |
| 也門 | 93.80 | 40.50 | 30.30 | 1.60 |

3　中國信任狀況

　　根據2014年美國綜合社會調查（GSS）的數據，美國受訪者選擇大部分人能夠被信任的比例只有21.9%（見表3-10），如果除去選擇這一項不適用的受訪者，選擇大部分人能夠被信任的比例是32.6%。在另外一個問題中（見表3-11），選擇人能夠被信任的受訪者占12.1%，但有67.1%的受訪者選擇此問題不適用，除去這些樣本，選擇人能夠被信任的受訪者占36.7%。

表3-10　　　　　　美國綜合社會調查（GSS）數據Ⅰ

| 「一般說來，你認為大部分人能夠被信任還是與人相處時再小心也不為過？」 | 人數（人） | 比例（%） |
| --- | --- | --- |
| 不適用 | 1,264 | 32.9 |
| 大部分人能夠被信任 | 840 | 21.9 |
| 怎麼小心也不為過 | 1,614 | 42.0 |
| 依情況而定 | 120 | 3.1 |
| 不知道 | 3 | 0.1 |
| 沒有回答 | 1 | 0.0 |
| 總數 | 3,842 | 100 |

表3-11　　　　　　美國綜合社會調查（GSS）數據Ⅱ

| 「一般說來，你認為一個人能夠被信任還是你在與之相處時怎麼小心也不為過？」 | 人數（人） | 比例（%） |
| --- | --- | --- |
| 不適用 | 2,578 | 67.1 |
| 幾乎總是可以被信任 | 37 | 1.0 |
| 通常可以被信任 | 427 | 11.1 |
| 通常怎麼小心也不為過 | 628 | 16.3 |
| 幾乎總是再小心也不為過 | 146 | 3.8 |
| 無法選擇 | 22 | 0.6 |
| 沒有回答 | 4 | 0.1 |
| 總數 | 3,842 | 100 |

## 經濟轉型與信任危機治理

中國綜合社會調查（CGSS）2013年的數據於2015年1月1日正式發布。針對社會信任的調查主要有兩個問題，一個問題是「總的來說，您同不同意在這個社會上，絕大多數人是可以信任的」。這個問題的數據統計如表3-12所示，選擇非常同意的受訪者占5.44%，選擇比較同意的受訪者占50.21%，這兩項加起來占55.65%。另一個問題是「一般來說，您對現在社會上的陌生人是否信任」，數據表明（見表3-13），選擇非常信任的受訪者占0.87%，選擇信任的占17.85%，這兩項共占總人數的18.72%。

表3-12　　　　　中國綜合社會調查（CGSS）數據Ⅰ

| 「總的來說，您同不同意在這個社會上，絕大多數人是可以信任的？」 | 人數（人） | 比例（%） |
|---|---|---|
| 拒絕回答 | 3 | 0.03 |
| 不知道 | 11 | 0.10 |
| 非常不同意 | 513 | 4.49 |
| 比較不同意 | 2,729 | 23.86 |
| 說不上同意不同意 | 1,817 | 15.89 |
| 比較同意 | 5,743 | 50.21 |
| 非常同意 | 622 | 5.44 |
| 總數 | 11,438 | 100 |

表3-13　　　　　中國綜合社會調查（CGSS）數據Ⅱ

| 「一般來說，您對現在社會上的陌生人是否信任？」 | 人數（人） | 比例（%） |
|---|---|---|
| 拒絕回答 | 4 | 0.03 |
| 不知道 | 5 | 0.04 |
| 不適用 | 1 | 0.01 |
| 非常不信任 | 905 | 7.91 |
| 不信任 | 5,066 | 44.29 |
| 一般 | 3,316 | 28.99 |
| 信任 | 2,042 | 17.85 |
| 非常信任 | 99 | 0.87 |
| 總數 | 11,438 | 100 |

楊明等（2011）歸納總結了不同調查研究對轉型期中國公眾社會信任水平的研究結果（見表 3-14）。總體來說，中國的社會信任度是比較高的。

表 3-14　　　　轉型期中國公眾社會信任水平的變化

| 調查項目 | 年度 | 比例 |
| --- | --- | --- |
| WVS 1990 | 1990 | 0.603 |
| WVS 1995 | 1995 | 0.523 |
| WVS 2001 | 2001 | 0.545 |
| ABS 2002 | 2002 | 0.437 |
| ILRS | 2003 | 0.49 |
| SICS 2004 | 2004 | 0.419 |
| WVS 2007 | 2007 | 0.523 |
| China Survey | 2008 | 0.533 |
| ABS 2008 | 2008 | 0.613 |
| SICS 2009 | 2009 | 0.521 |
| ACCS | 2009 | 0.577 |
| PGS | 2010 | 0.603 |

註：WVS 1990 主要調查了城市樣本，PGS 2010 的數據只調查了城市樣本。SICS 2004 和 SICS 2009 使用了大多數人是可以信任的、和人相處越小心越好、視情況而定三個選項，筆者將視情況而定視為缺失值處理

中國社會的信任的一個顯著的特徵是差序格局。根據中國綜合社會調查（CGSS）2010 年的數據（見表 3-15～表 3-23），對自己家裡人選擇完全可信的受訪者占 83.61%，對親戚選擇完全可信的受訪者占 36.31%，對朋友選擇完全可信的受訪者占 16.63%，對同事選擇完全可信的受訪者占 7.38%，對領導幹部選擇完全可信的受訪者占 8.67%，對生意人選擇完全可信的受訪者占 2.02%，對同學選擇完全可信的受訪者占 7.04%，對老鄉選擇完全可信的受訪者占 7.19%，對信教的人選擇完全可信的受訪者占 3.22%。若把選擇完全可信和比較可信的受訪者比例加起來，稱為對某一群體的信任程度，那麼受訪者對自己家裡人的信任程度為 98.16%，對親戚的信任程度為 88.02%，對朋友的信任程度為 73.04%，對同事的信任程

**經濟轉型與信任危機治理**

度為51.19%，對領導幹部的信任程度為43.15%，對生意人的信任程度為15.85%，對同學的信任程度為57.32%，對老鄉的信任程度為52.42%，對信教的人的信任程度為16.41%。人們對自己家裡人的信任程度最高，之後依次是親戚、朋友、同學、老鄉、同事、領導幹部、信教的人、生意人，對生意人的信任程度最低。

表3-15　　　　　對自己家裡人的信任程度

| 信任程度——自己家裡人 | 人數（人） | 比例（%） |
| --- | --- | --- |
| 拒絕回答 | 16 | 0.14 |
| 不知道 | 1 | 0.01 |
| 不適用 | 2 | 0.02 |
| 完全不可信 | 23 | 0.20 |
| 比較不可信 | 51 | 0.43 |
| 居於可信與不可信之間 | 123 | 1.04 |
| 比較可信 | 1,715 | 14.55 |
| 完全可信 | 9,852 | 83.61 |
| 總數 | 11,783 | 100 |

表3-16　　　　　對親戚的信任程度

| 信任程度——親戚 | 人數（人） | 比例（%） |
| --- | --- | --- |
| 拒絕回答 | 19 | 0.16 |
| 不知道 | 2 | 0.02 |
| 不適用 | 2 | 0.02 |
| 完全不可信 | 62 | 0.53 |
| 比較不可信 | 264 | 2.24 |
| 居於可信與不可信之間 | 1,063 | 9.02 |
| 比較可信 | 6,093 | 51.71 |
| 完全可信 | 4,278 | 36.31 |
| 總數 | 11,783 | 100 |

## 3 中國信任狀況

表 3-17　　　　　　　　　　對朋友的信任程度

| 信任程度——朋友 | 人數（人） | 比例（%） |
|---|---|---|
| 拒絕回答 | 22 | 0.19 |
| 不知道 | 8 | 0.07 |
| 不適用 | 13 | 0.11 |
| 完全不可信 | 113 | 0.96 |
| 比較不可信 | 519 | 4.40 |
| 居於可信與不可信之間 | 2,502 | 21.23 |
| 比較可信 | 6,647 | 56.41 |
| 完全可信 | 1,959 | 16.63 |
| 總數 | 11,783 | 100 |

表 3-18　　　　　　　　　　對同事的信任程度

| 信任程度——同事 | 人數（人） | 比例（%） |
|---|---|---|
| 拒絕回答 | 72 | 0.61 |
| 不知道 | 23 | 0.20 |
| 不適用 | 387 | 3.28 |
| 完全不可信 | 155 | 1.32 |
| 比較不可信 | 790 | 6.70 |
| 居於可信與不可信之間 | 4,324 | 36.70 |
| 比較可信 | 5,162 | 43.81 |
| 完全可信 | 870 | 7.38 |
| 總數 | 11,783 | 100 |

表 3-19　　　　　　　　　　對領導幹部的信任程度

| 信任程度——領導幹部 | 人數（人） | 比例（%） |
|---|---|---|
| 拒絕回答 | 40 | 0.34 |
| 不知道 | 20 | 0.17 |
| 不適用 | 41 | 0.35 |

**經濟轉型與信任危機治理**

表3-19(續)

| 信任程度——領導幹部 | 人數（人） | 比例（%） |
|---|---|---|
| 完全不可信 | 599 | 5.08 |
| 比較不可信 | 1,698 | 14.41 |
| 居於可信與不可信之間 | 4,300 | 36.49 |
| 比較可信 | 4,063 | 34.48 |
| 完全可信 | 1,022 | 8.67 |
| 總數 | 11,783 | 100 |

表3-20　　對生意人的信任程度

| 信任程度——生意人 | 人數（人） | 比例（%） |
|---|---|---|
| 拒絕回答 | 47 | 0.40 |
| 不知道 | 20 | 0.17 |
| 不適用 | 9 | 0.08 |
| 完全不可信 | 1,558 | 13.22 |
| 比較不可信 | 3,819 | 32.41 |
| 居於可信與不可信之間 | 4,463 | 37.88 |
| 比較可信 | 1,629 | 13.83 |
| 完全可信 | 238 | 2.02 |
| 總數 | 11,783 | 100 |

表3-21　　對同學的信任程度

| 信任程度——同學 | 人數（人） | 比例（%） |
|---|---|---|
| 拒絕回答 | 86 | 0.73 |
| 不知道 | 31 | 0.26 |
| 不適用 | 317 | 2.69 |
| 完全不可信 | 148 | 1.26 |
| 比較不可信 | 639 | 5.42 |
| 居於可信與不可信之間 | 3,808 | 32.32 |

表3-21(續)

| 信任程度——同學 | 人數（人） | 比例（%） |
|---|---|---|
| 比較可信 | 5,924 | 50.28 |
| 完全可信 | 830 | 7.04 |
| 總數 | 11,783 | 100 |

表 3-22　　　　　　　　　對老鄉的信任程度

| 信任程度——老鄉 | 人數（人） | 比例（%） |
|---|---|---|
| 拒絕回答 | 64 | 0.54 |
| 不知道 | 12 | 0.10 |
| 不適用 | 43 | 0.36 |
| 完全不可信 | 233 | 1.98 |
| 比較不可信 | 931 | 7.90 |
| 居於可信與不可信之間 | 4,323 | 36.69 |
| 比較可信 | 5,330 | 45.23 |
| 完全可信 | 847 | 7.19 |
| 總數 | 11,783 | 100 |

表 3-23　　　　　　　　對信教的人的信任程度

| 信任程度——信教的人 | 人數（人） | 比例（%） |
|---|---|---|
| 拒絕回答 | 87 | 0.74 |
| 不知道 | 111 | 0.94 |
| 不適用 | 27 | 0.23 |
| 完全不可信 | 2,536 | 21.52 |
| 比較不可信 | 2,720 | 23.08 |
| 居於可信與不可信之間 | 4,368 | 37.07 |
| 比較可信 | 1,554 | 13.19 |
| 完全可信 | 380 | 3.22 |
| 總數 | 11,783 | 100 |

**經濟轉型與信任危機治理**

　　人們對機構和組織的信任程度也存在一定的差異（見表3-24～表3-35）。對法院及司法系統選擇完全可信的受訪者占31.94%，對中央政府選擇完全可信的受訪者占52.46%，對地方政府選擇完全可信的受訪者占24%，對軍隊選擇完全可信的受訪者占51.7%，對公安部門選擇完全可信的受訪者占32.45%，對中央媒體選擇完全可信的受訪者占35.16%，對地方媒體選擇完全可信的受訪者占19.85%，對民間組織選擇完全可信的受訪者占7.48%，對公司企業選擇完全可信的受訪者占6.47%，對全國人民代表大會選擇完全可信的受訪者占51.08%，對宗教組織選擇完全可信的受訪者占5.6%，對學校及教育系統選擇完全可信的受訪者占32.91%。若把選擇完全可信和比較可信的受訪者比例加起來，稱為對某一組織的信任程度，那麼受訪者對法院及司法系統的信任程度為72.98%，對中央政府的信任程度為88.76%，對地方政府的信任程度為64.58%，對軍隊的信任程度為87.82%，對公安部門的信任程度為73.38%，對中央媒體的信任程度為77.59%，對地方媒體的信任程度為58.40%，對民間組織的信任程度為31.08%，對公司企業的信任程度為32.44%，對全國人民代表大會的信任程度為83.22%，對宗教組織的信任程度為20.45%，對學校及教育系統的信任程度為78.80%。可以看出，人們對中央政府、軍隊、全國人民代表大會、中央媒體的信任程度高，對學校及教育系統、公安部門、法院及司法系統的信任程度較高，對本地政府、地方媒體的信任程度一般，對民間組織、公司企業、宗教組織的信任程度較差。

表3-24　　　　　　　　對法院及司法系統的信任程度

| 信任程度——法院及司法系統 | 人數（人） | 比例（%） |
| --- | --- | --- |
| 拒絕回答 | 27 | 0.23 |
| 不知道 | 50 | 0.42 |
| 完全不可信 | 330 | 2.80 |
| 比較不可信 | 931 | 7.90 |
| 居於可信與不可信之間 | 1,846 | 15.67 |
| 比較可信 | 4,836 | 41.04 |
| 完全可信 | 3,763 | 31.94 |
| 總數 | 11,783 | 100 |

表 3-25　　　　　　　　　對中央政府的信任程度

| 信任程度——中央政府 | 人數（人） | 比例（%） |
|---|---|---|
| 拒絕回答 | 27 | 0.23 |
| 不知道 | 27 | 0.23 |
| 完全不可信 | 91 | 0.77 |
| 比較不可信 | 298 | 2.53 |
| 居於可信與不可信之間 | 882 | 7.49 |
| 比較可信 | 4,277 | 36.30 |
| 完全可信 | 6,181 | 52.46 |
| 總數 | 11,783 | 100 |

表 3-26　　　　　　　　　對地方政府的信任程度

| 信任程度—地方政府(農村指鄉政府) | 人數（人） | 比例（%） |
|---|---|---|
| 拒絕回答 | 41 | 0.35 |
| 不知道 | 30 | 0.25 |
| 完全不可信 | 525 | 4.46 |
| 比較不可信 | 1,365 | 11.58 |
| 居於可信與不可信之間 | 2,213 | 18.78 |
| 比較可信 | 4,781 | 40.58 |
| 完全可信 | 2,828 | 24.00 |
| 總數 | 11,783 | 100 |

表 3-27　　　　　　　　　對軍隊的信任程度

| 信任程度——軍隊 | 人數（人） | 比例（%） |
|---|---|---|
| 拒絕回答 | 45 | 0.38 |
| 不知道 | 48 | 0.41 |
| 不適用 | 2 | 0.02 |
| 完全不可信 | 70 | 0.59 |
| 比較不可信 | 252 | 2.14 |

**經濟轉型與信任危機治理**

表3-27(續)

| 信任程度——軍隊 | 人數（人） | 比例（%） |
|---|---|---|
| 居於可信與不可信之間 | 1,018 | 8.64 |
| 比較可信 | 4,256 | 36.12 |
| 完全可信 | 6,092 | 51.70 |
| 總數 | 11,783 | 100 |

表 3-28　　　　對公安部門的信任程度

| 信任程度——公安部門 | 人數（人） | 比例（%） |
|---|---|---|
| 拒絕回答 | 39 | 0.38 |
| 不知道 | 34 | 0.29 |
| 完全不可信 | 311 | 2.64 |
| 比較不可信 | 861 | 7.31 |
| 居於可信與不可信之間 | 1,891 | 16.05 |
| 比較可信 | 4,823 | 40.93 |
| 完全可信 | 3,824 | 32.45 |
| 總數 | 11,783 | 100 |

表 3-29　　　　對中央媒體的信任程度

| 信任程度——中央媒體 | 人數（人） | 比例（%） |
|---|---|---|
| 拒絕回答 | 43 | 0.36 |
| 不知道 | 40 | 0.34 |
| 不適用 | 2 | 0.02 |
| 完全不可信 | 149 | 1.26 |
| 比較不可信 | 583 | 4.95 |
| 居於可信與不可信之間 | 1,823 | 15.47 |
| 比較可信 | 5,000 | 42.43 |
| 完全可信 | 4,143 | 35.16 |
| 總數 | 11,783 | 100 |

表 3-30　　　　　　　　　　對地方媒體的信任程度

| 信任程度——地方媒體 | 人數（人） | 比例（％） |
|---|---|---|
| 拒絕回答 | 48 | 0.41 |
| 不知道 | 45 | 0.38 |
| 不適用 | 3 | 0.03 |
| 完全不可信 | 327 | 2.78 |
| 比較不可信 | 1,258 | 10.68 |
| 居於可信與不可信之間 | 3,221 | 27.34 |
| 比較可信 | 4,542 | 38.55 |
| 完全可信 | 2,339 | 19.85 |
| 總數 | 11,783 | 100 |

表 3-31　　　　　　　　　　對民間組織的信任程度

| 信任程度——民間組織 | 人數（人） | 比例（％） |
|---|---|---|
| 拒絕回答 | 72 | 0.61 |
| 不知道 | 190 | 1.61 |
| 不適用 | 11 | 0.09 |
| 完全不可信 | 607 | 5.15 |
| 比較不可信 | 2,145 | 18.20 |
| 居於可信與不可信之間 | 5,096 | 43.25 |
| 比較可信 | 2,781 | 23.60 |
| 完全可信 | 881 | 7.48 |
| 總數 | 11,783 | 100 |

表 3-32　　　　　　　　　　對公司企業的信任程度

| 信任程度——公司企業 | 人數（人） | 比例（％） |
|---|---|---|
| 拒絕回答 | 40 | 0.34 |
| 不知道 | 116 | 0.98 |
| 不適用 | 13 | 0.11 |
| 完全不可信 | 493 | 4.18 |
| 比較不可信 | 1,977 | 16.78 |

**經濟轉型與信任危機治理**

表3-32(續)

| 信任程度——公司企業 | 人數（人） | 比例（%） |
|---|---|---|
| 居於可信與不可信之間 | 5,322 | 45.17 |
| 比較可信 | 3,060 | 25.97 |
| 完全可信 | 762 | 6.47 |
| 總數 | 11,783 | 100 |

表3-33　　　　對全國人民代表大會的信任程度

| 信任程度——全國人民代表大會 | 人數（人） | 比例（%） |
|---|---|---|
| 拒絕回答 | 38 | 0.32 |
| 不知道 | 59 | 0.50 |
| 不適用 | 3 | 0.03 |
| 完全不可信 | 117 | 0.99 |
| 比較不可信 | 274 | 2.33 |
| 居於可信與不可信之間 | 1,132 | 9.61 |
| 比較可信 | 4,141 | 35.14 |
| 完全可信 | 6,019 | 51.08 |
| 總數 | 11,783 | 100 |

表3-34　　　　對宗教組織的信任程度

| 信任程度——宗教組織 | 人數（人） | 比例（%） |
|---|---|---|
| 拒絕回答 | 86 | 0.73 |
| 不知道 | 153 | 1.30 |
| 不適用 | 16 | 0.14 |
| 完全不可信 | 2,470 | 20.96 |
| 比較不可信 | 2,525 | 21.43 |
| 居於可信與不可信之間 | 4,123 | 34.99 |
| 比較可信 | 1,750 | 14.85 |
| 完全可信 | 660 | 5.60 |
| 總數 | 11,783 | 100 |

表 3-35　　　　　　　　對學校及教育系統的信任程度

| 信任程度——學校及教育系統 | 人數（人） | 比例（％） |
| --- | --- | --- |
| 拒絕回答 | 52 | 0.44 |
| 不知道 | 26 | 0.22 |
| 不適用 | 2 | 0.02 |
| 完全不可信 | 126 | 1.07 |
| 比較不可信 | 499 | 4.23 |
| 居於可信與不可信之間 | 1,793 | 15.22 |
| 比較可信 | 5,407 | 45.89 |
| 完全可信 | 3,878 | 32.91 |
| 總數 | 11,783 | 100 |

王紹光、劉欣（2002）基於1998年對四個中國城市居民的調查，給出了受訪者對不同人群的信任情況（見表3-36），這四個城市分別是上海、天津、武漢、深圳。

表 3-36　　　　　　受訪者對不同人群的信任情況　　　　　　單位:％

|  | 完全不信任 | 不信任 | 不確定 | 信任 | 完全信任 |
| --- | --- | --- | --- | --- | --- |
| 家庭成員的信任 | 0.2 | 0.3 | 0.6 | 16.8 | 82.2 |
| 直系親屬的信任 | 0.5 | 0.5 | 1.7 | 44.4 | 53.0 |
| 其他親屬的信任 | 1.2 | 9.2 | 15.1 | 66.0 | 8.5 |
| 密友的信任 | 0.6 | 4.7 | 6.8 | 64.7 | 23.3 |
| 一般朋友的信任 | 2.3 | 26.7 | 29.8 | 40.4 | 1.2 |
| 單位領導的信任 | 4.1 | 14.3 | 32.3 | 45.2 | 4.1 |
| 單位同事的信任 | 0.9 | 14.2 | 39.8 | 44.1 | 0.9 |
| 鄰居的信任 | 2.1 | 13.7 | 43.2 | 40.5 | 0.5 |
| 一般熟人的信任 | 8.8 | 27.0 | 43.7 | 20.4 | 0.2 |

朱虹（2011）選擇了9種不同的群體來測量人們對他們的信任程度，包括老鄉、鄰居、網友、同學（校友）、同宗教信仰的人、工友（同事、合夥人）、玩伴（牌友、棋友、舞伴等趣緣群體成員）、黨組織（團組

織)、居委會（村委會）。信任程度用數值 1~5 表示，1 表示極不信任，2 表示比較不信任，3 表示一般信任，4 表示比較信任，5 表示極為信任，調查結果如圖 3-2 所示。結果顯示，人們對網友的信任程度最低，均值只有 1.68；其次是玩伴，均值為 2.38；再次是居委會（村委會），均值為 3.83；而位居信任程度最高值的是同學（校友）這個群體，均值為 4.32；其次是老鄉、工友（同事），分別為 4.02 和 4.16，其他人群的信任程度處於中等水平。無論是同學（校友）、工友（同事）等學緣和業緣關係，還是鄰居等地緣關係，彼此高度信任的原因在於：比鄰而居、同窗學習、一起幹活，必然發生頻繁的日常互動，進而產生情感聯結，同時彼此熟知，可以規避一定的信任風險。由此看來，地緣、業緣、學緣是發生人際信任的重要紐帶。

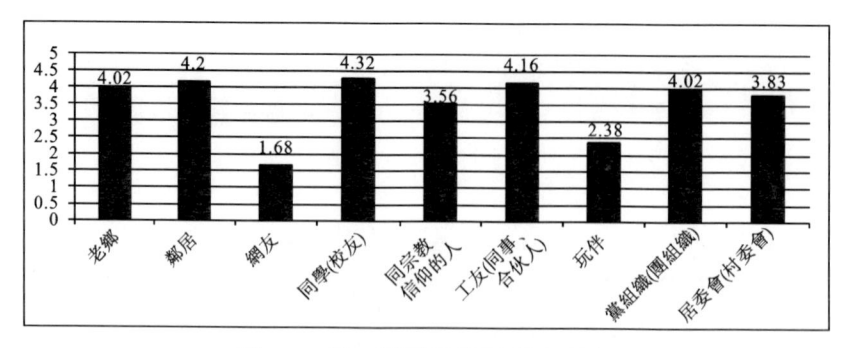

圖 3-2　對 9 種不同群體的信任程度

鄒宇春等（2012）通過研究 2009 年中國大城市社會網路與求職調查中的廣州數據，發現個體對自然人的信任和對制度的信任均存在等級差異。在控製其他變量的情況下，個體對自然人的信任存在強弱差異（見表 3-37），順序由強至弱為：家人＞鄰居＞外地人＞陌生人。對各項制度代表的信任也存在差序格局（見表 3-38），順序由強至弱為：科學家＞警察＞政府＞醫生＞法院＞居委會幹部＞新聞媒體＞商人。在各項制度信任中，個體對商人的信任最弱，其他各類制度信任相互差別雖然不大，但仍存在強弱差異。

表 3-37　　　　　個體對自然人的信任程度調查表

| 各類信任程度 | 根本不信任（%） | 不太信任（%） | 比較信任（%） | 完全信任（%） | 樣本量（人） |
|---|---|---|---|---|---|
| 對家人 | 0 | 0.4 | 16.1 | 83.5 | 504 |
| 對鄰居 | 2.9 | 25.6 | 65 | 6.5 | 449 |
| 對商人 | 18 | 61 | 19.9 | 1.1 | 462 |
| 對外地人 | 16.4 | 62.2 | 20.9 | 0.5 | 397 |
| 對陌生人 | 54.6 | 39.7 | 5.2 | 0.5 | 443 |
| 對居委會幹部 | 4.1 | 22.1 | 64.1 | 9.7 | 435 |

表 3-38　　　　　個體對制度代表的信任程度調查表

| 各類信任程度 | 根本不信任（%） | 不太信任（%） | 比較信任（%） | 完全信任（%） | 樣本量（人） |
|---|---|---|---|---|---|
| 對政府 | 3.8 | 23.4 | 55.4 | 17.4 | 444 |
| 對警察 | 4 | 18.7 | 61.9 | 15.4 | 454 |
| 對醫生 | 2.2 | 22.6 | 62.2 | 13 | 465 |
| 對新聞媒體 | 4 | 25.3 | 61 | 9.7 | 466 |
| 對法院 | 3.2 | 22.3 | 60.6 | 13.9 | 404 |
| 對科學家 | 1.6 | 12.8 | 68.3 | 17.3 | 423 |

李偉民、梁玉成（2002）利用中山大學廣東發展研究院 2000 年 7 月進行的「廣東社會變遷基本調查」數據（見表 3-39、圖 3-3），研究受訪者對不同群體的信任情況，發現信任度呈現非常明顯的差序格局。

表 3-39　　　　　廣東社會變遷基本調查數據表

| 信任對象 | 作答人數(人) | 平均信任度 | 標準差 |
|---|---|---|---|
| 銷售商 | 1,955 | 2.68 | 0.77 |
| 網友 | 1,607 | 2.69 | 0.65 |
| 生產商 | 1,953 | 2.74 | 0.75 |
| 一般熟人 | 1,974 | 3.02 | 0.75 |
| 社會上大多數人 | 1,997 | 3.07 | 0.8 |

## 經濟轉型與信任危機治理

表3-39(續)

| 信任對象 | 作答人數(人) | 平均信任度 | 標準差 |
|---|---|---|---|
| 一般朋友 | 1,991 | 3.23 | 0.78 |
| 鄰居 | 1,984 | 3.36 | 0.76 |
| 單位領導 | 1,751 | 3.37 | 0.79 |
| 單位同事 | 1,746 | 3.42 | 0.7 |
| 其他親屬 | 1,988 | 3.74 | 0.71 |
| 親密朋友 | 1,995 | 3.98 | 0.67 |
| 直系親屬 | 1,998 | 4.33 | 0.65 |
| 家庭成員 | 1,999 | 4.59 | 0.59 |

說明：完全可以信任＝5，可以信任＝4，說不準＝3，不可信任＝2，完全不可信任＝1，下同

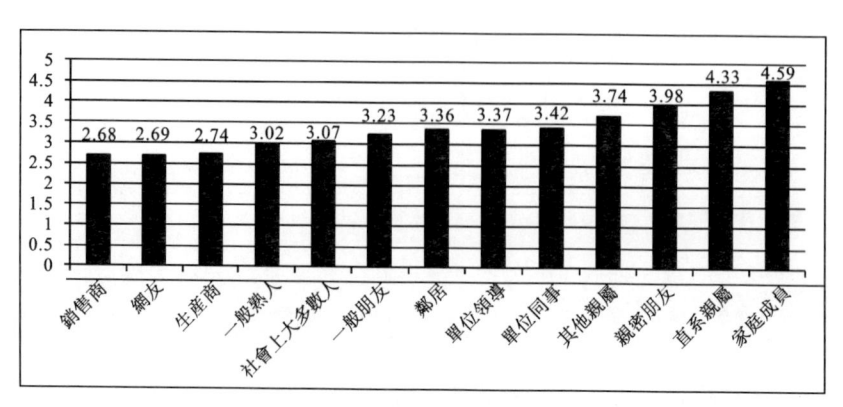

圖3-3　對不同群體的信任度

實驗的方法也可以測度信任水平，通過實驗比較中國與他國的信任水平的文獻很少。基於巴肯等人（Buchan, et al, 2006）的實驗研究，我們發現，在中國的實驗中，投資比要高於美國、日本和南非，投資比反映的正是委託人的信任水平，返還比也比美國、南非要高，與日本持平，返還比反映的是被試的可信度。巴肯等人（Buchan, et al, 2006）的實驗結果表明，中國屬於高信任度的國家。

## 3.3 小結

對於信任的測度是學術界的難題，現在廣泛應用的兩種方法主要是問卷調查和實驗方法。美國綜合社會調查（GSS）、世界價值觀調查（WVS）都使用問卷調查的方式調查受訪者的社會信任情況，選項要麼採取二元選項，要麼採取給從完全不信任到完全信任依次賦值 1~5 的形式。中國綜合社會調查（CGSS）也運用的是這種方法。用實驗方法測度被試的信任度多基於伯格等人（Berg, et al, 1995）的信任博弈實驗，在信任博弈中，用委託人的投資比衡量信任度，用代理人的返還比衡量可信度或誠信度。

關於中國的社會信任存在兩種說法：一種說法是說中國屬於低信任度國家，西方觀察家的描述和轉型期出現的種種不誠信、不信任現象可以說明；另一種說法是根據世界價值觀調查（WVS）和中國綜合社會調查（CGSS）以及其他調查的結果，中國屬於高信任度國家。在中國做的信任博弈實驗也發現中國的信任度是比較高的。

馬德勇（2008）的觀點認為，中國的社會信任問題不是信任度高低的問題，而是信任度下降過快的問題。在轉型期，中國的社會信任度總體上處於不斷下降的趨勢，這是他通過分析世界價值觀調查（WVS）的數據得出的結論，然而，世界價值觀調查（WVS）最新一輪的數據顯示，中國的社會信任度又上升到了 60% 的歷史高位。

中國的社會信任度表現出非常明顯的差序格局，人們對家人的信任程度最高，其他依次是親戚、朋友、同學、老鄉、同事、領導幹部、信教的人、生意人，對生意人的信任程度最低。人們對中央政府、軍隊、全國人民代表大會、中央媒體的信任程度最高，對學校及教育系統、公安部門、法院及司法系統的信任程度較高，對地方政府、地方媒體的信任程度一般，對民間組織、公司企業、宗教組織的信任程度較低。

# 4 關係契約與治理機制轉軌

## 4.1 引言

1963 年，斯圖爾特·麥考利（Stewart Macaulay）在《工商界的非商務性關係》中指出，公司花費很大力氣簽署的交易契約，常常被束之高閣，不再理會。在實際交易中，人們通過非正式的社會關係來維持交易。如果想在工商界生存下去，就不要動不動去找律師。斯圖爾特·麥考利（Stewart Macaulay, 1963）對非正式關係的關注，衝擊了古典主義的交易傳統和法律中心主義。古典交易強調最初的契約細節，當交易出現糾紛時，交給法院仲裁。現實經濟中，人們發現私下解決比司法仲裁更常見，也更有效率。「在很多場合，糾紛各方可以想出更滿意的解決辦法，而那些法律專家只會憑著對這些糾紛的一知半解，生搬硬套一般的法律規定。」[1]

## 4.2 法律中心主義

法律中心主義假設國家法律制度及執法機構能清晰地界定產權、保證契約自由和契約履行。很多人據此認為，法律是保證市場機制正常運行的充要條件。直到經濟學家認識到信息不對稱和交易成本之前，理論界假設法律系統以低成本運行著。事實上，由於不完全信息和人的有限理性，契約總是不完備的；而且人的機會主義行為傾向經常會破壞契約的履行。即使是法律系統完善的國家，司法仲裁也並非有效率。首先，司法仲裁需要成本，訴訟成本往往很高；其次，法官面臨信息不完全、違約責任常常難以證實的問題；最後，即使事實清楚，裁決後能否得到順暢執行也是一個

---

[1] 奧利弗·E.威廉姆森. 資本主義經濟制度 [M]. 段毅才, 譯. 北京: 商務印書館, 2002: 35.

4 關係契約與治理機制轉軌

問題。幾乎所有國家的經驗都表明，正式法律制度的運行成本高昂，可信度低下，容易產生偏見和腐敗（Dixit, 2004）。法律失效在絕大多數發展中國家和轉型國家表現得十分明顯。貝拉（Bearah, 2000）的報告指出，印度現存的庭前懸案有 2,500 萬件。默雷爾（Murrell, 1996）指出，許多轉型國家的法律如同空中樓閣。雖然處理經濟糾紛的法院裁決系統在一些國家運轉起來了，但法律判決的執行，依然是一個老大難問題。①

經驗發現，幾乎所有的社會，哪怕是制度功能完善、法律機制健全的國家，人們也不再直接倚仗正式的法律機制來處理交易糾紛，絕大多數糾紛是私下協商解決的。一旦發生糾紛，首先借助各種非正式安排來解決，如握手、口頭協定、持續關係、習俗和慣例等。只有在私下解決的種種途徑都失敗之後，法律才是最後被求助的手段。但凡走上法庭，即意味著雙方的關係徹底破裂（Dixit, 2004）。奧利弗·威廉姆森（1985）通過觀察發現，日本人最不愛打官司，他們強調和諧，主張和為貴，不喜歡動輒上法庭，認為討論、磋商往往比法官裁決更能化干戈為玉帛。現在，越來越多的中國人認為打官司是費錢費力、兩敗俱傷的事。「部分群眾對司法的不信任感正在逐漸泛化成普遍的社會心理。」②

耶魯大學法學院教授格蘭特·吉爾莫（1974）在其著作《契約的死亡》的開篇寫道：「有人對我們說，契約和上帝一樣已經死亡。的確如此，這沒有任何可以懷疑的。」吉爾莫敏銳地指出契約的法律傾向與現實經濟活動的不相適應性。當正式契約被認為面臨死亡的時候，麥克尼爾站了出來，他指出：傳統契約定義過分強調契約的法律取向和承諾，容易忽視交易的關係層面。當事人之間的社會關係、以往的合作經歷、未來的合作計劃、約定俗成的交易習慣、交易機會的可選擇性等社會因素都會影響到交易的進展。烏茲（Uzzi, 1999）研究了社會關係對銀行貸款的影響，提出如果一個企業在銀行有熟人關係，就更容易得到貸款，而且貸款的利息較低。日本豐田汽車製造商傾向於減少供應商的數量，只與少數幾個供應商培育相互信任的長期夥伴關係（Dyer & Ouchi, 1993）。事實上，商業交往中的機會主義行為，很大程度上是通過社會制裁來抑制的。即使建立了良

---

① Dixit. Lawlessness and Economics: Alternative Models of Governance [M]. Princeton: Princeton University Press, 2004.

② 最高人民法院常務副院長沈德咏 2009 年 8 月 10 在全國法院大法官社會主義法治理念專題研討班上的發言。

好的產權和契約保障系統，其他的非正式機制，如社會網路、道德規範、公德制裁等也起著重要的作用。只有當這些非正式機制也行不通時，人們才會求助於正規法庭（Dixit，2004）。亨德利和默雷爾（Hendley & Murrell，2003）通過調查羅馬尼亞的企業發現，56%的企業採取以個人關係、信任、互惠激勵為特徵的雙邊機制。麥克米倫、約翰和沃道夫（McMillan, John & Woodruff，1999）對東歐轉型國家和越南的企業調查證實，即使法庭功能發揮良好，以重複合作為基礎的關係契約也廣泛地被採用。

## 4.3 麥克尼爾關係契約

契約是關於權利的界定，表現為規約產權所有者對資產使用、資產帶來的收入、資產轉移諸方面的控製權，這種權利的界定為人們的經濟行為提供了相應的激勵機制，從而保證了資源分配和使用的效率。麥克尼爾把契約分成個別性契約和關係契約兩種形態。個別性契約是指除了物品的單純交換外，當事人之間不存在複雜的社會關係。關係契約「不過是當事人之間規劃將來交換過程的各種關係，必然具有關於未來合意的性質」[1]。個別性契約包括古典契約和新古典契約。對於古典契約，麥克尼爾（Macneil，1974）形象地總結為「以清楚的協議迅即進入，以明確的履行迅即撤出」，這種契約根據交易的當前性質及將來的可能狀況，把一切可能性都擬訂成現成的條款，簽訂面面俱到的契約，一旦發生矛盾，以最初簽署的契約為準。古典契約針對個別性、不連續的交易，交易關係隨著買賣的結束而終結。新古典契約在此基礎上考慮到不確定性，即不可能制定完備的契約，當交易的進展出現糾紛時，雙方協商加以解決，當協商不成時，借助第三方仲裁，仲裁不成時，才依靠法官的裁決。

麥克尼爾認為，交易是社會性交換，進入交換的不僅僅是合意，還包括了身分、社會功能、血緣關係、權威體系、宗教義務、習慣等社會性因素。交易不是一次性的，而是面向未來的長期交易。這意味著一切契約必須在社會關係中才有實質意義，每一個契約必然是關係契約，對於契約的思考都要認識到交易在關係上的嵌入性（菲呂博頓和瑞切特，1998），契約的履行和糾紛的處理要以保護長期關係為原則，使契約保持相互性、團

---

[1] 麥克尼爾. 新社會契約論 [M]. 雷喜寧，潘勤，譯. 北京：中國政法大學出版社，2004：4.

## 4 關係契約與治理機制轉軌

結性和合作性。關於經濟活動的嵌入性，格蘭諾維特（Granovetter, 1985）指出，經濟活動是嵌入在社會關係之中的，只有在社會關係中才能理解具體的經濟活動。他批評新古典經濟學存在一個基本錯誤，即經濟行動者在孤立的條件下作出理性決策。[①] 實際上，影響經濟活動的社會因素不容忽視，人們的行為會因其所處的社會關係的不同而不同。

關係契約突破了新古典經濟學的原子化理性傳統，事實上，人們所處的社會關係網路會影響到健康狀況、職業生涯和個人身分等各個方面（Martin & Wenpin, 2003）。格蘭諾維特（Granovetter, 1995）發現有效的社會關係對於求職非常重要。恩斯明格（Ensminger, 1992）發現，牛群所有者為了確保僱傭的放牧人負責地照顧牛群，總是盡力與放牧人形成互惠的、溫情的關係。

重複交易的夥伴之間，更容易理解關係契約的實質。交易夥伴之間通過非正式的社會交往、商業互動、私人感情來維持交易關係，而不是有板有眼地按照正式契約來辦事，有時候為了追求關係目標，甚至願意承擔明顯的靜態無效率。[②] 高柏（Goldberg, 1980）也指出，新古典經濟學總是高估靜態最優問題的重要性，實際上人們常常為了追求長期的合作關係而不計較一時的得失。「在一個已建立的雙邊關係中，正是這種關係本身決定了合作的程度，而不管法庭是否有效」（McMillan, John & Woodruff, 2000）。

對於關係的理解不能局限於雙邊關係，雖然跟某個人的交易是一次性交易，但如果交易發生在一個團體內，那麼某人的機會主義行為能夠迅速地傳遞給其他團體成員，欺騙者的聲譽損壞會導致他失去潛在的交易對象。因此，在一個社會網路中，每個人仍然處於重複交易之中，出於聲譽的考慮，交易者將克制自己的機會主義行為。這樣個體之間在局部交易中相互交流，互相熟悉，形成共同的規範和互惠方式（Ostrom, 1990）。但上述機制要發揮作用，離不開良好的信息傳播網路以及可置信的多邊懲罰機制。一個穩定而有凝聚力的團體或網路，通常被稱為商業圈子，每個人想在這個圈子裡生存下去，就必須遵守圈子的商業規則。

關係契約強調交易共同體的規範、團結和制度，交易主體為了保持長期的互惠關係，盡量按照大家都認可的合情合理的規範、習慣、習俗、慣

---

① 格蘭諾維特（Granovetter）把獨立於社會關係的經濟人假設稱為原子化決策假設。
② 菲呂博頓，瑞切特. 新制度經濟學 [M]. 孫經緯，譯. 上海：上海財經大學出版社，1998：24.

例、制度來行事。由於交易的不確定性，不可能制定完備的契約，當事人對契約的履行具有很強的靈活性。① 因此，關係契約並不以正式的法律機制為中心，而是經濟主體間基於未來交易價值的非正式協議，通常表現為可以強烈影響經濟主體行為的不成文規定（Baker, Gibbons & Murphy, 2002）。非正式契約沒有正式機制的保護，但對當事人具有強烈的約束作用。就像制度主義所強調的那樣，組織或個人要接受和採取外界公認的、贊許的形式和做法，如果行為有悖於公認的制度環境，就會出現合法性危機，對其今後的發展造成困難。作為正式契約的補充，關係契約有利於降低契約成本，協調交易衝突，維持長期的交易關係。對關係契約的強調，並不意味著放棄正式契約和法律機制。一般說來，交易細節明確、契約成本低的部分用正式契約加以規範和約束，而交易細節不確定性較高、契約成本高的部分通過關係契約加以規範和約束。

　　在一個雙邊交易關係中，只要交易雙方確立了交易關係，並且從中獲益，就有努力維持良好雙邊關係的動機，在一個社會群體中，一個個雙邊關係互相嵌入，形成多邊關係。在一個多邊交互群體中，只要違約行為能被迅速準確地發現並傳遞給群體中的所有人，並且整個群體都依照規範懲罰不誠信者（最直接的懲罰就是拒絕與之交易），那麼成功地利用社交活動和教育手段向成員灌輸這種規範的群體會取得較好的治理效果（Dixit, 2004）。恩斯明格（Ensminger, 1992）的案例指出，牛群所有者一般承諾給放牧人一筆事後支付費用，在放牧人最終要離開的時候，牛群所有者可能想違背這一承諾，但是他出於聲譽考慮，一般將履行承諾。因為他還要雇傭其他放牧人繼續工作，一次違背承諾，就會失去所有放牧人的信任，而且該地區的社會規範允許受雇的放牧人進行報復，如逃避責任或賣掉所有者的牛。

　　麥克尼爾對契約進行了新的闡釋，強調契約的社會關係實質，不再拘泥於從承諾、法律強制來認識契約，而是從合作關係、團結角度把握契約的合意。吉爾莫（2005）在《契約的死亡》的結尾處寫道：「契約確實死了，但誰又能保證它在復活節不會復活呢?」日本學者內田貴（2005）在《契約的再生》一書中寫道：「儘管契約被宣告死亡，卻帶來了契約法學的

---

① 奧利弗·E.威廉姆森. 治理的經濟學分析：框架和意義［M］//菲呂博頓，瑞切特. 新制度經濟學. 孫經緯，譯. 上海：上海財經大學出版社，1998：28.

文藝復興。」麥克尼爾首次提出關係契約之後，賦予了契約法新的生命和內涵。現實的交易很少是古典式和新古典式的，大多是嵌入在各種關係之中的，關係契約為交易活動提供了一個更為實際的分析框架。

## 4.4 關係契約的局限性與治理機制轉軌

關係契約治理的成功與否，依賴兩個基本條件，即關係群體的穩定性以及迅速準確的信息流動與自我執行。家庭、宗族、地緣等社會關係網路的穩定性較好，關係型治理在這些群體中具有重要作用。在欠發達國家和轉型國家中，裙帶資本主義很常見，人們傾向於同熟悉的、有關係的人做生意，傾向於在身分可以識別的群體內部進行借貸。但是，退休、生老病死都可能改變現存的合作關係，商業的變化或擴張需要形成新的合作關係。因此，新舊更替可能導致關係的變更或消失。如果關係群體內部的資本能夠在正式制度的規範下向關係外投資，並獲得有益的回報，這也會削弱先前的關係治理。

關係網路的自我治理離不開信息的有效傳遞，而信息的傳遞取決於群體規模和交流技術。在小群體內部，重複交往和信息交流更為方便和頻繁，基於聲譽機制的關係契約發揮的作用更大。因此，關係型治理在以大家庭、鄰里、商業圈子、同族為紐帶的小群體裡表現良好。遺憾的是，信息傳遞的質量和懲罰的可置信性會隨著這個群體的擴大而衰減（Greif，1994，1997；Dixit，2004）。格雷夫（Greif）以中世紀商人為例，發現這些商人與關係或距離疏遠的交易對象簽訂合同后，往往會騙取交易對象的貨款和貨物。迪克斯特（Dixit，2004）的模型研究得出結論，信息和交流的地域性相應地導致誠實的地域性。雖然距離越遠的交易對象帶來的潛在貿易收益更大，但是欺騙也變得更有吸引力。因為欺騙一個遠距離的人，消息不太可能傳遞到相近的群體，因此，每個人相信誠信僅在小範圍內可行，超出一定範圍之後，每個人也會選擇欺騙，這個自我執行的最佳作用範圍，迪克斯特稱為誠實的範圍。當交易範圍擴大時，關係契約會限制經濟活動向效率更高的地方流動。這樣一來，小社區利用信息優勢可以實現自我治理，但當交易範圍擴大之後，必須付出一定的成本建立外部治理體制，如商業仲裁機構、徵信機構或正式法律機制，特別是遠程國際貿易，要借助世界貿易組織、國際仲裁組織或國際法庭來治理交易。

**經濟轉型與信任危機治理**

栗樹和（Li，2003）區分了關係型治理和規則型治理。以關係為基礎的群體在自我執行時面臨著不斷上升的邊際成本，因為當群體擴大之後，他們和新加入成員的聯繫不再那麼順暢，信息交流和懲罰機制變得更為困難。而正式的以規則為基礎的治理在建立法律機制和信息機制時，儘管需要高額的固定成本，但邊際成本很低，平均成本趨於下降。隨著經濟範圍不斷擴大，關係型治理的邊際成本遞增，而關係內投資的邊際收益遞減。資本對利潤的追求，必然要擴張到關係外的高生產率機會。因此，自我實施的關係型治理最終將讓位於正式的規則型治理。格雷夫（Greif，1994，1997）通過比較兩個群體的治理制度發現，馬格里布的商人依賴的是多邊群體治理，這使得他們難以擴大交易範圍，而熱那亞商人更多地使用正式的規則治理，貿易機會能夠擴大而且運行得很好。普特南（Putnam，2000）研究發現，美國社會中那些幫助社區實現自我治理的社會網路的功能在減弱；庫特（Cooter，1994）也提供了一些例子，認為私下自願組成的協會治理正在逐漸被政府的法律體系取代。

隨著交易範圍的擴大，關係型治理的成本遞增，而規則型治理成本遞減，如圖 4-1 所示（Li，2003）。交易制度的選擇以交易成本最小化為原則，因此在交易規模小於 $Y^*$ 時，$AC_1 < AC_2$，關係型治理更有效，而當交易規模大於 $Y^*$ 時，$AC_1 > AC_2$，規則型治理更有效。

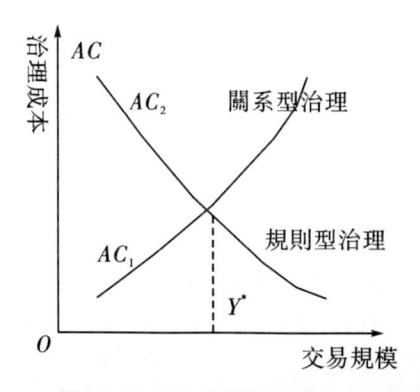

圖 4-1　關係型治理和規則型治理的成本結構圖

當先進的信息監督與傳播手段、完善的執行制度建立之後，規則型治理的成本不斷降低。現在，越來越多的徵信機構可以提供交易對象的誠信水平，互聯網社區、網路信息平臺可以提供迅速的、充分的信息交流。國家對法律制度建設上的投資發揮效益之後，司法程序的成本降低，信息獲

## 4 關係契約與治理機制轉軌

取和司法判決的準確性也大為提高。這一切都有助於規則型治理降低成本。對於習慣了關係型治理的經濟體來說，要建立起規則型治理，不是件容易的事。首先，建立規則型治理體制需要巨大的公共投資；其次，享受裙帶資本主義利益的集團會反對這樣的變革；最後，規則型體制要想得到普及，必須表現出公正和效率，而這需要較長的時間。麥克米倫、約翰和沃道夫（McMillan, John & Woodruff, 2000）調查發現，在一些轉型國家裡，高層政府試圖制定和執行規則型治理，但中層政府官員利用新獲得的權力中飽私囊，抵消了高層政府的努力。

經濟發展和貿易擴張必然要融入更廣的交易範圍，治理機制也需要從關係型治理向規則型治理轉變。這是一個緩慢的過程，在很長的一段時間內，這兩種治理機制將共存，各盡其用。栗樹和（Li, 2003）認為，關係型治理和規則型治理雖然代表了理論上的二分法，但在現實社會中，大部分國家既包含關係型治理，也包含規則型治理，即使是美國這樣的規則型治理國家，許多方面也延續著關係型治理。

栗樹和所指的規則型治理既包括正式法律制度，也包括仲裁規則。相對來說，專業的仲裁機構（如行業協會的仲裁委員會）比法庭更具信息優勢。伯恩斯坦（Bernstein, 2001）寫道：「作為行業專家的仲裁者能比法官或陪審團更準確地做出決定而且花費較少。」一般說來，法庭會認可專業仲裁機構的信息優勢，尊重仲裁官的裁決，並拒絕復審，這在美國的司法實踐中得到了證實（Mattli, 2001）。如果仲裁的輸方試圖抵制裁決，贏方可謀求法庭的幫助，強制執行（Dixit, 2004）。

對於發展中國家和轉型國家來說，在法制還沒有健全的情況下，應該鼓勵仲裁機構的發展，利用它們的信息優勢制定規則和行使裁決，法律要保障第三方仲裁的有力執行。魯賓（Rubin, 1994）主張，轉型國家的法律制度可以由機構仲裁開始，在運行中獲得信息之後，進而建立相應的法律制度。歐洲國家的商法制度在形成過程中也採用了機構仲裁所形成的慣例（Milgrom, North & Weingast, 1990）。可以推論，如果法律程序改進了，減少了它固有的缺陷，關係型契約的吸引力就會降低。眾所周知，法律制度越健全的國家，關係因素對經濟活動的影響越小，而法制相對落後的經濟體，關係因素就很活躍。

如果交易的價值確定，治理模式的選擇取決於其成本。雙邊關係、第三方仲裁、法院裁決都有其適用的土壤，在所有的經濟體中，關係、仲裁和法律都同時在起作用。治理機制有一個基本的演進邏輯：隨著交易範圍

的不斷擴大，交易治理從關係治理向第三方仲裁再向法律機制演變。

在演變過程中，治理機制也存在一些過渡形式，如格雷夫（Greif, 2003）提出的社區責任制。社區內部有自己的行為規範，社區的身分特徵可以通過語言、服裝等差異而很容易被外部人識別。因此，任一社區成員在外面的欺騙行為，整個社區要共同為其負責，這樣個人的聲譽就轉化為社區共同的聲譽，社區的利益與個人的誠信息息相關，這決定了社區的規範不能與社會的普適規則相左，社區責任制在社區內的關係型治理與普適的規則型治理之間架起了一座橋樑。類似的過渡形式還有企業、商會、宗教團體、俱樂部等，它們對內借助社團規範治理，對外要求符合普適規則。社區責任制在古代中國也能找到原型，中國古代的連坐制、保甲制就是典型的集體責任制。①

## 4.5　基本結論與中國實際

關係契約是交易治理中廣泛使用的方式，在規模較小的交易群體裡，信息發現和傳遞具有優勢，對違約行為的集體懲罰也易於執行，因此關係內群體能實現有效的自我治理。隨著交易規模和範圍的擴大，關係型治理的成本遞增，而規則型治理的成本遞減，當規則型治理的成本低於關係型治理的成本時，關係型治理將讓位於規則型治理。

在中國的漸進式轉型過程中，中國經濟保持著平均每年9%以上的持續高增長，中國經濟成為世界視野中又一個經濟發展的奇跡（張建君，2011），謝作詩（2011）稱之為又一個「東亞奇跡」。在中國市場經濟轉型的初期，交易是在小規模、小範圍內進行的，城鄉流通和地域流通都相對有限，城市單位制和鄉土熟人社會使交易具有人格化特徵，轉型前的人際關係大部分被延續下來，關係型治理沒有遭受大的破壞。在轉型初期，市場機制所需要的法律規則是很不完善的，相關法律制度尚未建立或尚未完善，規則型治理的成本高昂。這一階段，關係型治理的成本比規則型治理的成本要低得多。因此，轉型初期，關係型治理是主要的交易治理機制，

---

① 集體對其內部成員的犯罪負有不可分割的責任。以家族、血緣關係為紐帶的集體性懲罰就是連坐制度。中國古代的家族主義社會結構決定了以家族為基礎的連帶責任，個人的行為不但可以表現為光宗耀祖、封妻蔭子，也可以表現為「養不教、父之過」「一人犯罪，株連九族」。以地域關係為紐帶的連帶責任就是保甲制度，十戶為「甲」，十甲為「保」，一家有罪，九家舉發，若不舉發，十家連坐。

## 4 關係契約與治理機制轉軌

而且是有效率的,這可以解釋中國漸進式轉型中經濟成功的原因。

中國的經濟體制改革在社會主義的基本框架下進行,保證了社會、政治的穩定性,借助過渡性的制度安排(如雙軌制)進行增量改革,使經濟穩定增長的同時,也保持經濟社會結構的某種連續性和原有制度的延續性。在中國經濟轉型前,全國性的中央計劃協調已經被行政分權改革所替代。[1] 行政分權改革打破了影響巨大、無所不包的中央計劃,使中國的勞動分工網路包含多種多樣的協調機制,既有中央計劃協調,也有地方各級的計劃協調,甚至一些單位、企業內部也是「五臟俱全」,這些協調機制發揮著各自的作用。例如,一些單位就有食堂、幼兒園、醫院、住房等,這些多樣化的協調機制不會突然之間全部斷裂,對經濟和社會的震盪衝擊處在有限、可控的範圍內,因此這些協調機制具有較好的經濟績效和社會穩定性;相反,俄羅斯的激進式改革幾乎在一夜之間破壞了關係型治理,但短期內又不能建立起完善的正式機制,因此激進式改革造成了微觀治理機制的失效,甚至出現一段制度真空。這時,經濟上往往表現為經濟危機或經濟衰退,政治上往往表現為政治危機,社會層面則出現社會動盪和社會危機(王永欽,2009)。俄羅斯在轉型初期基本上處於上述混亂無序狀態,經濟犯罪、黑手黨、行政腐敗、利益集團盛行,國有資產被權貴階層和黑手黨這樣的非法組織侵吞。

在正式機制尚未完善之前,華人企業家往往通過激活家庭、宗族、同鄉等關係網路來組織商業活動。[2] 這種方式更容易建立起人際信任,有利於降低交易成本。梁漱溟曾指出,中國社會是一個關係本位的社會,社會關係網路非常發達,親屬關係、朋友關係等在社會資源獲得方面具有絕對優勢。費孝通用「差序格局」這一概念來解釋中國的社會關係網路(張克中,2005)。華人社會憑藉關係型治理達到可與西方的規則型治理相媲美的效率,有人稱之為「關係資本主義」。然而,正是由於對社會關係的過

---

[1] 1956 年 4 月 25 日,毛澤東在中共中央政治局擴大會議上作了《論十大關係》的報告,在中央與地方的關係上提出:「應當在鞏固中央統一領導的前提下,擴大一點地方的權力,給地方更多的獨立性,讓地方辦更多的事情。有中央和地方兩個積極性,比只有一個積極性好得多。我們不能像蘇聯那樣,把什麼都集中到中央,把地方卡得死死的,一點機動權也沒有。」

[2] 在華人社區,家庭關係是核心社會結構(林南,2005),以血緣、親緣和地緣為紐帶的社會關係結構,費孝通稱之為「差序格局」,每個人的社會關係以己為中心,以各種關係為紐帶,像石子投入水中,水波所之處,和別人聯結成社會關係,水波一圈圈推出去,愈推愈遠,也愈推愈薄(費孝通,2005)。差序格局表明了社會關係的遠近與經濟交往的合作程度直接相關。

### 經濟轉型與信任危機治理

度重視,導致中國人缺乏普遍信任和普適規則。韋伯(1920)指出:中國人存在著普遍的不信任,中國人的信任是建立在血緣共同體之上的,這種建立在家族、親戚關係之上的信任是一種難以普遍化的特殊信任。福山(1995)也持有同樣的觀點,他認為中國、義大利和法國這些國家,對家族之外的人缺乏普遍信任。這種狀況導致的結果可能是,市場發育被嵌入社會關係之中,民主、法制等正式機制的建設將遭遇困難。人們熱衷於倚重關係型交往,關係型交易成為一個自我加強的均衡狀態(Kranton,1996)。經濟資源被浪費於關係投資,因此導致腐敗、尋租盛行,財富分配關係惡化。

中國的轉型和發展必然意味著交易範圍的擴張,伴隨這一過程的是關係型治理的成本遞增和規則型治理的成本遞減,因此中國始終要面臨一個挑戰——如何順利地從關係型治理向規則型治理轉變。在經濟發展的初期,關係型治理是比較好的交易協調方式,因為它對交易的信息結構要求較低,並且不需要花費高額固定成本建立正式機制,因此可以節約大量的交易成本(Li,2003)。隨著經濟的發展,市場交易規模越來越大,人格化的關係型交易將逐步讓位於非人格化的市場交易,如果制度建設進展緩慢或進展受阻,那麼規則型治理的成本下降就會比較緩慢,而隨著關係型治理的成本的不斷上升,治理效率下降可能導致經濟衰退,這正是西方自由主義經濟學家提出「中國崩潰論」的部分理由。在關係型治理向規則型治理轉變的過程中,如果市場規模已經足夠大,關係型治理已不再適用,但正式制度尚沒建設到位,那麼在轉變的臨界點可能出現治理機制的真空狀態。這時可能出現經濟、社會、政治上的衰退、動盪和危機。[1] 經濟發展要避免出現這樣的斷層,就必須在經濟發展的一定階段及時跟進制度建設。中國在轉型初期實踐的雙軌制蘊含了這樣的邏輯,既在一定程度上延續以前的計劃治理模式,使關係型治理沒有遭受較大的破壞。同時,培育、發展、建設市場經濟及所需的法律和制度,使規則型治理在盡可能快的時間內建立起來。雙軌制雖然就其自身而言不是最佳的資源配置方式,但它避免了激進式改革可能帶來的社會經濟危機(杜朝運,2005)。因此,在轉型初期,採用有效的關係型治理可以有效避免制度真空或制度低效造成的經濟衰退和社會動盪。在經歷短暫的過渡之后,規則型治理成本迅速下降,並取代關係型治理,為中國轉型經濟的未來帶來無限美好的明天。

---

[1] 栗樹和(Li,2003)認為,1997年爆發的東南亞金融危機的根源是兩種制度轉換時產生的斷層。

# 5 可能治理曲線與理想轉型模式

## 5.1 引言

　　每個人稟賦不同，偏好各異，交易會產生剩餘，而且交易是專業化分工的基礎，在亞當·斯密看來，專業化分工正是經濟增長的源泉。新古典經濟學假定交易發生在無摩擦的世界（North，1994），匿名交易以清楚的協議迅即進入，以明確的履行迅即撤出（Macneil，1974），交易基於完全信息、完全契約、完全理性，因此沒有討論交易衝突及制度問題。

　　新古典經濟學的假設條件與現實並不相符，奈特（Knight，1921）提出不確定性，科斯（Coase，1937）提出交易成本，西蒙（Simon，1961）提出有限理性，阿克洛夫（Akerlof，1970）考察了不對稱信息，威廉姆森（Williamson，1985）認為人具有機會主義傾向，格羅斯曼和哈特（Grossman & Hart，1986）提出不完全契約。交易不是無摩擦的，組織和制度的選擇就是為了降低交易成本（Williamson，1985）。科斯定理的推論認為，如果交易成本不為零，實施產權配置和保護的法律制度就顯得重要（Hirshleifer，2001）。

　　主流經濟學視市場為非人格化的匿名交易，非人格化的匿名交易以貨款和貨物在時空上的分離為特徵（Greif，2006）。這時，交易的交付就變成一個囚徒困境問題，首先實施交易契約的一方將面臨機會主義風險（Williamson，1971，1983）。在零信息成本的情況下，易於瞭解交易對象，匿名性不成為問題（Barzel，2002）。如果面臨信息不對稱和信息成本，市場經濟的匿名交易就離不開治理機制。

## 5.2 關係型治理與規則型治理

　　新古典經濟學把人視為原子化的、低度社會化的行動主體，忽略社會

### 經濟轉型與信任危機治理

結構和社會關係對生產、分配和消費的影響（Granovetter，1985）。在古典式交易中，匿名的買方和賣方在市場上相遇，片刻間就在均衡價格上達成交易，完全孤立於締約前后的社會關係。事實上，經濟活動是嵌入社會關係之中的，一切契約都離不開社會關係，只有在社會關係中才能理解具體的經濟活動。

嵌入在各種社會關係之中的交易契約，稱為關係契約。如果交易雙方能互享一定的私人信息，交易雙方就可以基於雙方的社會關係達成交易契約（Li，2003）。因此，交易契約不僅僅包含合意，還包含身分、社會功能、血緣關係、權威體系、宗教義務、習慣等社會性因素（Macneil，1974）。交易不是一次性的，而是面向未來的長期交易，契約的履行和糾紛的處理要以保護長期關係為原則。高柏（Goldberg，1980）指出，新古典經濟學總是高估靜態最優問題的重要性。實際上，人們常常為了追求長期的合作關係而願意承擔明顯的靜態無效率。

新古典經濟學假設國家法律制度及執法機構能低成本地、清晰地界定產權，保證契約自由和契約履行。當交易出現糾紛時，人們自然而然地認為法律會加以解決（Galanter，1981；Dixt，2004）。但事實上，法律系統再完善，市場失靈也在所難免，如不完全信息、外部性、不完全競爭等。一方面，契約總是不完備的，人的機會主義傾向會破壞契約的履行；另一方面，法律系統運行是需要成本的，從經驗來看，司法成本是高昂的。

因此，幾乎所有的社會中，即使是制度功能完善、法律機制健全的國家，人們也不會直接倚仗正式的法律機制來處理交易糾紛，絕大多數糾紛是私下協商解決的。一旦發生糾紛，人們首先借助各種非正式安排來解決，如握手、口頭協定、持續關係、習俗和慣例等。人們只有在私下解決的種種途徑都失敗之后，最后才訴諸法律。但凡走上法庭，即意味著雙方的關係徹底破裂（Macaulay，1963；Dixit，2004）。

麥考利（Macaulay，1963）發現，公司花費很大力氣簽署的交易契約，常常被束之高閣，不再理會。在實際交易中，人們通過非正式的社會關係來維持交易。麥考利引用一位採購員的話說：如果發生什麼事，你就在電話裡和對方商量解決的辦法，如果你還想和對方繼續做生意，就不要糾纏具體的契約條款，一個人的行為必須合情合理。如果想在工商界混下去，不能動不動就去找律師。麥考利（Macaulay，1963）對非正式契約關係的關注衝擊了古典主義的交易傳統和法律中心主義。新古典交易強調最初的契約條款，當交易出現糾紛時，交給法院仲裁。現實交易中，人們發現私

## 5 可能治理曲線與理想轉型模式

下解決比司法仲裁更常見，也更有效率。在很多場合，糾紛各方可以想出更滿意的解決辦法，而那些法律專家只會憑著對這些糾紛的一知半解，生搬硬套一般的法律規定。①

關係契約強調交易共同體的規範和團結，而不是強調法律強制執行。為了保持長期的互惠關係，大家盡量避免司法訴訟，按照合情合理的規範、習慣、習俗、慣例來行事。作為正式契約的補充，關係契約有利於交易主體降低契約成本、協調交易衝突、維持長期的交易關係。對關係契約的強調並不意味著放棄正式契約和法律機制。一般說來，交易細節明確、契約成本低的部分用正式契約加以規約，而交易細節不確定性較高、契約成本高的部分通過關係契約進行處理。在不完全契約條件下，交易糾紛難以避免，人們往往先通過各種非正式安排協商解決，法律等正式機制是最後的手段。

關係契約治理的固定成本之所以低，是因為關係契約治理不需要建立專門的制度基礎設施和信息流通機制，即使需要建立，也會因為關係內的重複交易攤低了平均固定成本。但是，關係型治理的邊際成本較高，因為發展新的交易關係需要測驗、監督交易對象，群體擴大之後，老成員和新加入成員的聯繫不再那麼順暢，和新成員的信息交流以及讓他們參與到多邊懲罰機制就會變得更為困難。發展一個新的交易夥伴不僅成本高而且風險大，因為在陌生人世界中，機會主義傾向是符合理性預期的。② 可以想像，隨著交易範圍的擴大，關係型治理的邊際成本將呈遞增趨勢。原因在於發展新的交易關係面臨著不斷增加的邊際成本和風險，人們傾向於同熟悉的、有關係的人做生意，傾向於在身分可以識別的群體內部發生借貸。法蘭姆（Fafchamps, 1996）指出，歷史悠久的公司只和自己的老夥伴做生意。關係群體的互惠交易往往形成高度的進入壁壘，在長期的交易關係中，交易的轉換成本越高，關係契約就越穩固。

關係契約治理的有效性依賴於關係網路的穩定性、信息的流動性以及自我執行的社會規範。因為家庭、宗族、地緣等社會關係網路的穩定性較好，所以關係型治理在以家庭、鄰里、商業圈子、種族為紐帶的小群體裡（即熟人社區）表現良好。在封閉村莊中，人們的口頭交流、閒言碎語就足以使任何欺騙行為為人所共知，即使沒有法律，村民也可以建立起高度

---

① 奧利弗・E.威廉姆森. 資本主義經濟制度［M］. 段毅才，譯. 北京：商務印書館，2002：35.
② 威廉姆森（Williamson, 1985）假設人具有機會主義傾向。

的信任（Merry，1984；張維迎，2002）。俱樂部制度的意義在於俱樂部成員間的經常交往會保持信息的高度流通，成員的欺騙行為會被所有成員迅速知曉，俱樂部的聯合抵制將使欺騙者失去生存的空間。

但是，交易夥伴退休（或退出市場）、生老病死都可能改變現存的合作關係，商業的變化或擴張需要形成新的合作關係。因此，關係的新舊更替需要發展新的合作關係。當交易規模和地理範圍擴張時，人們的交易對象必然從兄妹血親擴散到老鄉、同學，最后擴散到陌生人，地域也從熟人社區擴展到陌生區域，甚至跨省、跨國交易。但是，信息傳遞的質量和懲罰的可置信性會隨著群體的擴大而衰減（Greif，1994；Dixit，2004）。格雷夫（Greif，1994）以中世紀商人為例，發現商人與關係或距離疏遠的交易對象簽訂合同后，往往會騙取交易對象的貨物和錢財。迪克斯特（Dixit，2004）的模型指出，信息和交流的地域性相應地導致誠實的地域性。雖然距離越遠的交易對象帶來的潛在貿易收益可能越大，但是欺騙也變得越有吸引力，因為欺騙一個遠距離的人，消息不太可能傳遞到相近的群體。因此，每個人相信誠信僅在小範圍內可行，超出一定範圍之後，預期交易對象會選擇欺騙，自己也會選擇欺騙，這個自我執行的最佳交易範圍，迪克斯特稱為誠實的範圍。

隨著交易規模和範圍的擴大，關係型治理的邊際成本將呈現出遞增趨勢，關係契約會限制經濟活動向效率更高的地方流動，從而失去它的功效。這樣一來，在規模較小的誠實範圍內，交易活動可以利用信息優勢和多邊懲罰機制實現自我治理，但當交易範圍擴大之後，交易必須建立起非人格化的治理機制，如商業仲裁機構、徵信機構或正式法律機制，特別是遠程國際貿易，要借助世界貿易組織、國際仲裁組織或國際法庭來實施交易治理。

栗樹和（Li，2003）區分了關係型治理和規則型治理。后者是諾思所說的正式制度，主要是指法律或規則。正式制度的特點是依靠具有某種權威或執行力的第三方治理。例如，法律的實施基於國家司法機構的強制性執法，行業仲裁根據行業規則進行裁決。規則型治理的成本特點是高固定成本、低邊際成本。起草、解釋、宣傳法律、建立制度基礎設施需要高昂費用，但規則型治理機制一旦建立起來之後，規則型治理機制實施一個合約的成本就微乎其微。因此，隨著交易規模的擴大，規則型治理的成本趨於下降。

規則型治理的有效性基於以下幾個條件：其一，契約明晰。規則型治理對交易的各種可能情況要規約清楚，這是規則型治理的明晰依據。其

二，可證實性。欺騙行為要能被證實，這是保持執法公正性的前提。其三，懲罰可執行性。規則型治理對欺騙行為的懲罰要進行有效的執行，如果司法裁決或仲裁條款得不到有力的執行，那麼對欺騙行為的懲罰就形成不了威懾。其四，懲罰成本不能太高，如果規則型治理的成本（如高昂的司法成本或仲裁成本）太高，這就會破壞人們懲罰欺騙行為的激勵。

對於習慣了關係型治理的國家來說，要建立起規則型治理，不是件容易的事。首先，建立規則型治理所需的設施需要巨大的公共投資；其次，享受裙帶資本主義利益的集團會反對這樣的變革；最后，制度、規則要想深入人心，必須表現出誠信和效率，而建立起這樣的聲譽需要很長時間。人應該按規則行事，否則將面臨規則的懲罰，這是制度主義的邏輯。這種論斷的背後，有一個假想的監督者在實施規則，於是會產生一個新的問題：誰來監督監督者？規則的效率取決於對法官這樣的監督者的激勵（Greif，2006）。法律不但要規制個人的行為，還要規制執法者的行為（Glaeser & Hart，2000）。麥克米倫和沃道夫（Mcmillan & Woodruff，2002）發現，大部分轉型國家在建立規則的聲譽時經歷了極大的困難。雖然高層政府試圖制定和執行嚴格的規則型治理，但下級政府官員利用權力進行關係運作、中飽私囊，從而抵銷了高層政府的努力。

栗樹和（Li，2003）發現，關係契約和規則契約雖然代表了一種理論上的二分法，但在現實中，大部分國家既包含關係型治理，也包含規則型治理。華人社會雖然較為依靠關係型治理，但也在努力完善法律規則；而即使是美國這樣的規則型治理國家，許多方面也延續著關係型治理。這意味著，一定時期內，在轉型國家存在治理機制的雙軌制是一種常見的現象。在轉型的初期，關係型治理多一點，在轉型后，規則型治理多一點。

如前所述，兩種交易治理模式的成本結構（Li，2003）如圖 4-1 所示。按照威廉姆森（Williamson，1998）的選擇性安排（Discriminating Alignment）假設，交易制度的選擇以交易成本最小化為原則，因此，在交易規模小於 $Y^*$ 時，$AC_1<AC_2$，關係型治理更有效；而當交易規模大於 $Y^*$ 時，$AC_1>AC_2$，規則型治理更有效。

經濟發展過程必然伴隨著交易規模和範圍的擴大，關係型治理的邊際成本遞增，而關係內投資的邊際收益遞減，資本對利潤的追求，必然要利用關係外的高生產率機會，使資本得到更有效率的配置。交易規模或範圍擴大到某種程度之后，規則型治理的成本將低於關係型治理。因此，關係型治理最終將讓位於規則型治理。格雷夫（Greif，1994，1997）比較了兩個群體的治理制度，馬格里布商人依賴的是關係型治理，這使得他們難以

擴大交易範圍，而熱那亞商人更多地使用規則型治理，貿易機會能夠擴大而且運行得很好。庫特（Cooter，1994）也進行了舉例論證，說明私下自願組成的協會進行的治理安排逐漸被政府的法律體系所取代。普特南（Putnam，2000）發現，在現代美國，原來那些幫助社區實現自我治理、提供聯繫、信息網路以及社會規範和制裁的場所的作用在減弱，如教堂、慈善機構、俱樂部等場所的作用在衰退。

從關係型治理向規則型治理轉變是經濟發展的必然要求，但這種轉變不會輕而易舉地實現，規則型治理的建立和完善是一個漫長的過程。交易規模擴大之后，關係型治理就會逐漸失去效率，若規則型治理還沒有建立起來，這意味著可能出現治理機制缺失或治理成本高昂的狀況，從而引發經濟衰退和社會危機。例如，在市場經濟規模擴大之後，可能出現唯利是圖、誠信缺失、道德滑坡、權力腐敗、監管缺失、環境破壞等社會問題，這些問題在規則型治理建立和完善之后，才會不斷得到遏制。

## 5.3 可能的治理曲線與理想轉型模式

中國、蘇聯以及東歐的轉型國家遵循了不同的轉型模式，分別有不同的經濟績效和社會表現，但少有理論在統一的框架內分析這些國家轉型的差異。本書試圖利用關係型治理和規則型治理對轉型經濟的表現差異進行解釋。

經濟轉型前的東歐社會主義國家、蘇聯和中國實行的是計劃經濟體制，社會生產和分配主要通過計劃和權威來實施，市場交易及其治理機制運用有限。[①] 轉型前的中國，家庭、單位、人民公社成為社會的基本組織形式，城市以單位為組織，鄉村則以人民公社構成穩固的鄉土社區。經濟轉型后，商品生產和市場交易逐漸成為經濟生活的主要內容，市場交易有關的治理機制也陸續建構起來。在中國經濟轉型的初期，市場機制所需要的法律、制度是缺失的，我們在私有產權保護、法治、較高的政府透明度、高效的金融體系方面，表現並不如人意，而這些往往是經濟發展必需的制度基礎（王永欽，2009），但中國的漸近式轉型卻取得了良好的經濟績效。

---

[①] 布拉達奇和阿克斯（Bradach & Eccles，1989）、鮑威爾（Powell，1990）、阿德勒（Adler，2001）都認為，價格（市場）、權威（等級制）和信任（關係）為治理經濟交易的三種獨立的控製機制。市場交易的治理依靠價格和信任，計劃模式的治理依靠權威。

## 5　可能治理曲線與理想轉型模式

　　轉型經濟有幾種可能情況，一種可能情況是規則型治理遲遲建立不起來，但關係型治理沒有遭到大的破壞，見圖 5-1 中的虛線。那麼在很長時間內，規則型治理的成本高昂，直到交易規模達到 $Y_1$ 之前，都依靠關係型治理，因為 $\min(AC_1, AC_2) = AC_1$。但是，關係型治理的成本隨著交易規模擴大而增加，如果經濟績效依賴於交易治理的效率，那麼隨著交易規模擴大，經濟績效將變差。當交易規模超過 $Y_1$，則 $\min(AC_1, AC_2) = AC_2$，關係型治理被規則型治理取代，但規則型治理的成本因為規則建立的低效而居高不下，這將制約轉型經濟在未來的表現。這種可能情況的治理曲線如圖 5-2 所示，如果經濟轉型按照這種可能模式，那麼在轉型初期，因為低成本，關係型治理經濟績效良好，但隨著經濟規模擴大，治理成本不斷上升，經濟績效可能陷入衰退，最終隨著市場機制不斷完善，治理成本才趨於下降。

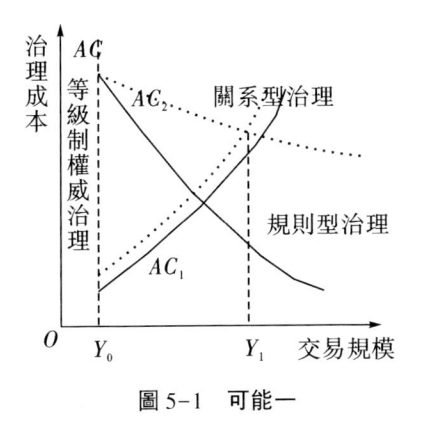

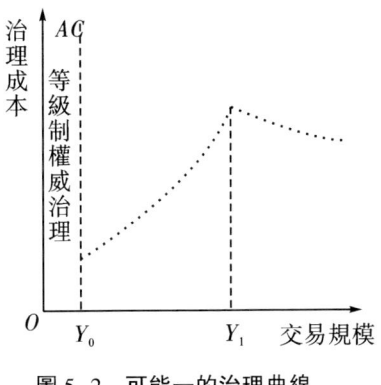

圖 5-1　可能一

圖 5-2　可能一的治理曲線

　　第二種可能是，如果關係型治理在轉型中遭受大的破壞，而且規則型治理遲遲建立不起來，那麼治理曲線將如圖 5-3 和圖 5-4 所示，關係型治理成本增加，而規則型治理的成本下降緩慢，見圖 5-3 中的虛線。在交易規模達到 $Y_2$ 之前，採用關係型治理，達到 $Y_2$ 之後，轉變為規則型治理。由於關係型治理的成本上升很快，而規則型治理成本下降很慢，整個治理曲線都處於高成本狀態。如果轉型經濟陷入這種可能，那麼轉型初期，經濟就陷入衰退，而且隨著交易規模擴大，經濟績效也難見起色。

## 經濟轉型與信任危機治理

圖 5-3 可能二

圖 5-4 可能二的治理曲線

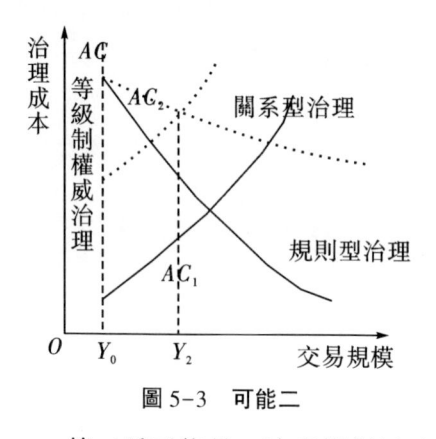

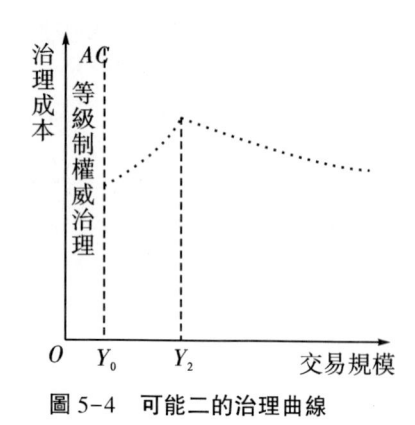

第三種可能是，治理機制迅速轉型，規則型治理迅速建立起來；同時，關係型治理遭受較大的破壞，見圖 5-5。規則型治理的成本迅速下降到關係型治理的成本之下，當經濟規模超過 $Y_3$ 之後，規則型治理取代關係型治理成為轉型經濟的治理模式。這種可能下的轉型經濟，在初期有一個較為短暫的經濟衰退，但隨著制度建設的快速進展，規則型治理的成本快速下降，以至於經濟績效很快恢復，而且未來經濟將享受低成本高效率的經濟治理，表現出良好的經濟績效。這種可能情況的治理曲線如圖 5-6 所示。

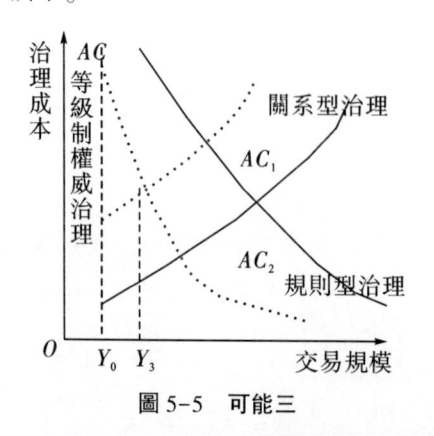

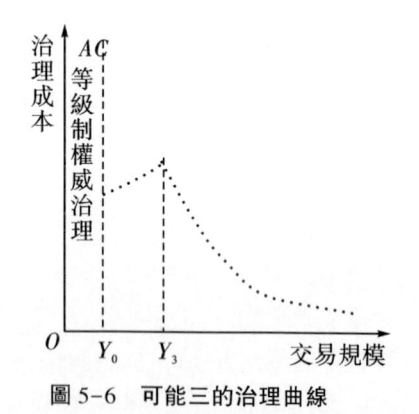

圖 5-5 可能三

圖 5-6 可能三的治理曲線

第四種可能是，治理機制迅速轉型，規則型治理迅速建立起來；同時，關係型治理沒有遭受較大的破壞，見圖 5-7，當交易規模超過 $Y_4$ 時，關係型治理向規則型治理轉變。可能四的治理曲線見圖 5-8：在轉型初期，依靠低成本的關係型治理，交易規模達到 $Y_4$ 之後，依靠低成本的規則型治理，整個轉型過程都享受低成本的治理，表現為穩定、良好的經濟績效。

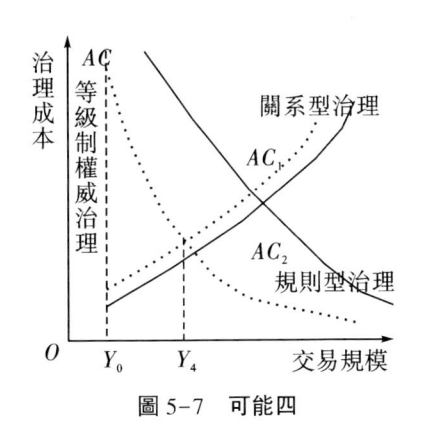

图 5-7　可能四　　　　　　图 5-8　可能四的治理曲线

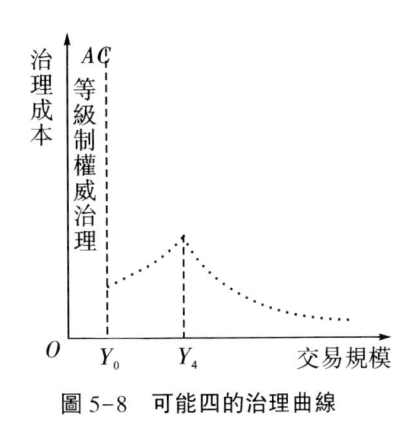

在上述四種可能中，最理想的轉型經濟是可能四的治理曲線，整個轉型過程的治理成本都比較低，經濟績效保持穩定而良好的表現。情形最差的轉型經濟是可能二的治理曲線，整個轉型過程的治理成本都比較高，轉型初始就陷入衰退，經濟恢復也是遙遙無期。

## 5.4　中俄轉型經濟之比較

從轉型經濟過去的表現來看，中國式轉型在初期保持著低成本的關係型治理，表現為良好的經濟績效，未來或者與可能一類似，或者與可能四類似，這取決於轉型過程中制度建設的速度。如果制度建設進展緩慢，或進展受阻，中國轉型經濟可能表現為可能一，隨著交易規模擴大，治理成本不斷上升，經濟績效可能陷入衰退，這是西方自由主義經濟學家看衰中國轉型未來的一個理由。如果制度建設進展順利，規則型治理在較短的時間內建立起來，中國轉型經濟可能表現為可能四的理想局面。

另一個轉型經濟的典型俄羅斯在轉型初期，關係型治理遭受較大的破壞，規則型治理又成本高昂，因此俄羅斯轉型初期經濟治理混亂，經濟陷入衰退，未來或者與可能二類似，或者與可能三類似，同樣取決於俄羅斯轉型過程中制度建設的速度。如果制度建設迅速，轉型將表現為可能三，治理將很快轉變到規則型治理，而且治理成本迅速降低，經濟績效較快恢復，這正是西方自由主義經濟學家看好俄羅斯轉型未來的一個理由。如果制度建設進展緩慢，轉型將表現為可能二，這是最糟糕的情形。

西方自由主義經濟學家判斷中國轉型經濟或將步入可能一的治理曲線，治理成本先低後高，初期表現為良好的經濟績效，但未來不容樂觀；

## 經濟轉型與信任危機治理

判斷俄羅斯轉型經濟或將步入可能三的治理曲線，治理成本先高後低，初期經濟衰退，但未來前景看好。基於這種判斷，筆者將可能一和可能三的治理曲線置於同一圖中（見圖5-9），在市場交易規模達到 $Y_5$ 之前，中國轉型經濟的績效好於俄羅斯，但市場規模擴大到 $Y_5$ 之後，俄羅斯轉型經濟的績效或將好於中國。

如果中國轉型走向了可能四的理想治理曲線，俄羅斯轉型經濟遵循可能二的治理曲線（見圖5-10），則整個轉型過程，中國轉型經濟的績效都將好於俄羅斯。但是，要實現理想的轉型模式需具備兩個條件：其一，關係型治理在轉型過程中，沒有遭受明顯的破壞；其二，規則型治理在較短的時間內迅速建立起來。這樣，在轉型初期的時候，國家可以通過有效的關係型治理，避免制度真空或制度低效造成的經濟衰退和社會動盪。在經歷短暫的過渡之後，規則型治理成本迅速下降，並取代關係型治理，迅速下降的規則型治理成本將為轉型經濟帶來無限美好的未來。

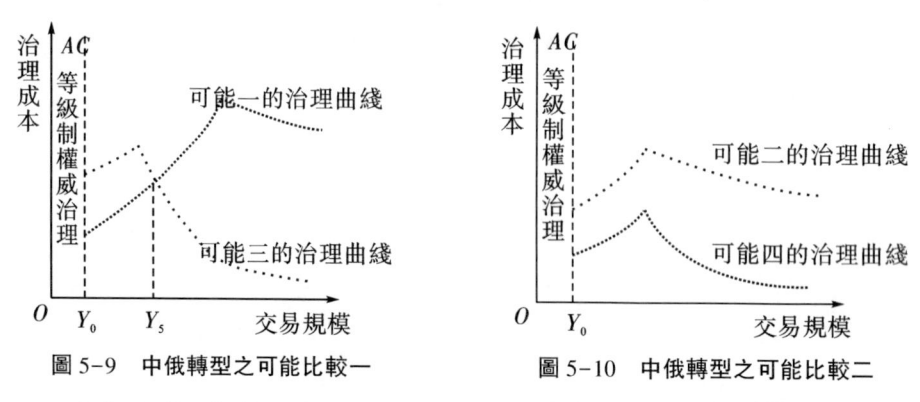

圖 5-9　中俄轉型之可能比較一　　　　圖 5-10　中俄轉型之可能比較二

如何實現理想轉型模式？中國在轉型過程中實踐的雙軌制蘊含了這種邏輯，即在一定程度上延續以前的計劃治理模式，使關係型治理沒有遭受較大的破壞，同時培育、發展、建設市場經濟及所需的法律和制度，使規則型治理在盡可能短的時間內建立起來。

### 5.5　中國走向理想轉型模式的條件

中國轉型經濟在初期取得了良好的經濟績效，但是未來是走向可能一還是可能四，取決於轉型過程中制度建設的速度。因此，中國走向理想轉型模式的條件是及時跟進制度建設。中國面臨的挑戰是如何從低成本的關係型治理盡快地轉變為低成本的規則型治理，如果市場經濟的制度規則能

## 5 可能治理曲線與理想轉型模式

快速地建立起來,那麼在較小的經濟規模上就可以實現治理模式的轉變,之前有低成本的關係型治理,之後有低成本的規則型治理,整個轉型過程都是低成本、高效率的。

從當前觀察到的現象來看,種種社會失範現象在中國頻發,如信仰缺失、道德滑坡、誠信危機、環境破壞、食品安全、貧富差距、司法不公、濫用公權、貪污腐化、權貴資本主義等。失範的社會將陷入「所有人對所有人的戰爭」,即「霍布斯叢林」,交易費用增加,交易效率降低,交易機會減少,投機盛行,爾虞我詐,這會破壞人們的安全感和幸福感,破壞公平競爭的市場經濟秩序,還關係到社會和諧和社會穩定。[①]

中國當前出現的社會失範與治理制度的缺失有關。在涂爾干看來,社會失範是指在社會變遷過程中,舊的規範不適用了,新的規範又未建立起來,幾種規範體系相互衝突,人們失去了行為的規範和準則。自由是一系列規範的產物,規範失去作用,自由也就不復存在。涂爾干認為,社會失範的原因是工業化刺激並解放了個人欲望,社會各個階層從上到下都滋長著貪婪、野心,社會又不能滿足所有人的欲望,並且不能對個人膨脹的欲望加以有效的社會約束,受欲望驅使的行為就沒有可預見的規制,就形成不了社會團結和社會秩序,社會就可能出現紊亂和解體。「美國憲法之父」麥迪遜講道:「如果人人都是天使,就不需要任何政府了。如果天使統治人,就不需要對政府有任何控製了。」因此,制度是重要的,制度作為約束社會成員行為的機制,作為社會的規範系統,對協調社會衝突、減少不確定性、構建有序社會、促進社會和諧起著極為重要的作用。正如哈耶克在《自由秩序原理》中所講的:「一種壞的制度會使好人做壞事,而一種好的制度會使壞人也做好事。」社會失範恰恰是因為社會制度、社會規範系統不健全,因此才使社會成員失去行為制約框架,好人不敢做好事,壞人敢於做壞事。

如何看待中國經濟轉型過程中出現的社會失範?從以下幾種觀點中,我們可以找到線索。

涂爾干認為,社會失範是社會變遷過程中,舊的規範不適用了,新的規範又未建立起來,幾種規範體系相互衝突,人們失去了行為的規範和準則。與此類似,栗樹和(Li, 2003)認為,隨著市場交易規模的擴大,關係型治理將向規則型治理轉變,若交易規模擴大之后,關係型治理失去效率,規則型治理還沒有建立起來,就可能出現治理真空,從而引發經濟衰

---

[①] 鄭永年(2011)指出,中國社會的暴力化或將逐漸成為常態。

## 經濟轉型與信任危機治理

退和社會危機。

有一種理論叫「中等收入陷阱」①。當一個國家的人均國內生產總值達到大約3,000美元（1美元約等於6.776人民幣，下同）時，社會快速發展中積聚的矛盾就會集中爆發，會導致經濟增長回落或長期停滯不前、貧富分化嚴重、腐敗多發、社會動盪、信仰缺失、金融體系脆弱等。「中等收入陷阱」是很多發展中國家面臨的共性問題。依據世界銀行的調查數據，2010年中國人均國內生產總值達到4,400美元后，中國也面臨著「中等收入陷阱」問題。② 步入這個階段后，社會問題頻發，社會要求建立良好秩序，民眾要求政府建立「良治」，經濟發展要求結構調整和增長方式轉變，民主要求從基於權力的人治轉向基於法律規則的法治。

還有一種理論是波蘭尼的「雙向運動」說。現代社會的各種變化體現為一種「雙向運動」，即市場的持續擴張以及這一運動所遭遇的在特定方向上制約其擴張的反制運動（Polanyi, 1944）。波蘭尼指出，在市場化運動中，一個「脫嵌」的、完全自我調節的市場力量是十分野蠻的力量，當它試圖把人類與自然環境轉變為純粹的商品時，它必然導致社會與自然環境的毀滅。市場化的核心原則是經濟理性，市場主體為了追求利益，追求效率，追求經濟增長，把一切資源（包括勞動力、土地和自然資源）都商品化，一切都要為利潤和經濟增長讓步，包括公平、倫理、道德、誠信、生態環境、私有產權、職工權益、公共衛生、醫療、公共教育、房地產市場、食品藥品安全、生產安全等。在人類歷史上，自由市場的發展為人類帶來了前所未有的物質財富增長，但也帶來了一系列複雜的社會、政治和環境問題，進而激發出各種各樣的社會自我保護運動。國家治理就在市場化運動和社會自我保護運動這一「雙向運動」中進行艱難的平衡和進步。這種「雙向運動」在所有工業化國家都發生過。在美國的進步時代（1890—1928年），經濟增長迅速，工業化和城市化快速進展，但貧富差距日益加大，企業行為缺乏監管，政府官員腐敗，環境問題日趨嚴重，工人權利得不到保護，食品安全缺乏監管，民怨沸騰。這驅使美國改善政府治

---

① 世界銀行《東亞經濟發展報告（2006）》提出了「中等收入陷阱」（Middle Income Trap）的概念，其基本涵義是指鮮有中等收入的經濟體成功地躋身為高收入國家，這些國家往往陷入經濟增長的停滯期，既無法在工資方面與低收入國家競爭，又無法在尖端技術研製方面與富裕國家競爭。

② 《人民論壇》雜誌在徵求50位國內知名專家意見的基礎上，列出了「中等收入陷阱」國家十個方面的特徵，即經濟增長回落或停滯、民主亂象、貧富分化、腐敗多發、過度城市化、社會公共服務短缺、就業困難、社會動盪、信仰缺失、金融體系脆弱。

## 5　可能治理曲線與理想轉型模式

理，加強制度建設，監管經濟行為，為所有人提供基本的社會保障。馬駿（2011）認為，核心價值體系的存在、文明政治遊戲規則、新聞自由、基層民主是促使美國轉型必不可缺的因素。[①]

不容置疑，中國經濟轉型存在兩個事實：一是中國經濟轉型取得了巨大的經濟成功；二是在市場化過程中，中國出現了諸多問題或危機。經濟轉型初期，關係型治理保障了經濟的效率，但隨著市場交易規模擴大，關係型治理效率降低，成本遞增，而制度規則尚未建立或完善，制度建設落後於經濟發展。因此，在關係型治理向規則型治理轉變的過程中，社會容易出現混亂。

中國在經濟、社會領域的失範有以下幾個原因：其一，立法滯後。一方面是新事物缺乏立法，另一方面是現有法規已不合時宜。其二，有法不依，執法不嚴。例如，政府明文規定中小學、幼兒教育不許收擇校費、建園費，現實生活中卻成一紙空文。其三，個別執法部門市場化取向嚴重，只罰款，不治理，甚至「養魚執法」。其四，對欺騙行為懲罰太輕，對個別政府部門、執法部門的欺騙行為更是幾乎沒有懲罰。其五，監管者沒有受到監管。監管部門的放任、失職行為誰來監管？監管部門的不作為很少被懲罰。中國的誠信缺失還與聲譽機制缺失有關，我們無從查證個人的聲譽信息，徵信系統亟待建立，我們沒有建立起多邊懲罰的社會規範。例如，排隊的人很厭惡插隊的人，但售票窗口的人卻會賣票給插隊的人。

西方自由主義經濟學家以缺乏憲政約束為由，認為中國建立有效的規則型治理將困難重重。中國市場化運動中出現的種種問題，也引起不少學者的擔憂。因此，我們應該正確認識中國當前出現的社會問題以及制度建設。

首先，中國當前出現的社會問題並不是中國特有的，即使是美國等發達國家，也經歷過這樣的階段，很多發展中國家也陷入了「中等收入陷阱」，諸多類似的社會問題也同時存在。一些學者（馬駿、劉亞平，2010；王紹光，2001；Yang，2004）發現，儘管美國和中國存在巨大的差異，但進步時代的美國和改革開放以來的中國有很多相似之處，既然美國等發達國家可以實現社會的大轉型，使伴隨市場化運動出現的種種社會問題實現有效的治理，那麼中國也可以實現之。

其次，制度建設方面，中國經濟發展非常迅速，制度建設跟不上經濟發展是可以理解的，經濟基礎決定上層建築，從來都是經濟基礎在先，制

---

[①] 2011年4月，中山大學教授馬駿做客嶺南大講壇，講述美國社會轉型的智慧時所言。

度建設在后。從改革開放到最近，市場化運動在中國的國家制度安排中起主導作用，但隨著經濟步入人均國內生產總值達到3,000美元的狀態，國家的制度建設不得不在市場化運動和社會自我保護運動的「雙向運動」中展開。從社會保障、保障房建設、問責制度①、高層的糾錯態勢②、新聞媒體的力量③等趨勢可以看出，公眾對良治的需求和高層政府對推進良治的姿態是比較一致的。從中國近年治理改革的經驗來看，黨中央、國務院對制度建設和完善的決心是不容置疑的，許多制度在「雙向運動」的交織和較量下得到建立和完善。王紹光（2008）總結了中國出現的兩類重大的社會政策，一類的目標是縮小不平等，另一類的目標是降低不安全。縮小地區差距、縮小城鄉差距、最低生活保障、醫療保障、工傷保險、養老保險、失業保險等政策在中國陸續建立起來。如果說在經濟轉型的初期，中國政府突出了市場化，那麼近年來，中國政府越來越站到民生立場，盡力在與人類生存權相關的領域「去商品化」④，讓全體人民分享市場經濟的成果，讓社會各階層分擔市場經濟的成本。諸多社會進步政策的實施，表明中國政府既有政治意願，也有財政能力來實施必要的制度建設。

如何在社會主義制度下建立起完善的市場經濟體制，快速建立起市場運行配套的制度規則，將考驗中國共產黨人的智慧。中國社會主義制度有一個好的特徵，就是中國共產黨執政，中國共產黨產生於人民大眾之中，始終保持與人民群眾的血肉聯繫，幾千萬中國共產黨黨員背負著全體民眾的期望，這種期望會促使黨和政府做出自我修正。中國共產黨立黨為公，執政為民，全心全意地為人民服務作為執政理念，這是中國共產黨同一切剝削階級政黨的根本區別。⑤ 人民代表大會制度可以充分地吸納民意，信訪制度也能體察到民情，媒體、網路等越來越自由的信息傳播途徑使得民意可以迅速傳達給領導者。政治協商制度把所有社會勢力都引導到制度化

---

① 不久前，某省個別地區的交警亂罰款、不開票、收「黑錢」行為曝光后，公安部馬上啓動調查，涉及事件的兩個縣的公安局長馬上被解職。

② 某省校車事故造成學生嚴重傷亡，國務院很快啓動研討校車改革方案，公車改革方案也同步發佈。某省曝光了公務員考試錄用過程中，考試第一名因體檢被拒，替補考生家長與招考負責部門以及醫院聯合作假。媒體介入后，真相調查馬上開啓，責任人被追責，招考錄用啓動糾錯程序。

③ 許多不良事件或惡性事件在媒體介入、引起輿論關注之後，才引起有關部門的重視，或啓動真相調查，或開啓糾錯程序。

④ 例如，保障房、廉租房的建設和供給。

⑤ 江澤民同志在慶祝中國共產黨成立80周年大會上的講話中明確地提出：「全心全意為人民服務，立黨為公，執政為民，是我們黨同一切剝削階級政黨的根本區別。」

的渠道來表達意見、參與政治，而不是形成反對派抗衡，製造社會混亂。在討論、協商下，執政當局的政策選擇就會受到各人民團體、各民主黨派的監督和制約。在開放的世界裡，中國還受到來自國際社會的競爭壓力，文化的傳播和制度的模仿也使得制度向合理方向變化。[①] 中國政府在國內外社會各界的壓力下，也會提高學習能力[②]，不斷對制度和政策做出合理的調整和修正。

經濟基礎決定上層建築，當經濟基礎發生變化之後，新的合理的制度就會取代舊的不合理的制度。因此，我們對中國跟進制度建設保持樂觀。王紹光（2008）用第二次轉型來描述中國的制度改進，第一次轉型是1978年黨的十一屆三中全會，確立以經濟建設為中心。中國的經濟建設已經取得了巨大的成功，但是也累積了大量的社會矛盾，當下中國要進行第二次轉型，就是要解決和應對經濟繁榮條件下日益突出的社會不平等、不公平、不穩定及其他社會危機。第二次轉型要以國家基本制度建設為中心，通過國家制度建設實現全社會福利最大化，保證黨和政府代表並實現最廣大人民群眾的根本利益，化解市場化運動中出現的矛盾和問題。

## 5.6 結語

一方面，中國在經濟轉型的初期，用低成本的關係型治理取得了優越的經濟績效，但是制度建設在一段時間內跟不上經濟發展，市場經濟所需要的規則型治理也沒有及時跟進，導致種種社會失範行為。西方自由主義學者以中國缺乏憲政秩序為由，認為中國難以建立起基於法治的規則型治理。但我們的觀點是，在市場化過程中出現社會失範行為，不是中國特有的問題，而是所有國家都要經歷的一個階段，涂爾干、栗樹和、波蘭尼分別提出的理論也解釋了這一點。因此，用出現的社會問題來懷疑市場機制，動搖深化市場機制改革的決心，這是不明智的。發達國家在工業化、市場化過程中，也曾經出現種種社會問題，但都在反向的社會保護運動中，逐漸形成解決這些問題的制度。

中國近年來的制度建設已經取得了巨大的進步。人民福祉、社會公

---

[①] 在西歐，各種制度得到試驗、擴散、模仿、轉軌到成功的制度的一個重大推動力量是國家之間的競爭，因為較多的國家規模、實力大小相近，這些國家中沒有能左右其他國家的超大國家，小國諸多政府間的激烈競爭有利於更有能力的政府出現和更有效率的制度出現。

[②] 黨的十七屆四中全會明確提出了建設馬克思主義學習型政黨的四項任務。

**經濟轉型與信任危機治理**

平、社會保障、社會正義都得到顯著的改善。黨和政府既有政治意願,也有財政能力來實施制度建設,近年來中國制度建設跟進的速度和力度都是有目共睹的。因此,我們對社會主義制度和市場機制所需的法律規則相兼容持樂觀的態度。只要中國及時跟進法律制度建設,建立和完善規則型治理,中國轉型經濟完全有可能沿著理想治理曲線走向美好的未來。

# 6 經濟轉型與誠信、信任危機

## 6.1 引言

中國是經濟轉型國家，在 20 世紀 90 年代，中國從計劃經濟向市場經濟轉變。中國經濟轉型雖然取得了巨大的成就，但在市場化進程中，出現了誠信缺失、道德滑坡和信任危機等問題。中國社會科學院社會學研究所發布的《中國社會心態研究報告（2012—2013）》指出：中國社會的總體信任進一步下降，只有不到一半的調查者認為社會上大多數人可信，只有兩到三成的受訪者信任陌生人。我們認為這個調查結論基本上符合國人的切身感受。

首先，人際互不信任。人們不信任陌生人，即使熟人也因「殺熟現象」而不輕易彼此信任；「不要和陌生人說話」已成主流傾向；現在國人甚至不敢扶救摔倒的老人。

其次，不信任商業企業。「毒奶粉」「毒膠囊」「瘦肉精」「假藥」「假酒」「地溝油」「染色饅頭」「毒豆芽」「速生雞」等不誠信商業事件頻頻出現。

再次，不信任公共組織。釣魚執法、城管野蠻執法等屢屢出現，公務員違規考錄等事件讓政府的公信力下降。在一些不良事件曝光之後，當事部門總是草率定性，推卸責任，一些部門頻頻以「臨時工」作為替罪羊，民眾對事件通告的信任度下降。

最后，不信任專家系統。例如，不信任醫生，不信任法官、律師，不信任教師，不信任證券分析師，不信任環境評估專家，等等。

生活在沒有誠信和信任的社會裡，人們沒有安全感，缺少幸福感。人們擔心吃的是有毒食品[①]，穿的是「黑心棉」，擔心被「釣魚執法」，擔心

---

[①] 2010 年 6 月，《小康》雜誌社聯合清華大學媒介調查實驗室，對全國 12 個城市開展公眾安全感調查，結果顯示，72%的群眾擔心食品安全問題。

被非法野蠻拆遷，擔心遭遇司法不公。人與人之間若沒有信任，將陷入「所有人對所有人的戰爭」，即「霍布斯叢林」，信任缺失容易引發群體性事件和暴力事件。信任是社會中最重要的綜合力量之一，沒有人們相互間享有的普遍信任，社會本身將瓦解（齊美爾，1900）。信任是減少社會交往複雜性的簡化機制（Luhmann, 1979）。信任是經濟交換的有效的潤滑劑，世界上很多經濟落后現象可以由缺少相互信任來解釋（Arrow, 1972）。福山（Fukuyama, 1995）指出，信任會直接影響甚至決定經濟效率，社會信任的水平可以直接預測經濟繁榮。幾乎所有的經濟學家都認為，較高的信任水平可以降低交易成本，提高社會組織的運行效率，從而促進經濟增長（Knack & Keefer, 1997; Zak & Knack, 2001）。

　　黨和國家正著力建設社會主義和諧社會，誠信缺失和信任危機不僅破壞了公平競爭的市場經濟秩序，還關係到社會的和諧和穩定。重建誠信和信任，是建設社會主義和諧社會、完善社會主義市場經濟秩序的迫切需要。黨的十八大報告六次出現「誠信」二字，其中提到「一些領域存在道德失範、誠信缺失現象」，要「加強政務誠信、商務誠信、社會誠信和司法公信建設」。黨的十七屆六中全會明確指出要「把誠信建設擺在突出位置，大力推進政務誠信、商務誠信、社會誠信和司法誠信建設，抓緊建立健全覆蓋全社會的誠信體系，加大對失信行為的懲戒力度，在全社會廣泛形成守信光榮、失信可恥的氛圍」。

　　經濟轉型與誠信、信任危機有何關係呢？什托姆普卡（Sztompka, 1999）研究波蘭轉型時發現，人們的公共信任經歷了一個先下降後上升的過程。俄羅斯在經濟轉型初期，社會出現了混亂無序的狀態，表現為經濟犯罪、寡頭壟斷、行政腐敗、利益集團盛行、黑手黨猖獗等。中國在經濟轉型過程中，也出現種種社會失範現象，如誠信缺失、道德滑坡、信任危機、環境破壞、食品不安全、司法不公、貪污腐敗等。本書試圖對經濟轉型與誠信、信任危機之間的關係給出理論解釋。

## 6.2　轉型前社會關係型治理為主

　　栗樹和（Li, 2003）區分了關係型治理和規則型治理。關係型治理的基礎是關係契約，人們基於社會關係和社會規範來治理交易問題，交易不是一次性的，而是面向未來的長期交易，契約的履行和糾紛的處理以保護長期關係為原則。規則型治理基於正式規則，主要是法律，由具有強制力的權威第三方來執行交易契約。經驗發現，幾乎所有的社會，即使是制度

功能完善、法律機制健全的國家，關係型治理也是處理交易糾紛的重要機制，人們不會直接倚仗正式的法律機制來處理交易糾紛，而是首先借助各種非正式機制，如握手、口頭協商、關係、習俗和慣例等。只有在私下解決的種種嘗試都失敗之後，人們才最后訴諸法律，但凡走上法庭，往往意味著雙方關係的破裂（Macaulay，1963；Dixit，2004）。

關係型治理是自我實施的，其理論基礎是重複博弈。我們採用威廉姆森（Williamson，1985）對人的行為的假定，人具有機會主義傾向，即人為了利益不惜採取欺騙、偷竊、偷懶等損人利己的行為。在這一行為假設下，基本的交易問題會陷入囚徒困境。

基於著名的要挾問題（Hold-up）的分析（Klein，Crawford & Alchian，1978；Williamson，1979）和信任問題的分析（Kreps，1990），我們可構建一個關於誠信和信任的單邊囚徒困境博弈（見圖6-1）。

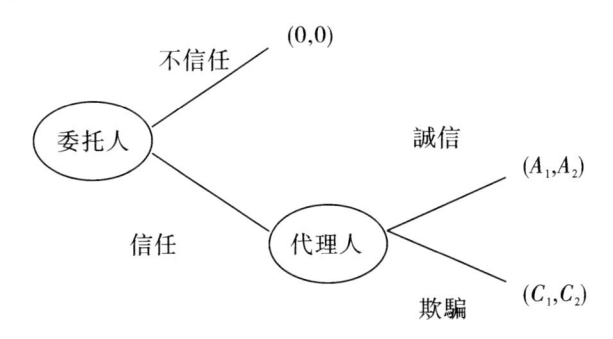

圖6-1　誠信和信任的單邊囚徒困境博弈圖

委託人不信任，則沒有交易發生，雙方的支付均為0。委託人信任，若代理人誠信，委託人和代理人的支付分別是$A_1$和$A_2$；若代理人欺騙，則委託人和代理人的支付分別是$C_1$和$C_2$。

上述信任博弈在委託—代理問題中具有普遍意義。在投資問題中，委託人信任代理人則投資，不信任代理人則不投資；代理人誠信則分享利潤，代理人欺騙則本金都不償還。「分封制」或者「郡縣制」是關於地方治理的委託—代理問題，「分封制」是派皇親國戚管理地方，「郡縣制」是派職業化的官僚管理地方。皇帝信任代理人則把權力委託出去，不信任則不委託；代理人誠信，則精忠報國、盡職盡責，代理人欺騙，則以權謀私，甚至叛亂造反。

若$C_2>A_2$，代理人的理性選擇是欺騙；若$C_1<0$，則委託人的理性選擇是不信任，這時雙方的支付分別是0。事實上，若委託人信任、代理人誠

信，雙方可獲得的支付分別是 $A_1$、$A_2$，若 $A_1$、$A_2$ 均大於 0，那麼在前面的假設下，博弈雙方陷入了囚徒困境，本可獲得剩餘的合作沒有實現。

基於經典的囚徒困境博弈，如果雙方都可能採取機會主義行為，信任問題就可以表示為傳統的雙邊囚徒困境博弈（見圖6-2）。

|  | $B$：誠信 | 欺騙 |
|---|---|---|
| $A$：誠信 | $D_2$, $F_2$ | $D_4$, $F_1$ |
| 欺騙 | $D_1$, $F_4$ | $D_3$, $F_3$ |

圖6-2　傳統的雙邊囚徒困境博弈圖

不失一般性，交易的任一方在對方誠信時選擇欺騙的支付最大；反之，在對方欺騙時選擇誠信的支付最小，交易雙方在同時誠信合作時的支付要大於同時欺騙時的支付。據此，$D_1>D_2>D_3>D_4$，$F_1>F_2>F_3>F_4$。在這個支付下，欺騙是每個博弈方的占優策略，（欺騙，欺騙）構成占優策略均衡，即納什均衡。在個體的理性選擇下，誠信合作的結果沒有出現。在均衡結果下，雙方的支付分別是 $D_3$、$F_3$，不如（誠信，誠信）時的支付 $D_2$、$F_2$，這反映了囚徒困境的真諦，即個體理性不符合集體理性。

若博弈只進行一次，或博弈重複進行有限次，上述關於信任問題的單邊囚徒困境博弈和雙邊囚徒困境博弈均不能實現誠信和信任。但是，在一個長期的合作關係中，無限重複博弈可以實現誠信和信任。

在單邊囚徒困境博弈中，委託人採取觸發策略，一旦發現代理人欺騙，委託人永遠不再信任代理人。若代理人欺騙，短期獲得的支付為 $C_2$，但失去了未來的合作獲利機會。若代理人誠信，則每次博弈可獲得支付 $A_2$，假設貼現率為 $\delta$，那麼在無限重複博弈下，誠信的代理人可獲得的支付現值為：

$$A_2+\delta A_2+\delta^2 A_2+\delta^3 A_2+\cdots=\frac{A_2}{1-\delta}$$

只要 $\frac{A_2}{1-\delta}>C_2$，誠信就成為代理人的理性選擇。

即 $\delta>\frac{C_2-A_2}{C_2}$ 時，代理人選擇誠信，貼現率為 $\delta$ 可以理解為代理人對於未來收益的耐心，只要代理人對未來收益的耐心足夠大，誠信和信任就會實現。

在雙邊囚徒困境博弈中，若雙方都採取觸發策略：雙方先試圖合作，選擇誠信，如果對方誠信，自己繼續誠信；一旦發現對方欺騙，自己將迴歸納什均衡，採取欺騙。

對於參與人 B 來說，若採取欺騙策略，可獲得一個短期的較高支付 $F_1$，但未來每期只能獲得 $F_3$，假設貼現率為 $\delta$，參與人欺騙時獲得的支付現值為：

$$F_1+\delta F_3+\delta^2 F_3+\delta^3 F_3+\cdots = F_1+F_3\frac{\delta}{1-\delta}$$

若採取誠信策略，則每期可獲得 $F_2$ 的支付，在無限重複博弈中獲得的支付現值為：

$$F_2+\delta F_2+\delta^2 F_2+\delta^3 F_2+\cdots = \frac{F_2}{1-\delta}$$

只要 $\frac{F_2}{1-\delta}>F_1+F_3\frac{\delta}{1-\delta}$，誠信就成為參與人 B 的理性選擇。

即 $\delta>\frac{F_1-F_2}{F_1-F_3}$ 時，只要參與人 B 的耐心足夠大，就會選擇誠信。

對於參與人 A 的分析與上述分析同理，結論也與之相同。

從以上分析可知，兩位參與人之間的無限重複博弈可以實現誠信和信任，這叫雙邊聲譽機制。雙方之所以保持長期的誠信合作關係，是因為雙方更看重未來的持續合作收益，而非違約獲得的短期收益。因此，這裡誠信和信任的實現是完全自我實施的，不需要第三方正式機制的參與。

在雙邊關係中，參與人可能是在單一的市場上發生交易，也可能在多個市場上發生交易，在分工發展不充分的社會裡，后者更為常見。王永欽（2005，2006）稱之為互聯的關係契約。例如，地主和佃農不僅在農產品市場上發生交易，在勞動力、信貸等市場上也發生交易。這樣，交易主體之間的交易跨越多個市場，即使在單一市場上無利可圖時，參與人也可從互聯的市場交易中獲利。高柏（Goldberg，1980）指出，新古典經濟學總是高估靜態最優問題的重要性，實際上，人們常常為了追求長期的合作關係而願意承擔明顯的靜態無效率。在長期的互聯的關係契約中，參與人不會為一次交易的得失斤斤計較，他們看重的是從互聯的關係契約整體中獲得更高的利益。

雙邊的長期交易關係雖然不罕見，但畢竟只占交易的很小部分。更為普遍的是，一個參與人不是和某個特定的交易對象重複交易，而是面臨和

不同的交易對象交易，這樣交易的一方是固定的，而交易對象是變化的。例如，連鎖店面對流水般的顧客，老師面對一屆又一屆的學生，醫生面對一個又一個的病人。固定的交易方和某個特定的交易對象可能只是一次性博弈，他更多地面臨的是和不同交易對象的無限重複博弈。

固定的交易人處於無限重複博弈當中時，上述聲譽機制同樣起作用，固定交易人有維持誠信聲譽的激勵。這裡，觸發策略是由不同的交易對象共同實施的。例如，A是固定交易人，A和B、C、D等不同的交易對象分別進行一次性博弈，但A處在無限重複博弈當中，若A欺騙B，B無法對A進行懲罰，因為A和B是一次性博弈，但是C、D等其他交易對象可以對A實施懲罰，即中斷與A的交易。對於A來說，若未來的合作剩餘大於欺騙獲得的短期利益，誠信便是A的理性選擇，信任也成為各交易對象的理性選擇。這種由多方參與的聲譽機制叫多邊聲譽機制，誠信和信任的實現是自我實施的，不需要法律這樣的正式機制參與。多邊聲譽機制起作用，離不開以下兩個要點：

一是信息傳遞。A若欺騙了任意一個交易對象，欺騙信息可以快速傳遞給其他人，有效的信息傳遞機制是多邊聲譽機制發生作用的前提。信息傳遞機制依賴兩個方面：其一，受害者有激勵傳遞欺騙信息。這個假設一般會成立，懲惡揚善是人的普遍心理，受騙當事人寄希望於別人來懲罰欺騙者。其二，存在有效的信息傳遞渠道。在封閉的鄉村社會，流言蜚語就可有效地傳遞信息，但在城市匿名社會，信息傳遞渠道往往缺失。

二是多邊懲罰。其他人即使沒有受A的欺騙，在知道A是騙子的信息之後，也要中斷與A的交易以示懲罰。多邊懲罰機制的有效性來自兩個方面：其一，在知道A是騙子的信息之後，參與人有激勵避免與騙子進行交易，因為騙子的本性會增加與之交易的風險。其二，懲惡揚善的社會規範在發揮作用，懲罰不誠信者，還要懲罰不懲罰不誠信者的人（Kandori, 1992），該懲罰而沒有採取懲罰措施的人也必須受到懲罰（Abreu, 1988）；同時，與騙子開展交易的人，會被認為是與騙子同流合污、沉瀣一氣，應該被當成騙子看待。

格雷夫（Greif, 1993）發現，中世紀馬格里布商人聯盟實現了有效的交易治理。馬格里布商人在開展海外貿易時，只雇傭馬格里布的代理人。馬格里布商人聯盟實現了信息的有效傳遞，也形成了多邊懲罰的社會規範，欺騙他人的馬格里布商人將被商人聯盟排斥，失去與馬格里布商人進行交易的機會。

## 6 經濟轉型與誠信、信任危機

在一對多的多邊交易中，若固定的交易主體是行為人，或者生命有限，或者因病退出，或者發生社會流動，無限重複博弈就不再成立，誠信和信任就不會實現。人們發展了組織如企業充當聲譽的載體，可以將行為人有限的博弈轉化為組織的無限重複博弈（Kreps，1990）。組織成員的生命有限，但組織的生命可以無限延續。不管各個時期的員工是誰，百年老店面臨的是無限重複博弈，有維持誠信聲譽的激勵。組織成員的不誠信行為，會破壞組織的聲譽，進而損害組織每位成員的利益，這叫集體責任機制，類似於「連坐制」。因此，組織就有積極性對成員的欺騙行為進行約束。可以說，連鎖店更值得信任，有組織的人比無組織的人更值得信任。例如，穿軍裝、有單位的人更值得信任。

我們無意探討中國人的誠信、信任傳統。有些人認為中國人自古以來就缺乏誠信，韋伯（1995）宣稱：「中國人在世界上是罕見的不誠實。」史密斯（1894）認為不誠實和相互不信任是中國人性格的兩大特點。[①] 福山（Fukuyama，1995）認為中國是低信任社會。但是，現有的調查資料又表明，中國的社會信任水平在世界範圍內屬於高信任度國家（王紹光、劉欣，2002）。由英格哈特（Inglehart，1990）主持的世界價值觀調查（World Values Survey，WVS）發現，中國人的信任度是 60.1%，僅次於瑞典、挪威、芬蘭，排第四位。世界價值觀調查在隨後的 1995 年、2001 年和 2007 年的調查數據表明，中國的社會信任水平分別是 52.3%、54.5% 和 52.3%，均高於這三次調查的世界平均信任水平 24.9%、28.1% 和 24.5%（文建東、何立華，2010）。

我們關注的問題是中國經濟轉型期社會信任度的下降，世界價值觀調查、中國社會心態研究報告的調查數據以及我們觀察到的現實經驗都反映了這一點。中國的經濟轉型為何使社會信任度下降呢？我們從經濟轉型前中國社會的特徵以及經濟轉型后這些社會特徵的變化來尋找部分答案。

中國的地理位置和氣候特點，形成了中國以灌溉農業為主要特點的農耕文明，灌溉系統和農耕文明要求集體行動[②]，因而形成集體主義的文化特徵，灌溉系統把農戶固定下來[③]，形成安土重遷的鄉土社會。經濟轉型之前，中國的經濟相對落後，分工和市場發展很不充分，資源配置和經濟

---

① 彭泗清. 信任的建立機制：關係運作與法制手段 [J]. 社會學研究，1999（2）：55-68.
② 灌溉系統要求統一灌溉、統一勞作。
③ 區別於移動的狩獵文明。

## 經濟轉型與信任危機治理

活動服從計劃經濟體制，經濟社會結構至少具有以下特點：

第一，戶籍制。中國於1958年出拾了《中華人民共和國戶口登記條例》，實施戶籍制管理，以居住地進行戶籍登記，限制農村居民向城市移動，農村之間移動也存在嚴格限制。這樣人口的空間流動性低，形成穩定的社群分佈，鄉村居民世世代代聚居在鄉村，除非升學、就業流動到城市；城市居民則世世代代聚居在城市。

第二，單位制。城市的生產和管理機構以單位建制，單位不但是生產或政治組織，也構成一個社會共同體，單位職工、職工配偶及其子女的就業、上學、醫療、住房等都由單位統一負責，職工與單位形成長期穩固的依附關係。企業辦社會是計劃經濟體制下的典型特點，一個單位往往形成五臟俱全的相對封閉的社區。

第三，鄉土社會。中國傳統社會是典型的鄉土社會，鄉土社會以家庭為核心，形成差序格局（費孝通，1949）。[1] 在鄉村，以血緣、親緣、宗族為紐帶的社會關係構建為封閉的村莊，村民彼此熟悉，世世代代聚居在一起，信息也代代相傳。

第四，集權等級制科層組織。中國的政治結構是中央集權的等級制，不管是行政區劃還是組織內部，都是自上而下的層級結構，「一把手」負責制在某種程度上形成以「一把手」為核心的科層關係網路。

經濟轉型前的中國社會以關係網路為特徵。雖然有些法律規則已經建立起來，但與市場交易有關的一些法律規章要麼沒有建立，要麼實施不完善。因此，關係契約起著很大的作用，關係型治理仍是主要的治理方式。

迪克斯特（Dixt，2004）的著作《法律缺失與經濟學》旨在探討當法律缺失或局限的時候，如何選擇經濟治理方式。根據威廉姆森（Williamson，1998）的選擇性安排（Discriminating Alignment）理論，交易制度的選擇以交易成本最小化為原則。

關係契約治理的固定成本之所以低，是因為不需要建立專門的制度基礎設施和信息流通機制，很多關係的建立是由於某種特殊紐帶帶來的相識和熟悉，如親人、親戚、宗族、同鄉、同學等。即使有些關係需要送禮拜

---

[1] 費孝通這樣描述中國的鄉土社會：人與人之間的關係，是以親屬關係為主軸的關係網路，是一種差序格局，每個人以自己為中心，就像把石頭扔到水中，在四周形成一圈一圈的波紋，越推越遠，越推越薄，波紋的遠近表示社會關係的親疏。

訪才能建立起來，這種關係投資也會因為關係內的重複交易而攤低平均固定成本。但是，關係型治理的邊際成本之所以較高，是因為發展新的交易關係比先前建立的關係更難，關係規模擴大之後，老成員和新關係成員的聯繫不再那麼順暢，和他們的信息交流、讓他們參與到多邊懲罰機制變得更為困難。新的交易夥伴的建立不僅成本更高而且風險更大。因此，隨著交易範圍擴大，關係型治理的邊際成本遞增，正因為新的交易關係面臨不斷增加的邊際成本和風險，所以人們傾向於同熟悉的、有關係的人做生意，傾向於在身分可以識別的群體內部發生借貸。低固定成本、高邊際成本決定了關係型治理的平均成本遞增。

相反，規則型治理需要建立起制度基礎設施。起草、解釋、宣傳法律、建立制度基礎設施需要高昂費用，但是規則型治理機制一旦建立起來之後，實施一個合約的成本就比較低。因此，規則型治理的成本特點是高固定成本、低邊際成本，隨著交易規模的擴大，規則型治理的平均成本趨於下降（Li，2003）。

交易制度的選擇以交易成本最小化為原則（見圖4-1），在交易規模小於 $Y_1$ 時，$AC_1 < AC_2$，關係型治理更有效；當交易規模大於 $Y_1$ 時，$AC_1 > AC_2$，規則型治理更有效。

在中國經濟轉型前和經濟轉型初期，市場交易的規模有限，關係型治理是有效的。在鄉土社會、單位制、戶籍控製人口流動、集權等級制等社會結構的作用下，中國社會分割為一個個相對封閉、流動性弱、具有集體主義文化的社群，在社群內部是一個熟人社會，信息傳遞機制和多邊懲罰機制都能有效地發揮作用。在封閉的熟人社會中，流言蜚語就能使信息傳遞得足夠快，至於多邊懲罰的社會規範，出於人們的好善嫉惡、嫉惡如仇的普遍心理，中斷和欺騙者的交易是符合理性的。因此，多邊聲譽機制在熟人社會可以發揮作用，即使沒有法律，或者即使法律存在，人們無需法律也可建立起誠信和信任。古代中國社會有「皇權不下縣，縣下皆自治」之說，正式機制在縣以下因為成本巨大而沒有經濟效益，因此正式機制（包括法律）在鄉村的作用和功能是很有限的，在鄉村社會，主要依靠宗族這樣的社會組織的自治來實現鄉村治理。坎多里（Kandori，1992）指出，在商業網路中，欺騙信息傳輸的速度要足夠快，否則當事人就不會有建立聲譽的積極性。在封閉的鄉村社會，人們的閒言碎語就足以使欺騙行為為人所共知，即使沒有法律，村民之間也可以建立起高度的信任

## 經濟轉型與信任危機治理

（Merry，1984）。埃利克森（Ellickson，1991）在《無需法律的秩序》一書中描述了美國加利福尼亞州沙斯塔（Shasta）縣居民的社會經濟互動，他認為社會秩序基本上靠非正式的社會規範來維持，法律的作用很小。

鄉土社會也好，城市單位也好，構成穩固的熟人社區，集體主義是共同的文化特徵，個人的經濟社會活動依附於社群組織。互聯的關係契約主導著社群生活。在社群中，互助是一種集體文化。在鄉村，你幫我插秧，我幫你收割水稻，你家辦喜事，我去幫忙，等等。人們在單一市場上並不斤斤計較，互聯的關係契約讓每個人獲得福利增進，不參與社群互動甚至在社群欺騙的人是很難立足的。中國古代的一些鄉土社會的宗族規約非常嚴格，即使法律這樣的正式機制不存在，按照宗族規約，誰若存在違犯規約、傷風敗俗、逞強欺弱等不軌行為，輕則捆綁示眾，重則逐出宗族，甚至處以極刑。格雷夫（Greif，1994）發現，中世紀的馬格里布商人具有集體主義文化，自我實施的集體懲罰、橫向代理關係、集團內部的社會交流網路使非正式的集體懲罰是可置信的，可以激勵人們放棄欺騙行為；集體主義社會存在一個有效的信息傳播網路，因此集體懲罰的自我實施機制是可行的。

封閉的鄉土社會或城市單位還有一個機制促進誠信，那就是集體責任。例如，A 村莊的人欺騙或侵犯 B 村莊的人，即使 B 村莊的人不知道這個騙子姓甚名誰，只要知道他是 A 村莊的人，B 村莊的人就會找到 A 村莊，要求交出肇事者，否則就要實施報復，輕則斷水斷路，重則發生兩村械鬥。村莊要為成員的不軌行為承擔集體責任，這會使村莊有動機要求成員保持誠信的聲譽。在中國古代的鄉土社會，當宗族利益遭到外來侵害時，聚族抗爭，發生宗族與宗族的糾紛甚至械鬥是常有的事。單位的集體責任機制也能起到同樣的效果，單位成員可從單位的良好聲譽中獲得利益，單位成員的欺騙行為會損害單位的聲譽，從而損害每個單位成員的利益，集體責任機制會促使單位約束好每個單位成員的行為。例如，城管打人，人們在意的不是某人打人，而是城管打人，穿上了城管的制服打人，會損害城管的聲譽，城管要承擔集體責任，因此城管就有激勵約束城管隊員的行為。古代中國有連坐制度和保甲制度，這是典型的集體責任機制。事實上，這樣的制度在中國實行了上千年，在某種程度上是具有合理性的。一人犯法，株連九族，這促使整個家族有強烈的動機約束、監督和制止家族成員的不法行為；一人若為匪或通匪，聯保各戶，實行連坐，這促

使同保同甲的人有激勵監督、制止保內甲內的不法行為。

總之，在中國經濟轉型前，封閉的鄉土社會、城市單位構築的是熟人社會結構，互聯的關係契約可以依靠多邊聲譽機制實現有效的治理，誠信和信任成為自我實施的理性選擇。

## 6.3 轉型社會走向規則型治理

中國經濟轉型的主要特徵是市場化，市場機制成為配置資源的主要機制，轉型之後，由以前的計劃機制配置資源轉向由市場交易完成配置資源，因此經濟轉型伴隨著分工發展和市場交易規模擴大。隨著市場交易擴大，人格化的交易必定要擴展到非人格化交易，交易走出熟人社會，匿名交易不斷增加。

雖然在理論上，人們可以擴展關係契約，繼續依靠關係型治理，但是隨著市場交易的範圍擴大，關係型治理的邊際成本遞增（這在前面有過闡述），而關係型治理的邊際收益遞減，因為人們總是最先利用最有利可圖的關係，越往后開拓的關係，邊際收益會越小。在關係契約的收益曲線和關係契約的成本曲線的斜率相等時（見圖 6-3），存在一個最優的關係治理的市場交易規模。迪克斯特（Dixit, 2004）認為，信息和交流的地域性相應地導致誠實的地域性，欺騙一個遠距離的人，消息不太可能傳遞到相近的群體，這樣每個人相信誠信僅在小範圍內可行，超出一定範圍之後，每個人都會選擇欺騙，這個自我執行的最佳範圍，迪克斯特稱為誠實的範圍。關係型治理在以家庭、鄰里、商業圈子、宗族為紐帶的小群體裡表現良好。遺憾的是，信息傳遞的質量和懲罰的可置信性會隨著群體的擴大而衰減（Dixit, 2004）。格雷夫（Greif, 1993, 1994）以中世紀商人為例，發現商人與關係或距離疏遠的交易對象簽訂合同後，往往會騙取交易對象的錢財和貨物。

關係契約的成本和收益如圖 6-3 所示。

## 經濟轉型與信任危機治理

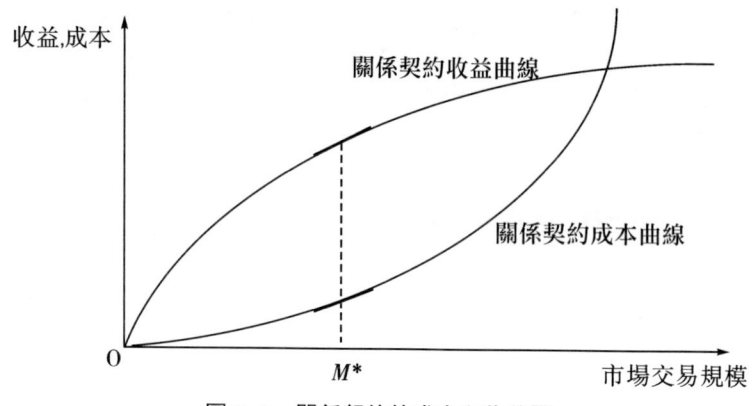

圖 6-3　關係契約的成本和收益圖

　　在形成最優的關係契約市場規模之前，隨著市場交易規模擴大，關係型治理可以獲得良好的效率和經濟績效。在中國經濟轉型的初期，市場機制所需要的法律、制度是不健全的，我們在私有產權保護、法治、較高的政府透明度、高效的金融體系方面表現並不盡如人意，這些往往是經濟發展必要的制度基礎（王永欽，2009）。中國的漸近式經濟轉型取得了良好的經濟績效，一個可能的原因是，中國在經濟轉型初期通過有效的關係型治理取得了良好的經濟績效。在最優的關係契約市場規模之前，市場交易規模的擴大會增進關係契約治理的效率。

　　在經濟轉型過程中，匿名交易不斷增加，匿名交易多是陌生人之間的一次性博弈，單邊囚徒困境和雙邊囚徒困境均有可能發生，若沒有其他約束，欺騙和不信任會成為參與人的理性選擇，前面已有論述。如何治理匿名交易呢？我們前面講的雙邊聲譽機制和多邊聲譽機制都不再有效，因為兩兩之間的無限重複博弈不成立，或者信息傳遞機制和多邊懲罰機制不再有效。

　　格雷夫（Greif，1994）通過對比中世紀的馬格里布商人和熱那亞商人發現，在發展遠程貿易時，馬格里布商人只從馬格里布商人中尋找代理人，通過商人聯盟的多邊聲譽機制進行治理，這意味著在擴展新的地區貿易時，必須先有馬格里布商人的移民，這會帶來成本的上升；相反，熱那亞商人在貿易地區聘請任何合適的代理人，依靠法律這樣的正式機制來進行治理。歷史的演進結果是，馬格里布商人衰落了，而熱那亞商人發展了現代商業。無疑，法律也是治理交易的一種機制，張維迎（2001）強調法律和聲譽是維持市場有序運行的兩個基本機制。法律這樣的正式機制如何

## 6 經濟轉型與誠信、信任危機

治理交易呢?

回到前面的單邊囚徒困境博弈,為了更直觀,我們用具體的數值表示該博弈,博弈的支付如圖6-4所示。

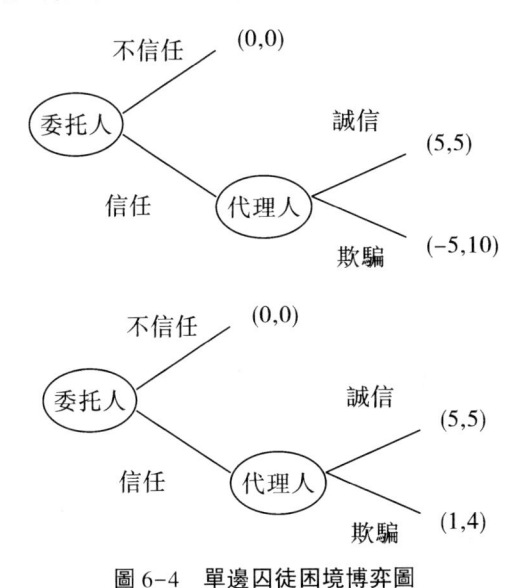

圖 6-4 單邊囚徒困境博弈圖

若法律界定產權,並且保護產權,法律保護契約的執行。如果交易發生前,委託人和代理人簽訂契約,若委託人信任,而代理人欺騙,代理人應支付委託人賠償金6,如果法律機制是可靠的,那麼這個單位囚徒困境博弈可以改寫,委託人信任,代理人欺騙時,兩人的支付變成1(-5+6)和4(10-6)。在法律機制的作用下,子博弈精煉納什均衡是代理人誠信(誠信的支付是5,大於欺騙的支付4),委找人信任(信任的支付是5,大於不信任的支付0)。

雙邊囚徒困境博弈也可以用具體的數值加以分析,如圖6-5所示。

|  | B：誠信 | 欺騙 |
|---|---|---|
| A：誠信 | 5,5 | -5,10 |
| 欺騙 | 10,-5 | -2,-2 |

|  | B：誠信 | 欺騙 |
|---|---|---|
| A：誠信 | 5,5 | 1,4 |
| 欺騙 | 4,1 | -2,-2 |

圖 6-5 雙邊囚徒困境博弈圖

若沒有治理機制,(欺騙,欺騙)是納什均衡,誠信沒有實現。假設存在法律機制,交易發生前A和B簽訂契約,若一方誠信,另一方欺騙,

## 經濟轉型與信任危機治理

欺騙的一方要向誠信的一方支付賠償金 6，如果法律機制是可靠的，那麼這個雙邊囚徒困境博弈可以改寫。當 A 誠信，B 欺騙時，雙方的支付分別變成 1（-5+6）和 4（10-6）。當 B 誠信，A 欺騙時，雙方的支付正好相反。在新的支付矩陣下，（誠信，誠信）成為納什均衡，囚徒困境得到破解。

從以上論述可以看出，基於法律的懲罰機制可以實現誠信和信任，匿名的市場交易離不開法律機制，因為當聲譽機制失效時，我們只能靠法律這樣的正式機制。威廉姆森（Williamson, 1985）、巴蘇（Basu, 1989）都認為，法律這樣的第三方正式機制是治理交易的一種手段。由正式機制實施的懲罰可以改變博弈的策略空間或收益函數，從而改變博弈的均衡結果。

米爾格羅姆、諾思和溫加斯特（Milgrom, North & Weingast, 1990）研究中世紀的商人法律制度，12～13 世紀歐洲流行「香檳交易會」（Champagne Fair），類似於現代的展銷會，交易者只帶商品的樣品，根據樣品協商交易價格、交貨的時間、地點和付款方式等事宜。如果交易中出現欺騙，受欺騙一方可以向交易會設立的商人法庭起訴欺騙者，商人法庭的判決雖然沒有國家強制力的支持，但是聲譽機制保證了法官的判決通常能得到有效的執行，原因是商人法庭會記錄欺騙者的信息，判決違約責任會成為公開的信息，採取欺騙策略的商人會受到整個商界的聯合抵制。這種私立的商人法庭與國家法庭競爭，事實上使得商業實踐發展起來的規則被吸收進國家的法律（Basu, 1989），形成後來正式的商法。錢穎一（2000）指出，現代市場經濟有效運作的條件是法治，一方面，法治約束政府，限制政府對經濟活動的任意干預；另一方面，法治約束經濟人的行為，其中包括產權界定和保護、合同執行、公平裁判、維護市場競爭。

規則型治理建立在正式規則及其基礎設施之上。例如，建立法治需要高額的固定成本，但法律及其設施建立起來之後，邊際交易治理的成本較低。因此，規則型治理的平均成本遞減，法律機制具有規模經濟效應。產權理論認為，國家正式機制保護產權，具有規模經濟效應，可以節省私人保護產權的成本，這個角度可理解國家的產生和存在。國家的正式機制很弱的時候，黑手黨這樣的私人暴力組織往往成為產權保護的替代者。

當市場範圍和交易規模擴大到某種程度之後，規則型治理的成本將低於關係治理，因此關係型治理將向規則型治理轉變。庫特（Cooter, 1994）提供了一些例子，說明私下自願組成的協會這樣的治理安排逐漸被

政府的法律體系所取代。栗樹和（Li，2003）認為，關係型治理和規則型治理雖然代表了一種理論上的二分法，但在現實中，大部分國家既包含關係型治理，也包含規則型治理。華人社會比較依靠關係型治理，但也在努力完善法律規則，即使是美國這樣的規則型治理國家，許多方面也延續著關係型治理。這意味著，經濟轉型國家在一定時期內存在治理機制的雙軌制是一種常見的現象，在經濟轉型的初期，關係型治理多一點，在經濟轉型后期，規則型治理多一點。

總之，經濟轉型后，市場範圍和交易規模擴大，基於法律的懲罰機制可以實現誠信和信任，前提是法律機制是可靠、高效的，通過法律這樣的正式規則可以實現交易的治理。

## 6.4 轉型期為何出現誠信和信任危機

經濟轉型前，即使市場交易有關的法律機制不健全，中國社會的關係契約也可以實現良好的治理，鄉土社會和城市單位構築的熟人社會通過多邊聲譽機制可以實現誠信和信任，而且是自我實施的。經濟轉型后，隨著市場範圍和交易規模的擴大，關係型治理要向規則型治理轉變。在法律等正式規則的作用下，誠信和信任也可以實現，這是借助國家強制力量實施的。

規則型治理的有效性依賴於法律規則的有效性，表現為以下幾個條件：其一，契約明晰。契約對交易的各種可能情況規約清楚，這是規則型治理的明晰依據。其二，可觀察性。欺騙行為要可觀察、可記錄，否則，法律規則實施懲罰時，沒有事實依據。其三，可證實性。欺騙行為要能得到證實，或者根據可觀察、可記錄的信息，或者根據專家的經驗判斷，這是保持執法公正的前提。其四，懲罰可執行性。對欺騙行為的懲罰要可執行，如果司法裁決得不到有力的執行，那麼對欺騙行為就形成不了威懾。其五，懲罰成本。懲罰成本不能太高，如果規則型治理的成本太高，如高昂的司法成本會破壞人們通過法律規則懲罰欺騙行為的激勵。

因此，法律規則在執行契約時是有局限的，有些時候，法律無法起作用，或效率低下。例如，法律規則的建立慢於市場發展，常常無法可依；當契約涉及的金額還不夠法律實施的成本時，依靠法律治理交易是無效率的；當違約無法證實時，法律無法起作用；很多時候，那些法律專家只會

## 經濟轉型與信任危機治理

憑著對糾紛的一知半解，生搬硬套一般的法律規定。①

正式機制的邏輯是，人應該按規則行事，否則將面臨規則的懲罰。這種論斷背後有一個假想的高效的監督者在實施規則，於是會產生一個新的問題：誰來監督監督者（格雷夫，2008）？顯然，這是一個懸而未決的問題。執法者能像天使一般秉公判案嗎？正式規則一般基於國家的強制力量，這會產生一個困境，能夠保護產權和契約實施的強制力量也可能侵犯產權，並削弱市場經濟的基礎（Greif, et al, 1994；Buchanan, 1989）。正式機制太弱則無所作為，太強則容易侵犯個體、滋生腐敗（Weingast, 1993）。如果做不到執法的公正性，或者說，通過賄賂法官就可以逃避懲罰，誰還會誠實守信呢？

法律規則可以實現交易的治理，是基於法律的可靠性和高效性，但是如果法律的可靠性和效率沒有保障，那麼規則型治理的效率就得不到保障。在經濟轉型過程中，市場交易的規模不斷擴大，若超出最優的關係契約市場規模，關係型治理就會逐漸失去效率；若規則型治理還沒有建立起來並替代關係型治理，這時關係型治理的成本和規則型治理的成本都較高，這就會導致治理機制失效或治理成本高昂。當關係型治理需要向規則型治理轉變，但這種轉變又遲遲不能實現的時候，社會可能出現失序的狀態，不但基於關係型治理的誠信和信任機制會趨於瓦解，而且基於規則型治理的誠信和信任機制尚未建立，社會就可能出現誠信和信任危機。

經濟轉型走向市場經濟，波蘭尼（1944）稱之為市場化運動。波蘭尼在其著名的《大轉型》一書中提出雙向運動說時講道：「市場的持續擴張以及這一運動所遭遇的在特定方向上制約其擴張的反制運動。」在市場化運動中，一個「脫嵌」的、完全自我調節的市場力量是十分野蠻的力量，當它試圖把人類與自然環境轉變為純粹的商品時，它必然導致社會與自然環境的毀滅。市場化的核心原則是經濟理性，市場主體為了追求利益，追求效率，追求經濟增長，把一切資源（包括勞動力、土地和自然資源）都商品化，一切都要為利潤和經濟增長讓步，包括公平、倫理、道德、誠信、生態環境、侵犯私有產權、職工權益、公共衛生、醫療、公共教育、房地產市場、土地財政等。例如，在市場化運動中，醫院的首要目的是經濟利益，醫療成為謀取經濟利益的手段。在人類歷史上，自由市場的發展為人類帶來了前所未有的物質財富的增長，但也帶來了一系列複雜的社

---

① 奧利弗·E.威廉姆森. 資本主義經濟制度 [M]. 段毅才，譯. 北京：商務印書館，2002：35.

### 6 經濟轉型與誠信、信任危機

會、政治和環境問題，進而激發出各種各樣的社會自我保護運動。國家治理制度就在市場化運動和社會自我保護運動這一「雙向運動」中進行艱難的平衡和進步。這種「雙向運動」在所有工業化國家都經歷過。在美國的進步時代（1890—1928 年），經濟增長迅速，工業化和城市化快速進展，但貧富差距日益加大，企業行為缺乏監管，政府官員腐敗，環境問題日趨嚴重，工人權利得不到保護，食品安全缺乏監管，民怨沸騰。這驅使美國改善政府治理，加強制度建設，監管經濟行為，為所有人提供基本的社會保障。結果表明，通過制度建設之後，美國從當年的無序走向了良治。

經濟轉型過程中，社會結構也在發生改變，社會流動性明顯增強。伴隨城市化進程，農村人口走向城市，城市人口也很容易從一個城市向另一個城市流動，單位制雖然仍起著重要作用，但勞動力的流動比轉型前大大增加，企業單位辦社會的情況也基本上改革了。市場交易跨越地區和國界，市場範圍和交易規模不斷擴大。這樣，轉型前封閉的鄉土社會和城市單位構建的熟人社會不斷瓦解，匿名社會和匿名交易不斷增加，很多城市居民甚至不知道鄰居姓甚名誰。因此，傳統的關係型治理走向衰落，基於聲譽機制的誠信和信任遭到破壞。

處於經濟轉型期的中國，市場化運動形如波蘭尼之描述，但法律規則的建立卻滯后於經濟社會發展。對於習慣了關係型治理的國家來說，要建立起規則型治理，不是件容易的事。首先，建立規則型治理所需的設施需要巨大的公共投資。其次，享受裙帶關係利益的集團會反對變革到規則型治理。最後，制度、規則要想深入人心，必須表現出誠信和效率，而建立起這樣的聲譽需要很長時間。詹森、麥克米倫和沃道夫（Johnson, McMillan & Wooddruff, 2002）調查發現，大部分經濟轉型國家在建立規則的聲譽時經歷了極大的困難。雖然高層政府試圖制定和執行嚴格的規則型治理，但地方政府利用權力進行關係運作而中飽私囊，從而一定程度上抵銷了高層政府的努力。

在經濟轉型社會中，執法者的監管也不健全。整個社會的誠信、信任、道德、倫理、職業操守等均有可能讓位於經濟理性，唯利是圖、誠信缺失、道德滑坡、監管缺失、環境破壞等社會失範現象會在經濟轉型期間集中爆發，這些問題在規則型治理建立和完善之後，才會逐漸得以遏制。在經濟轉型的初期，市場化運動在國家的制度安排中占主導地位，隨著經濟發展水平的提高和種種社會問題的湧現，社會自我保護運動在國家的制度安排中的重要性將會越來越大。

## 經濟轉型與信任危機治理

在市場化社會中，誠信和信任對於法律規則的依賴與公權力的作用息息相關，公權力的實施靠立法者和執法者，只有公權力的實施真正能夠懲罰失信，提高失信的成本，才能真正保護守信者，激勵全社會形成誠信的道德規範。公權力與法律本是人們解決侵權的最後希望，若法律不能公正地保護產權和契約，法律就可能成為摧毀社會誠信的幫凶。在經濟轉型期，公權力的公信力下降在某種程度上助長了誠信和信任危機。公權力部門的不誠信會助長整個社會的不誠信。例如，層出不窮的「臨時工」事件說明公權力部門屢屢以「臨時工」來推卸責任；釣魚執法、養魚執法讓人懷疑執法者的動機；等等。波蘭尼在提及市場化運動甚至包括公權力的使用時認為，當監管權力變成一種壟斷的利益來源，那麼在利益理性的驅使下，監管部門和監管人員在增加監管收入和維護公正之間往往選擇了前者，其結果是由於監督不到位，問題越來越多。

公權力部門失去公信力時，會陷入所謂的「塔西佗陷阱」，無論公權部門說真話還是假話，做好事還是壞事，都會被公眾認為是說假話、做壞事。公信力一旦失去，誠信系統的最後一道防線遭到破壞，人們便不再信任法律，人類就會回到「霍布斯叢林」狀態，「所有人成為所有人的敵人」，社會陷入無序。格萊澤和哈特（Glaeser & Hart，2000）指出，有效的法律不但要規制個人的行為，還要規制執法者的行為，這需要監管者來監管執法者，那麼誰來監管監管者的問題仍然存在。如何約束執法者？西方發展的司法獨立性可以減少公權力對司法的干預，但仍然沒有解決監管的問題。張維迎（2003）認為，提高司法領域的競爭可以培育司法系統的聲譽，放開法院的競爭，打破地域的限制，允許當事人選擇法院和法官審理案子，用腳投票的機制可以讓不誠信的法官失去生存空間。另外，增加法官的收入、高薪養廉也是提高法官職業操守的途徑。可喜的是，中國政府已經認識到公權力公信力的重要性，把政務誠信和司法誠信作為建立健全覆蓋全社會的誠信體系的首要內容。

總之，經濟轉型意味著市場化過程，隨著市場範圍和交易規模不斷擴大，社會流動性增強，熟人社會的人格化交易轉變為匿名社會的非人格化交易，關係型治理趨於瓦解，而規則型治理尚未建立起來，因此這兩種誠信機制都失效，從而導致誠信和信任危機。

## 6.5 結論與啟示

中國古代關於「信」①的傳統倫理是中華文化之精髓。《左傳・僖公二十五年》指出：「信，國之寶也，民之所庇也。」《貞觀政要・誠信》說道：「德義誠信，國之大綱。」《舊唐書・魏徵傳》說道：「人無信不立。」「無誠信，為上則國敗，為下則危身。」

中國在經濟轉型過程中出現了誠信和信任危機，層出不窮的政務不誠信、商業不誠信、人際不誠信事件衝擊著中華民族的傳統倫理。我們借助博弈理論和經濟理性分析，證明了關係契約和法律這樣的正式機制都可以實現誠信和信任。隨著市場化的發展，人格化交易向非人格化交易轉變，熟人社會的聲譽機制走向瓦解，而法律規則又沒有完善起來，可能造成微觀治理機制的失效，甚至出現制度真空，這就導致誠信和信任機制瓦解。

誠信缺失和信任危機是經濟轉型國家的共同特徵，俄羅斯的激進式轉型導致的無序狀態甚至更嚴重。即使美國這樣的發達國家，也經歷過社會轉型，也曾經出現過誠信和信任問題。中國香港在社會轉型期間也經歷過社會無序，以至於成立了廉政公署。

市場化轉型中出現誠信和信任問題存在一定的必然性，在市場理性之下，經濟主體追求利益的最優化，唯利是圖，甚至不惜一切手段。因此，亞當・斯密在論述市場機制的有效性之前，強調人的道德情操，即同情心，人人都追求自己的利益，但是要建立在道義、良心的道德基礎之上。然而，現實中，人的道德、情操、倫理在經濟利益面前有時又往往是不堪一擊的。

制度主義強調法律這樣的正式規則可以改變行為人的策略空間或支付函數，從而遏制機會主義行為，這個論斷背後隱含著法律規則是完美的和高效的觀點。事實上，在經濟理性的作用下，法律的執行者也可能被利益俘虜，於是法律的執行需要監管者。在經濟理性的作用下，監管者也不是天使，那麼誰來監管監管者？這個問題只是更進了一步，但並未解決。在世界範圍內，經常發生以死抗爭的事例，這說明上訪、法律這樣的正式機制沒有起到作用，有些人被迫選擇極端的手段追求「公道」。另外，法律實施的成本高昂、違約不可證實、判決難以執行等局限性也影響著執法。

---

① 據鄭也夫統計，《論語》中「信」字出現了38次。

### 經濟轉型與信任危機治理

　　經濟轉型和發展的趨勢是要建立起規則型治理，依靠法律規則建立起誠信和信任，在社會學的信任分類中，這叫制度信任（Zucker, 1986；張維迎，2001），但是法律系統的建立並不能一蹴而就，當法律系統存在上述局限性時，誠信和信任問題就會產生。2011年全國「兩會」調查顯示，老百姓關注的熱點問題中，「司法公正」排在第二位，如此關注司法公正在一定程度上說明了司法已不公正。在法律規則不可靠的情況下，全社會的誠信和信任危機就不難理解。

　　如何重建誠信和信任呢？關係型治理隨著市場化過程中的匿名交易的擴大而瓦解，因此建立公正、高效的法律規則和實施是重建誠信和信任的必然選擇。如何實現公正、高效的法治是每一個市場經濟國家試圖解決的問題。對於中國來說，解決這一問題更是任重而道遠，這也是我們未來要研究的問題。

# 7 法律與信任

## 7.1 引言

中國是經濟轉型國家,雖然在經濟上取得了巨大的成就,但在市場化進程中,也出現了誠信缺失、道德滑坡和信任危機等社會問題。例如,「毒奶粉」「毒膠囊」「瘦肉精」「地溝油」「染色饅頭」「速生雞」「毒豆芽」等商業誠信事件頻發;「釣魚執法」「養魚執法」「躲貓貓」事件、「臨時工」事件等政務誠信事件也頻頻出現。人們不信任陌生人,「不要和陌生人說話」已成主流傾向,國人甚至不敢扶救摔倒的老人;在市場化環境中,人們甚至對專家系統也缺乏信任;等等。

經濟轉型過程中,市場範圍和交易規模不斷擴大,社會結構的主要特徵從熟人社會向陌生人社會轉變,交易也從人格化交易向非人格化交易轉變。栗樹和(Li,2003)區分了關係型治理和規則型治理。隨著交易範圍的擴大,關係型治理的成本遞增,而規則型治理的成本遞減,治理機制會從關係型治理向規則型治理轉變。在經濟轉型過程中,若關係型治理開始失去效率,而規則型治理還沒有建立起來,就可能出現治理機制的真空狀態,社會的誠信和信任危機就可能出現。什托姆普卡(Sztompka,1999)在研究波蘭經濟轉型時發現,在經濟轉型中,公共信任要經歷一個下降的過程。沒有理由相信「后社會主義」會自動產生有效率的制度。

法律規則可以規約人的行為,基於合法暴力的強制性對侵犯、欺騙等行為進行懲罰,從而對不法行為產生威懾。弗蘭克(Frank,2005)指出,在複雜經濟中,交易僅僅依靠私人信任是不夠的,法律保護契約的實施,有助於建立誠信,這反過來增進認知和情感信任。錢穎一(2000)指出,現代市場經濟有效運作的條件是法治,一方面,法治約束政府,限制政府對經濟活動的任意干預;另一方面,法治約束經濟人的行為,其中包括產權界定和保護、合同的執行、公平裁判、維護市場競爭。吳敬璉(2007)

呼籲推進改革，建立公正法治的市場經濟制度。黃少卿（2012）指出，中國轉軌時期的司法在保證合同執行上存在缺陷，因此他對司法改革提出一些思路。

格雷夫（Greif, 2003）從契約執行的角度，區分了基於聲譽的私人執行機制和基於法律的公開執行機制。張維迎（2001）指出，法律與聲譽是維持市場有序運行的兩個基本機制。彭泗清（1999）認為，關係運作和法律手段是建立信任的兩種機制。澤克和納克（Zak & Knack, 2001）認為，兩類機構可減少欺騙，一類是正式機構，如司法系統，另一類是非正式機構，如聲譽機制。

本書旨在研究法律對信任的作用。第一部分分析不確定性下的信任決策；第二部分分析法律可以產生誠信和信任；第三部分區分好的法律和壞的法律；第四部分探討法律不確定性下的信任決策；第五部分運用世界價值觀調查（WVS）的跨國數據進行實證檢驗；第六部分運用世界價值觀調查（WVS）的中國微觀數據進行實證檢驗。

## 7.2　好人壞人在不確定性下的信任決策

盧曼（Luhmann, 1979）認為，信任與不斷增長的複雜性、不確定性和風險聯繫在一起。隨著現代社會不確定性和風險增加，信任的重要性也增加了。在科爾曼（Coleman, 1988）看來，信任他人意味著將資源交給被信任者處理，若被信任者是誠信的，將帶給信任者利得；若信任過度，信任了不誠信者，則會帶給信任者損失。信息對信任決策至關重要，對於徹底知曉的人，人們不需要去考慮信任；對於根本不知曉的人，人們很難產生信任。因此，信任介於知與無知之間（齊美爾，1900）。吉南（Guinnane, 2005）、法蘭姆（Fafchamps, 2004）、羅（Luo, 2005）都將信任定義為存在不確定性的情況下，對其他經濟行為者合作行動的樂觀預期，相信交易對方不會利用自己的弱點（Korczynski, 2000）。

在匿名市場交易中，常常不知道交易對象是好人還是壞人，假設經濟人A和經濟人B面臨一次交易機會，任何一方都不知道對方的信用信息。若雙方誠信交易，存在交易剩餘；若交易沒有達成，則剩餘沒有實現，彼此的獲益均為0；若一方信任另一方，並且實施交易，但另一方行使機會

主義行為①，如欺騙，那麼欺騙的一方獲得正的收益，而受騙的一方獲得負的收益。

對於任意的經濟人 A，遇到匿名交易對象 B，B 可能是好人，也可能是壞人，先驗概率為 ($p$, $1-p$)。A 可以信任 B，也可以不信任 B，行動集為 {信任，不信任}，不信任則交易不會發生，彼此的支付分別為 0。若 A 信任 B，不管 B 是好人還是壞人，B 的行動集均為 {誠信，欺騙}，若 B 是好人，A 信任，B 誠信時，彼此的支付分別是 $a_1$ 和 $a_2$，A 信任，B 欺騙時，彼此的支付分別是 $a_3$ 和 $a_4$；若 B 是壞人，A 信任，B 誠信時，彼此的支付分別是 $a_5$ 和 $a_6$，A 信任，B 欺騙時，彼此的支付分別是 $a_7$ 和 $a_8$。不失一般性，假設 $a_1$、$a_2$、$a_5$、$a_6$ 均大於 0，$a_4>0$，$a_3<0$，$a_8>0$，$a_7<0$，在一次性匿名交易中，B 欺騙時的收益大於誠信時的收益，即 $a_2<a_4$，$a_6<a_8$（見圖 7-1）。

因此，我們可以這樣定義好人：即使欺騙可以獲得更高的收益，他也會選擇誠信。他可能是因為具有良好的道德準則或宗教信仰，也可能是為了維持誠信的聲譽。只是在匿名市場交易中，聲譽機制發揮的作用有限，因為匿名交易雙方並不清楚對方的聲譽信息，正如壞人臉上沒有刻「壞人」二字，好人的臉上也沒有刻「好人」二字，即使是好人，別人也不知情。壞人在這裡可以這樣定義：總是追求利益最大化，不惜採取偷懶、欺騙等損人利己行為的人。B 若是壞人，由於 $a_6<a_8$，他肯定會選擇欺騙。

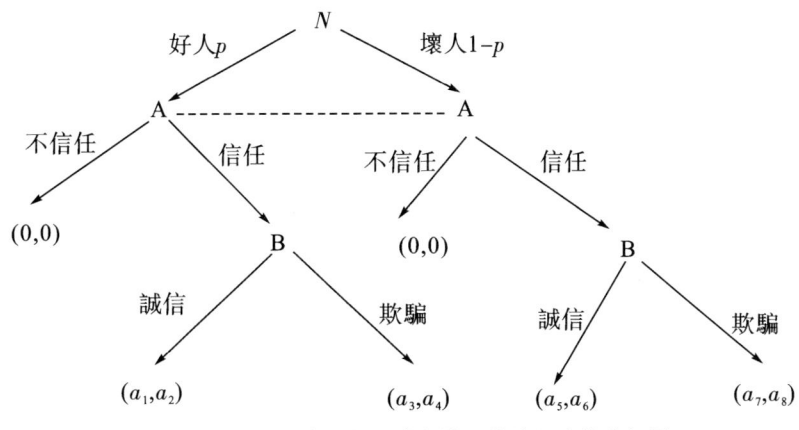

圖 7-1　好人、壞人在不確定性下的信任決策分析圖

---

① 威廉姆森提出人類行為特徵的兩個基本假設，即人的自利性和有限理性，人總是要追求利益最大化，又總是處在信息不完全狀態中，交易不可避免地充滿偷懶、欺騙等機會主義行為。

這是典型的不完全信息靜態博弈。對於好人來說，儘管 $a_2<a_4$，但他也會選擇誠信。當 A 選擇信任策略時，好人類型的 B 會選擇誠信，這時 A 的收益為 $a_1$，壞人類型的 B 會選擇欺騙，這時 A 的收益為 $a_7$，因此 A 的期望支付為：$p\times a_1+(1-p)\times a_7$；A 選擇不信任時的支付為 0。當：

$$p\times a_1+(1-p)\times a_7>0$$

A 會選擇信任，即：

$$p>\frac{-a_7}{a_1-a_7}$$

只有當匿名交易對象是好人的概率足夠大時，交易主體才會信任對方。但普遍存在的一個問題是，在陌生的環境中，人們普遍低估陌生人是好人的概率。吉登斯（2000）指出，熟悉是信任的根本，初到一個陌生的環境，對陌生的人是不可能有很高信任度的。其他條件相同時，人們更信任那些有過長期交往的個人和組織（Alesina & Ferrara, 2002）。

如何建立起匿名市場交易的普遍信任？[①] 盧曼（1979）相信，制度系統可以約束人的欺騙行為，在法律這一類的懲戒機制之上，匿名交易市場可以建立起普遍信任。基於法律系統，不管匿名交易對象是好人還是壞人，人們都敢於信任。若對方是好人，其會誠信交易；若對方是壞人，法律會制約其欺騙行為，從而也可以信任之。

## 7.3 法律可以產生誠信和信任

在熟人關係社會中，雙邊和多邊聲譽機制可以實現交易的有效治理，但到了匿名社會，匿名交易以貨款和貨物在時空上的分離為特徵（Greif, 2006）。這時，交易的交付就變成一個囚徒困境問題，首先實施交易契約的一方將面臨機會主義風險。關係型治理在熟人社會有效，格雷夫（Greif, 1993, 1994）發現，中世紀馬格里布商人在發展遠程貿易時，只從馬格里布商人中尋找代理人，通過商人聯盟和行會的多邊聲譽機制進行治理。關係型治理在匿名交易中趨於失效，因為關係型治理的成本隨著交易規模和範圍的擴大而遞增，而規則型治理的成本遞減，在匿名交易中，規則型治理將取代關係型治理成為主要的交易治理方式（Li, 2003; Dixit,

---

[①] 韋伯（1995）將信任分為特殊信任和普遍信任，前者以血緣、親緣或地緣性社區為基礎，建立在特殊人際關係之上；后者以信仰共同體為基礎，對陌生人也信任。

2004)。格雷夫（Greif, 1994）發現，中世紀熱那亞商人在貿易地區聘請任何合適的代理人，依靠法律這樣的正式機制實施交易治理。歷史的演進結果是，馬格里布商人衰落了，而熱那亞商人促進了資本主義市場經濟的發展。

法經濟學主張，法律作為正式的制度以資源的有效配置和合理利用為目的，以實現效率最大化。交易不是無摩擦的，制度就是人們為了防止產生機會主義而締結的契約。法律作為具有國家強制力實施的制度規則，起到界定產權、保護產權、保護契約執行的作用。諾思和托馬斯（North & Thomas, 1976）將西方世界的興起歸因於率先發展了產權制度、交易制度以及有效率的經濟組織。為了治理交易，諾思（North, 1990）強調正式制度、非正式制度及其實施機制。

法律這樣的正式機制如何治理交易呢？法律的實施可以通過改變行為人的行動空間或支付函數，從而改變博弈的均衡結果（Basu, 1989）。法律規則實施的邏輯是，人應該按照規則行事，否則將面臨規則的懲罰。例如，行車可以靠左行駛，也可靠右行駛，如果法律規定只能靠右行駛，那麼靠左行駛就是違法，會受到交警的處罰，在法律的作用下，靠右行駛就成為行為人的理性選擇。

法律可以改變參與人的支付函數。以單邊囚徒困境博弈為例，為了使博弈更直觀形象，我們用具體的數值表示該博弈，博弈的支付如下（見圖7-2）：委託人不信任時，交易沒有發生，委託人和代理人的支付都是0；若委託人信任，代理人誠信，彼此的支付都是5；若委託人信任，代理人欺騙，委託人和代理人的支付分別是-5和10。博弈參與人是理性的，當委託人信任，代理人誠信時可得5，欺騙時可得-10。

我們採用威廉姆森（Williamson, 1985）對人的行為的假設，一是有限理性，即經濟主體試圖達到理性，但只是有限的理性；二是機會主義行為，即人具有機會主義行為傾向，為了利益不惜採取欺騙、偷竊、偷懶等損人利己的行為，法律對於好人的約束是無效的。代理人欺騙時得10，誠信時得5，欺騙是他的理性選擇；根據理性共識，委託人知道代理人是理性的，即選擇欺騙，這時委託人的支付是-5，而不信任時的支付為0，因此不信任是委託人的理性選擇，博弈的結果是欺騙和不信任，本可產生交易剩餘的交易也就無法實現了。

經濟轉型與信任危機治理

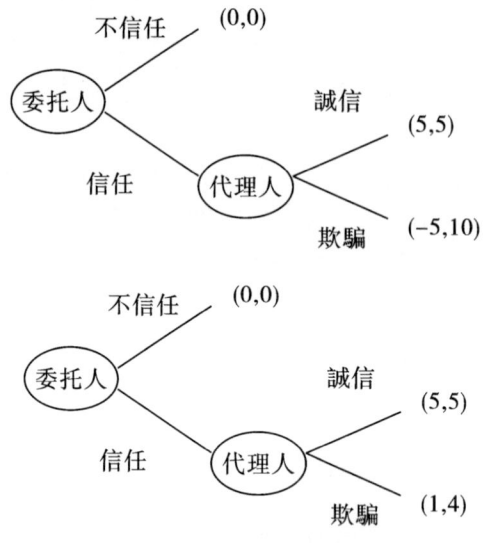

```
         不信任   (0,0)
       ╱
   委託人        誠信
       ╲      ╱       (5,5)
         代理人
        信任    ╲
                欺騙    (-5,10)


         不信任   (0,0)
       ╱
   委託人        誠信
       ╲      ╱       (5,5)
         代理人
        信任    ╲
                欺騙    (1,4)
```

圖 7-2　單邊囚徒困境博弈

若法律保護契約的執行，事前委託人和代理人簽訂契約，若委託人信任，而代理人欺騙，代理人應支付委託人的賠償金為 6。如果法律機制是可靠的，那麼這個單邊囚徒困境博弈可以改寫，委託人信任，代理人欺騙時，兩人的支付變成 1（-5+6）和 4（10-6），在法律機制的作用下，子博弈精煉納什均衡是代理人誠信（誠信的支付是 5，大於欺騙的支付 4），委托人信任（信任的支付是 5，大於不信任的支付 0）。

雙邊囚徒困境博弈也以具體的數值加以分析，如圖 7-3 所示。

|       | B：誠信 | 欺騙  |       | B：誠信 | 欺騙  |
|-------|--------|-------|-------|--------|-------|
| A：誠信 | 5,5    | -5,10 | A：誠信 | 5,5    | 1,4   |
| 欺騙   | 10,-5  | -2,-2 | 欺騙   | 4,1    | -2,-2 |

圖 7-3　雙邊囚徒困境博弈

若沒有治理機制，（欺騙，欺騙）是唯一的納什均衡，誠信合作無法實現。假設存在法律機制，事前 A 和 B 簽訂契約，若一方誠信，另一方欺騙，欺騙的一方要向誠信的一方支付的賠償金為 6，如果法律機制是可靠的，那麼這個雙邊囚徒困境博弈可以改寫，當 A 誠信，B 欺騙時，雙方的支付分別變成 1（-5+6）和 4（10-6）；當 B 誠信，A 欺騙時，雙方的支付正好相反。在新的支付矩陣下，（誠信，誠信）成為唯一的納什均衡，

112

囚徒困境得到破解。

綜上所述，基於法律的懲罰機制可以實現誠信和信任。威廉姆森（Williamson，1985）、巴蘇（Basu，1989）都認為，法律這樣的正式機制是治理交易的一種手段。政府建立起具有強制力的法律機制具有合法性和規模經濟效應。在此，我們可以引用美國「憲法之父」麥迪遜的名言：「如果人人都是天使，就不需要任何政府了。」只要存在人性醜惡的人，就需要政府建立起法律機制以保護人們免遭侵犯。亞當·斯密雖然認為「看不見的手」會實現資源的有效配置，但前提是國家維護公共安全、法律秩序且提供公共產品。國家的基本職能除了國防以外，就是使得立法和執法過程合法，以此來清晰地界定產權，保護契約自由和契約執行（Dixit，2004）。科爾奈（2004）強調，以法治為基礎的良好的政府治理是建立信任的基礎。政府建立的正式機制應該獎勵守信者，懲罰失信者。一些東歐國家的經驗表明，如果國家不能有效保障商業合同的履行，黑手黨和犯罪行為的滋生就無法避免，黑手黨將成為正式法律機制的一種替代。[①]

## 7.4  好的法律和壞的法律

規則型治理的邏輯是，人應該按規則行事，否則將面臨規則的懲罰。這種論斷背後，有一個假想的高效的監督者在實施規則，於是會產生一個新的問題：誰來監督監督者（格雷夫，2008）？顯然，這是一個懸而未決的問題。執法者能像天使一般秉公判案嗎？正式規則一般基於國家的強制力量，這會產生一個困境，能夠保護產權和契約實施的強制力量也有可能侵犯產權，並削弱市場經濟的基礎（Greif, et al, 1994; Buchanan, 1989）。正式機制力量太弱小則無所作為，太強大則容易侵犯個體、滋生腐敗（Weingast，1993）。司法公正也是組織誠信的前提（Zak & Knack，2001），法律不但要規制個人的行為，還要規制執法者的行為（Glaeser & Hart，2000）。如果欺騙行為可以通過賄賂執法者而不受懲罰，人們就不會誠實守信，那麼誰來規制執法者的問題又是懸而未決。事實上，信息不對稱也存在於法官與合同人之間，法官對於不可驗證的違約行為往往無能為

---

[①]  葉初升，孫永平. 信任問題經濟學研究的最新進展與實踐啟示［J］. 國外社會科學，2005（3）：9-16.

力，那些法律專家只會憑著對這些糾紛的一知半解，生搬硬套一般的法律規定。① 法律規則可以實現交易的治理，是基於法律的可靠性和高效性，但如果法律的可靠性和效率沒有保障，那麼規則型治理的效率就得不到保障。

參照「好的市場經濟和壞的市場經濟」這一概念，我們也可以對好的法律和壞的法律進行區分。錢穎一教授認為，壞的市場經濟的本質可概括為兩點：私人掠奪和政府掠奪。要建設好的市場經濟，必然依靠法治，法治既能限制政府掠奪，也能限制私人掠奪。從長期來講，法治是一個好的市場經濟的制度基礎②，但建設法治是一個漫長的歷程，在實現好的法治之前，就可能存在壞的法治，具體表現為法律及執行中存在好的法律和壞的法律。

好的法律有法可依、執法公正，而且執法效率高；相反，壞的法律或者無法可依，或者執法不公正，或者執法效率低。壞的法律與法律機制的局限性是聯繫在一起的。法律機制有以下局限：其一，法律執行是有成本的③，特別是當交易合同涉及的金額還不夠法律實施的成本時，依靠法律治理交易是無效率的，即高昂的司法成本會阻礙法律的執行；其二，法律規則的建立往往滯后於市場經濟的發展，常常無法可依；其三，有限理性和不完全信息，使得合同是不完備的，法律無法對沒有約定的交易環節進行裁決，這給了法官自由裁量權，相當於存在一個「法律租」，形成一個尋租域；其四，即使合同約定清楚的內容，也可能因為違約行為無法證實，使得法律無法起作用；其五，即使法庭做出了公正裁決，也可能出現司法裁決難以執行的情況；其六，執法者也是「經濟人」，也具有機會主義傾向，執法的公正性就成為一個問題。

在新古典經濟學裡，市場提供價格信號，可以無摩擦地實現市場交易，對於交易糾紛根本不予考慮，認為可以通過法庭來處理。通過法律執行交易合同，是法律中心主義的觀點，這種觀點假設存在一個高效、公正的法律系統，忽視了法律的局限性。我們認為，對於匿名市場交易，法律可以實現部分的治理，若法律是高效的，對違約的制裁是確定的，那麼這

---

① 奧利弗·E.威廉姆森. 資本主義經濟制度 [M]. 段毅才, 譯. 北京：商務印書館，2002：35.
② 錢穎一教授2004年在《經濟觀察報》主辦的「觀察家年會」上發表的主題演講《走向好的市場經濟，避免壞的市場經濟》。
③ 支持非人格化交易的聲譽機制，法律在處理交易時，固定成本低而邊際成本高；相反，法律在處理非人格化交易時，固定成本高而邊際成本低。

會形成一種威懾，使違約減少。若法律不那麼高效，出現壞的法律的情況，誠信和信任則難以實現。

在信任問題的雙邊囚徒困境博弈中，假設當雙方誠信交易時，任意參與人的收益為 $U_1$，當雙方都欺騙時，任意參與人的收益為 $U_0$。若乙誠信，甲欺騙，甲的支付為 $U_2$，乙的支付為 $U_3$；若甲誠信，乙欺騙，則乙的支付為 $U_2$，甲的支付為 $U_3$。不失一般性，交易的任一方在對方誠信時選擇欺騙的支付最大；反之，在對方欺騙時選擇誠信的支付最小，而雙方誠信時，比雙方欺騙時的支付要大。因此，$U_2 > U_1 > U_0 > U_3$，$U_2 - U_1$ 是欺騙獲得的剩餘（見圖 7-4）。

|  | 乙：誠信 | 欺騙 |
|---|---|---|
| 甲：誠信 | $U_1, U_1$ | $U_3, U_2$ |
| 欺騙 | $U_2, U_3$ | $U_0, U_0$ |

圖 7-4　信任問題的雙邊囚徒困境博弈 I

假設在匿名交易中，博弈只進行一次，則納什均衡是（欺騙，欺騙），誠信合作的結果沒有實現。現在假設存在法律，交易之前，協議規定，若一方誠信，另一方欺騙，欺騙的一方要向誠信的一方支付賠償金，賠償金的大小由法院裁定，假設法院判決賠償的期望值為 $rx$，$r$ 是判決賠償的概率，$x$ 為受欺騙一方要求賠償的金額，但是被欺騙方起訴時，需要支付司法成本 $C$（見圖 7-5）。

|  | 乙：誠信 | 欺騙 |
|---|---|---|
| 甲：誠信 | $U_1, U_1$ | $U_3+rx-C, U_2-rx$ |
| 欺騙 | $U_2-rx, U_3+rx-C$ | $U_0, U_0$ |

圖 7-5　信任問題的雙邊囚徒困境博弈 II

如果 $U_0 > U_3 + rx - C$，即 $C > U_3 - U_0 + rx$，司法成本足夠大時，（欺騙，欺騙）成為納什均衡。

如果 $U_1 < U_2 - rx$，即 $rx < U_2 - U_1$，法律判決的賠償足夠小時，（欺騙，欺騙）成為唯一的納什均衡。

如果 $U_1 > U_2 - rx$，即 $rx > U_2 - U_1$，（誠信，誠信）也成為納什均衡。

如果 $rx > U_2 - U_1$ 和 $C > U_3 - U_0 + rx$ 同時成立，則（誠信，誠信）和（欺

115

騙，欺騙）都是納什均衡。由於 $U_1>U_0$，（誠信，誠信）是帕累托有效的納什均衡。

可見，只要法律對欺騙者的懲罰 $rx$ 大於欺騙獲得的剩餘 $U_2-U_1$，誠信就可能出現；相反，即使有法律，只要對欺騙者的懲罰 $rx$ 小於欺騙獲得的剩餘 $U_2-U_1$，欺騙仍然盛行。

假設法院判決賠償的概率 $r$ 與法律的質量係數 $q$ 成正比，則 $r=a\times q$。

在司法成本足夠大的條件下，當 $rx<U_2-U_1$，即 $a\times q\times x<U_2-U_1$，即 $q<(U_2-U_1)/a\times x$ 時，欺騙會盛行。

相反，當 $q>(U_2-U_1)/a\times x$ 時，誠信會出現。

因此，法律質量係數決定了行為人對於誠信和欺騙的選擇。好的法律環境下，誠信會實現；壞的法律環境下，欺騙會盛行。哈耶克在《自由秩序原理》中寫道：「一種壞的制度會使好人做壞事，而一種好的制度會使壞人做好事。」

在關於信任問題的委託代理模型中，如果委託人信任，代理人誠信，彼此的收益分別是 $y_1$ 和 $y_2$；若代理人欺騙，委託人不起訴，彼此的收益分別是 $y_3$ 和 $y_4$；若代理人起訴，法院判決欺騙的代理人賠償 $rx$，其中，$r$ 是判決賠償的概率，$x$ 為受欺騙一方要求賠償的金額，起訴存在司法成本為 $C$，不失一般性，$y_4>y_1$，$y_2>y_3$，$y_1$，$y_2$，$y_4$ 均大於 0，$y_3$ 的符號不限（見圖 7-6）。

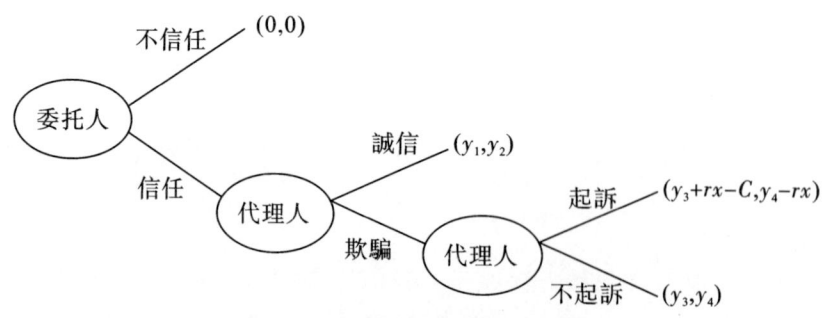

圖 7-6 信任問題的委託代理模型

逆向歸納法可獲得上述動態博弈的子博弈精煉納什均衡。

若 $y_3+rx-C>y_3$，委託人會起訴。

若 $y_2>y_4-rx$，代理人會誠信。

$y_1>0$，委託人會信任。

同樣，假設法院判決賠償的概率 $r$ 與法律的質量係數 $q$ 成正比，則 $r=$

$a×q$。

只要 $rx>C$，即 $aqx>C$，$q>C/ax$，委託人就會起訴。

只要 $rx>y_4-y_2$，即 $aqx>y_4-y_2$，$q>(y_4-y_2)/ax$，代理人會誠信。

可見，只要法律的質量系數 $q>\max[C/ax,(y_4-y_2)/ax]$，誠信和信任就會實現；相反，若法律質量系數不夠高，誠信和信任就不會實現。

從信任問題的動態博弈中同樣可以得知，在好的法律環境下，誠信和信任會實現；在壞的法律環境下，欺騙會盛行，而且不起訴會成為被欺騙人的理性選擇，結局為不信任。

## 7.5 法律不確定性下的信任決策

當人們不知道法律到底是好的還是壞的時，對匿名交易對象的信任決策又面臨不完全信息靜態博弈。對於任意的經濟人 A，遇到匿名交易對象 B，A 和 B 的行為受到法律的影響，法律可能是好的法律，也可能是壞的法律，先驗概率為 $(r, 1-r)$，博弈的結構與第一部分的博弈相同。若法律是好法律，A 信任，B 誠信時，彼此的支付分別是 $b_1$ 和 $b_2$，A 信任，B 欺騙時，彼此的支付分別是 $b_3$ 和 $b_4$；若法律是壞法律時，A 信任，B 誠信時，彼此的支付分別是 $b_5$ 和 $b_6$，A 信任，B 欺騙時，彼此的支付分別是 $b_7$ 和 $b_8$。A 不信任，則交易不會發生，彼此的支付都為 0（見圖 7-7）。

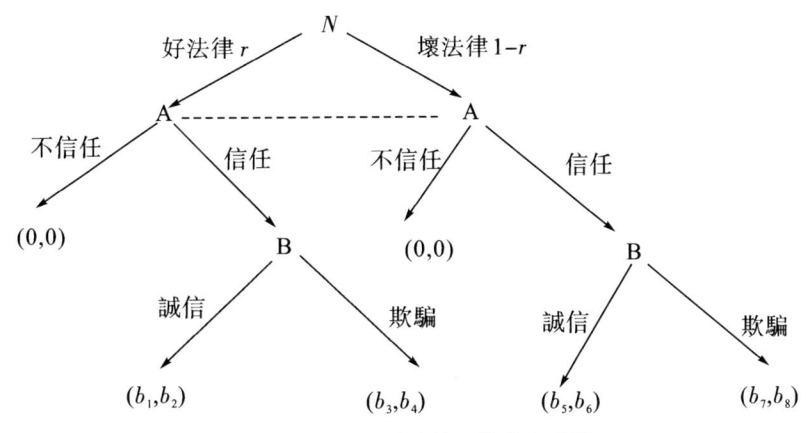

圖 7-7 法律不確定性下的信任決策

由第三部分的分析可知，好的法律環境下，誠信會實現；壞的法律環境下，欺騙會盛行。當 A 選擇信任策略時，在好的法律類型下，B 會選擇

誠信，這時 A 的收益為 $b_1$；在壞的法律類型下，B 會選擇欺騙，這時 A 的收益為 $b_7$。因此，A 的期望支付為：$r \times b_1+(1-r)b_7$。A 選擇不信任時的支付為 0。不失一般性，假設 $b_1$，$b_2$，$b_5$，$b_6$ 均大於 0，$b_4>0$，$b_3<0$，$b_8>0$，$b_7<0$，當 $r \times b_1+(1-r) \times b_7>0$ 時，即當 $r>\dfrac{-b_7}{b_1-b_7}$ 時，A 會選擇信任。

當人們相信法律是好的法律的概率足夠大時，匿名交易主體才會信任對方。賴澤爾等（Raiser, et al, 2004）以客戶的預付金額表示信任度，如果被調查企業認為法庭是公正和誠信的，預付額會減少 18.4％；當經濟轉型國家的法律制度指數上升 1％ 時，該國企業所要求的預付額會減少 7.62％。一個社會信任度的高低，直接與這個社會法律是否完善以及執行力度密切相關（Kornai, et al, 2004）。

基於上面的分析，我們提出待驗證假說：人們對法律的信心會影響其信任，人們對法律越有信心，其信任度越高。

### 7.6 跨國經驗

為了實證檢驗法律與信任之間的關係，我們從世界價值觀調查（World Value Survey）數據庫獲得數據。世界價值觀調查是由美國著名學者羅納德·英格爾哈特（Ronald Inglehart）主持的一項跨國調查，調查各個國家價值觀的差異。在世界價值觀調查中，調查信任的問題是：「總的來說，您認為大多數人是可信的還是與人相處時要非常小心？」回答有兩個選項：「大多數人是可信任的」和「需要非常小心」。我們以選擇「大多數人是可信的」的受訪者所占的比例表示一個國家的社會信任度。世界價值觀調查也提供了關於司法信心的問卷調查，我們以此表示一個國家法律好壞的狀況，人們對司法越有信心，無疑表示該國法律狀況越好。關於司法信心的問題是：「你能告訴我你對法庭有多大程度的信心？」回答有四個選項：「非常有信心」「有信心」「不是很有信心」「完全沒信心」。同樣的問題還有對警察的信心、對政府的信心。為考察一個國家司法好壞的狀況，我們將選擇「非常有信心」「有信心」的受訪者比例表示一個國家的法律好壞的狀況；對警察和政府的信心我們也是同樣處理。

為了考察人們對法律的信心對信任度的影響，我們必須盡可能控製住其他因素。信任是一種不確定性條件下的風險行為。一個人的信任決策與他的相對易損性有關，即對對方失信可能帶來的損失有多大的承受能力

(Sztompka，1999；王紹光和劉欣，2002）。佔有大量資源可以使人具有一種更加開放、更加樂觀、更富同情心、更自在的人生態度（吉登斯，1991）。在這一理論邏輯下，國民收入是影響社會信任度的一個重要因素，收入水平越高，相對易損性就越低，信任度就越高。教育可能從兩個方面對信任產生影響，一方面，誠信道德方面的教育可以改變一個人對社會的看法；另一方面，教育可以提高就業能力和收入水平，相對易損性就會降低。而健康狀況越好，相對易損性也可能越低。世界價值觀調查有關於受訪者健康狀況的調查中，我們將回答「很好」和「好」的受訪者比例視為該國居民的健康水平。世界價值觀調查有關於受訪者教育狀況的調查中，我們將完成高中及高中以上教育水平的受訪者比例視為該國的教育水平。變量名稱及定義如表 7-1 所示。

表 7-1　　　　　　　　　　變量定義

| 變量 | 變量定義 |
| --- | --- |
| Trust | 社會信任水平 |
| Coju（Confidence of justice） | 對司法的信心 |
| Copo（Confidence of police） | 對警察的信心 |
| Cogo（Confidence of government） | 對政府的信心 |
| Education | 教育水平 |
| Health | 健康水平 |
| PGDP | 人均生產總值（已折算為現價美元） |

　　本書採用的數據來自世界價值觀調查和世界銀行數據庫。世界價值觀調查一共做了五輪抽樣入戶調查，1981 年調查了 21 個國家（或地區），1990 年調查了 48 個國家（或地區），1995—1998 年調查了 57 個國家（或地區），1999—2000 年調查了 75 個國家（或地區），2005—2008 年調查了 57 個國家（或地區），本書使用最近三輪的調查數據，剔除樣本缺失值，最終得到 181 個樣本，構成本文的混合截面數據。世界價值觀調查數據庫沒有受訪者絕對收入水平的數據，因此我們從世界銀行數據庫獲得各國的人均國內生產總值（已折算為現價美元），以此表示該國的國民收入水平。變量的描述性統計如表 7-2 所示。

表 7-2　　　　　　　　　描述性統計

| 變量 | Obs | Mean | Std | Min | Max |
| --- | --- | --- | --- | --- | --- |
| 社會信任度（Trust） | 181 | 0.272 | 0.149,7 | 0.028 | 0.742 |
| 對法律的信心（Coju） | 138 | 0.496 | 0.171,4 | 0.084 | 0.904 |
| 對警察的信心（Copo） | 173 | 0.548 | 0.195,7 | 0.128 | 0.932 |
| 對政府的信心（Cogo） | 142 | 0.461 | 0.186,7 | 0.109 | 0.983 |
| 教育水平（Education） | 179 | 0.632 | 0.179,9 | 0.184 | 0.955 |
| 健康水平（Health） | 146 | 0.649 | 0.141,2 | 0.259 | 0.895 |
| 人均地區生產總值（PGDP） | 176 | 10,862 | 13,438 | 161.57 | 65,767 |

基於司法信心和社會信任度數據，我們可繪制散點圖（見圖 7-8、圖 7-9、圖 7-10），發現司法信心與社會信任度之間呈現明顯的正相關，即對司法越有信心，社會信任度就越高。同樣，對警察的信心、對政府的信心與社會信任度的散點圖也分別顯示對警察的信心、對政府的信心與社會信任度之間具有正向關係。

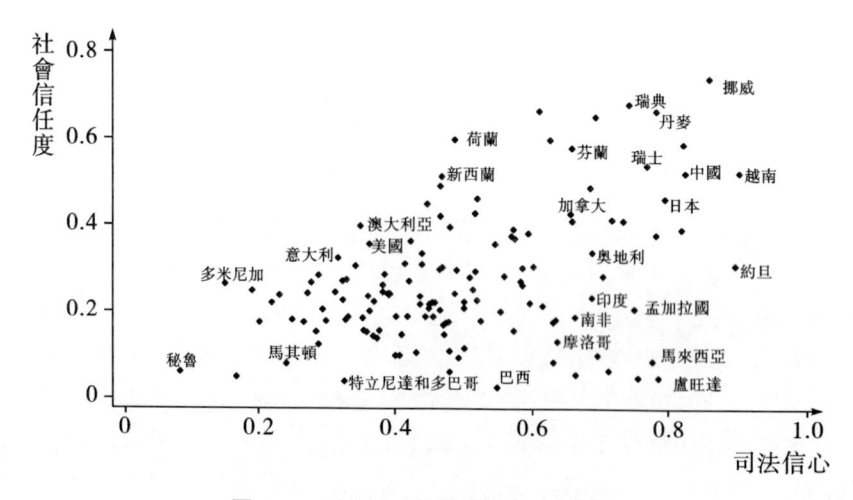

圖 7-8　司法信心與社會信任度的關係

## 7 法律與信任

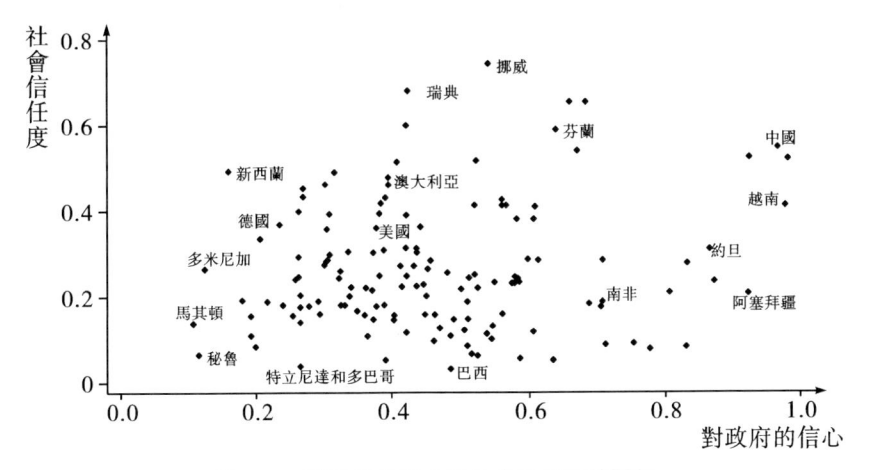

圖 7-9 對政府的信心與社會信任度的關係

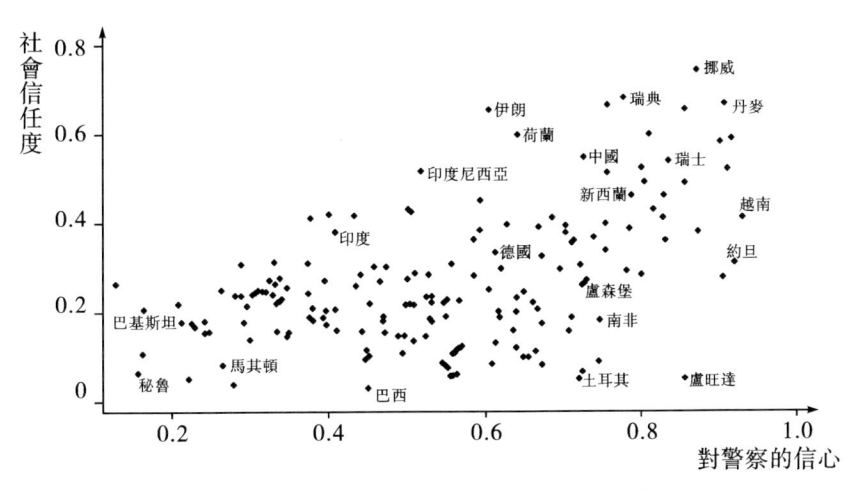

圖 7-10 對警察的信心與社會信任度的關係

為了檢驗司法信心對社會信任度的影響，我們建立如下計量模型：

$$Trust_i = \alpha + \beta \times Coju_i + \sum_{j=1}^{n} \gamma_j \times X_{ij} + \varepsilon_i$$

其中，因變量是社會信任度，關鍵自變量是對司法的信心，控製變量包括人均地區生產總值、教育水平、健康狀況，$\varepsilon_i$ 是隨機擾動項。我們採用最小二乘法（OLS）對參數進行估計。為進行穩健性檢驗，我們用對警察的信心（*Copo*）和對政府的信心（*Cogo*）分別替代司法信心。迴歸結果如表 7-3 所示。

表 7-3　　　　　　　　司法信心與社會信任度

| 自變量 | 因變量：社會信任度 |||
|---|---|---|---|
| | 司法信心 | 對警察的信心(*Copo*) | 對政府的信心(*Cogo*) |
| *Coju* | 0.343*** | 0.248*** | 0.317*** |
| | (0.070, 2) | (0.067, 4) | (0.062) |
| *Education* | 0.215*** | 0.148** | 0.194*** |
| | (0.068, 1) | (0.068, 1) | (0.062, 9) |
| *Health* | 0.028, 1 | 0.117 | 0.062, 5 |
| | (0.097, 8) | (0.095, 6) | (0.089, 1) |
| Ln (*PGDP*) | 0.032, 7*** | 0.036, 2*** | 0.012, 7 |
| | (0.009, 54) | (0.009, 25) | (0.008, 44) |
| Constant | −0.345*** | −0.319*** | −0.182** |
| | (0.082) | (0.092, 2) | (0.071, 3) |
| Observations | 102 | 135 | 135 |
| R-squared | 0.396 | 0.242 | 0.327 |

註：*** $p<0.01$，** $p<0.05$，* $p<0.1$

迴歸結果顯示，司法信心的係數為正，並且在1%的顯著性水平上顯著，說明在控製其他因素的情況下，人們對司法的信心越高，該國的社會信任度也就越高。當使用代理變量時，結果顯示，對警察的信心和對政府的信心係數都為正，都在1%的顯著性水平上顯著，說明人們對警察越有信心，社會信任度越高；人們對政府越有信心，社會信任度越高。另外，國民收入水平的係數為正，並且在1%的顯著性水平上顯著，國民收入水平越高，社會信任度也越高，教育水平對社會信任度的影響也顯著為正，但健康水平對社會信任度的影響不顯著。

## 7.7 中國經驗

為檢驗個人對司法的信心對其信任傾向的影響，我們利用世界價值觀調查的中國部分的微觀數據。在已完成的五次世界價值觀調查中，后四次均對中國進行了調查。

信任是因變量，司法信心是核心自變量。在處理數據時，我們將回答「不可信，需要小心」的樣本設為基準組，賦值為0；將回答「大多數人是可信的」的樣本設為比較組，賦值為1。司法信心是指對法庭的信心，將回答「完全沒有信心」「不太有信心」「比較有信心」「非常有信心」的調查結果分別賦值為1、2、3、4，為方便處理，直接視為數值型變量。對警察的信心、對政府的信心的調查數據我們也是同樣處理。

　　為了控制住其他因素，我們引入了經濟因素和一些價值觀因素以及人口學變量。世界價值觀調查中沒有受訪者的絕對收入數據，我們採用家庭經濟狀況滿意度來代表其經濟水平，等級選項為1~10，等級越高，表示家庭的經濟滿意度越高。世界價值觀調查中關於宗教信仰的調查問題有「有宗教信仰」「無宗教信仰」和「堅定的無神論者」三個選項，我們將后兩種情況和未作答的樣本歸類為「其他」，並以其為基準組，賦值為0，「有宗教信仰」的樣本為比較組，賦值為1。世界價值觀調查在衡量居民幸福感時，將「非常幸福」賦值為1，「幸福」賦值為2，「不是很幸福」賦值為3，「一點也不幸福」賦值為4；在處理數據時，為了讓數值隨著幸福感增加而增大，我們重新賦值，「非常幸福」賦值為4，「幸福」賦值為3，「不是很幸福」賦值為2，「一點也不幸福」賦值為1。關於性別，我們採用虛擬變量，以男性為基準組，賦值為0，女性為比較組，賦值為1。世界價值觀調查中有真實年齡調查數據，我們生成年齡的二次方來考察年齡與因變量之間是否存在非線性關係。受教育水平的調查選項從「沒有接受正式教育」到「大學學位教育」，賦值為1~8，賦值越高，表示接受的教育水平越高。關於就業狀況，世界價值觀調查中有全職、兼職、個體經營、退休、家庭主婦、學生、失業和其他8種選項，我們在處理時將前三種統一稱為「有工作並有貨幣收入」，為比較組，將其他幾種統一為「其他」，為基準組，分別賦值為1和0。世界價值觀調查中對婚姻狀況的調查有結婚、同居、離婚、分居、寡居、單身、分居但維持穩定的關係等選項，我們將除了已婚以外的其他情況統一歸類為「其他」，並以其為基準組，賦值為0，已婚為比較組，賦值為1。關於健康狀況，對回答「非常好」的樣本健康賦值為1，回答「好」的賦值為2，回答「一般」的賦值為3，回答「不好」的賦值為4，回答「非常不好」的賦值為5，為了讓數值隨著健康程度增加而增大，我們重新賦值，將「非常好」賦值為5，「好」賦值為4，「一般」賦值為3，「不好」賦值為2，「非常不好」賦值為1。世界價值觀調查還調查了居民在生活選擇和控制時的自由程度，賦值1~10，

### 經濟轉型與信任危機治理

數值越大，表示居民的自由程度越高。變量的定義如表 7-4 所示。

表 7-4　　　　　　　　　　　變量說明

| 變量名稱 | 變量定義 |
| --- | --- |
| 信任 | =0，需要小心；=1，大多數人是可信的 |
| 司法信心 | =1，完全沒有；=2，不太有；=3 比較有；=4，非常有 |
| 對政府的信心 | =1，完全沒有；=2，不太有；=3 比較有；=4，非常有 |
| 對警察的信心 | =1，完全沒有；=2，不太有；=3 比較有；=4，非常有 |
| 經濟滿意度 | 用於衡量家庭對經濟狀況的滿意程度 |
| 宗教信仰 | =1，有宗教信仰；=0，其他 |
| 幸福感 | =1，一點也不幸福；=2，不是很幸福；=3，幸福；=4，非常幸福 |
| 性別 | =1，女；=0，男 |
| 年齡 | 受訪者真實年齡 |
| 年齡二次方 | 年齡的平方 |
| 教育水平 | 受教育程度，賦值 1~8 不等。 |
| 就業 | =1，有工作並有貨幣收入；=0，其他 |
| 婚姻 | =1，已婚；=0，其他 |
| 健康狀況 | =1，非常不好；=2，不好；=3，一般；=4，好；=5，非常好 |
| 自由程度 | 生活中進行選擇和控制時的自由程度，賦值從 1~10 不等 |

本書採用世界價值觀調查在 1989—2007 年的四次調查的中國部分的數據，共有 7,522 個觀測值，以此構成截面數據。其中，第二次（1989—1993 年）調查有 1,000 個觀測值，第三次（1994—1999 年）調查有 2,280 個觀測值，第四次（1999—2004 年）調查有 1,000 個觀測值，第五次（2005—2007 年）調查有 3,242 個觀測值。各變量的描述性統計如表 7-5 所示。

表 7-5　　　　　　　　　　　描述性統計

| 變量 | 觀測數 | 平均值 | 標準差 | 最小值 | 最大值 |
| --- | --- | --- | --- | --- | --- |
| 信任 | 7,245 | 0.474,672,2 | 0.499,392,6 | 0 | 1 |
| 司法信心 | 4,809 | 2.784,363 | 0.815,483,5 | 1 | 4 |

表7-5(續)

| 變量 | 觀測數 | 平均值 | 標準差 | 最小值 | 最大值 |
| --- | --- | --- | --- | --- | --- |
| 對政府的信心 | 4,844 | 2.946,325 | 0.829,465,2 | 1 | 4 |
| 對警察的信心 | 5,808 | 2.740,186 | 0.766,634,7 | 1 | 4 |
| 經濟滿意度 | 7,441 | 6.011,692 | 2.452,56 | 1 | 10 |
| 宗教信仰 | 5,820 | 0.287,800,7 | 0.452,776,6 | 0 | 1 |
| 幸福感 | 7,464 | 2.998,526 | 0.709,706 | 1 | 4 |
| 性別 | 7,520 | 0.492,420,2 | 0.499,975,8 | 0 | 1 |
| 年齡 | 7,522 | 41.791,15 | 13.951,54 | 18 | 87 |
| 年齡二次方 | 7,522 | 1,941.12 | 1,254.68 | 324 | 7,569 |
| 教育水平 | 6,491 | 4.022,031 | 2.376,887 | 1 | 8 |
| 就業 | 7,429 | 0.765,244,3 | 0.423,874,6 | 0 | 1 |
| 婚姻 | 7,502 | 0.788,989,6 | 0.408,052,9 | 0 | 1 |
| 健康狀況 | 7,513 | 3.842,806 | 0.961,129,1 | 1 | 51 |
| 自由程度 | 7,229 | 7.159,773 | 2.341,088 | 1 | 10 |

我們通過繪製不同的對司法的信心、對警察的信心、對政府的信心水平下居民的信任水平直方統計圖（見圖7-11、圖7-12、圖7-13），可以清晰地看到，對司法、對警察、對政府的信心越高時，信任的比例就越大。

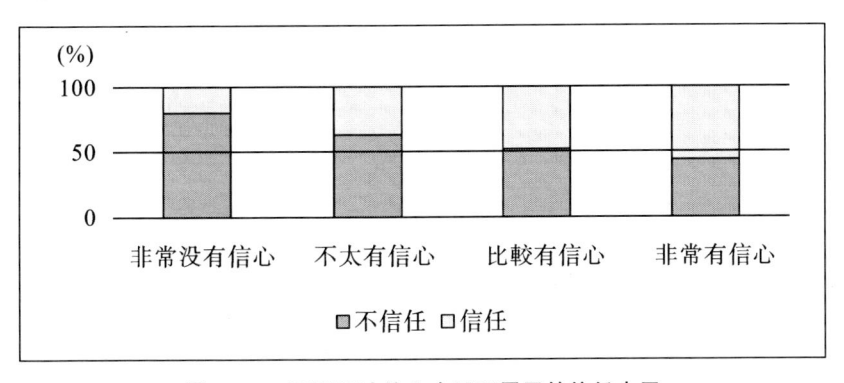

圖7-11 不同司法信心水平下居民的信任水平

## 經濟轉型與信任危機治理

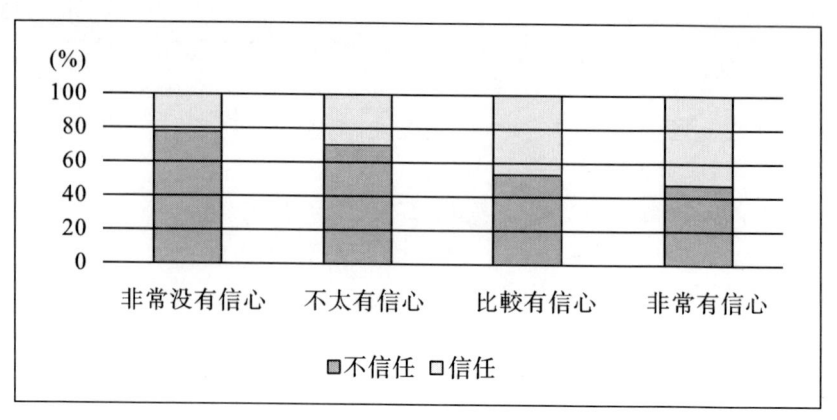

圖 7-12 不同政府信心水平下居民的信任水平

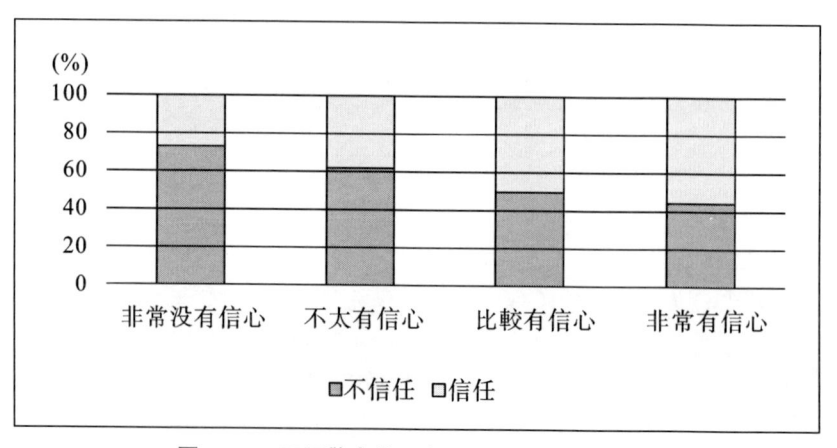

圖 7-13 不同警察信心水平下居民的信任水平

為檢驗司法信心對個體的信任傾向的影響，因為這是二元因變量模型，所以我們採用 Probit 模型和 Logit 模型進行迴歸估計，模型設計分別如下：

$$P_r(Trust_i = 1 \mid X_i) = \phi(\alpha + \beta \times Confjustice_i + \sum_{j=1}^{n} \gamma_j \times X_{ij})$$

式中，$\phi$ 為累積標準正態分佈函數。

$$P_r(Trust_i = 1 \mid X_i) = F(\alpha + \beta \times Confjustice_i + \sum_{j=1}^{n} R_j \times X_{ij})$$

$$= \frac{1}{1 + e^{-(\alpha + \beta \times Confjustice_i + \sum_{j=1}^{n} \gamma_j \times X_{ij})}}$$

# 7 法律與信任

式中，$F$ 為 Logistic 累積分佈函數。

關鍵自變量是對司法的信心，控制變量包括經濟滿意度、幸福感、教育、健康、自由、就業、宗教信仰、性別、年齡、婚姻等。Probit 模型和 Logit 模型一般採用極大似然法進行估計，我們可以利用 STATA 軟件中的簡單命令得出估計結果。迴歸結果如表 7-6 所示。

表 7-6　　　　　　　　　　　　迴歸結果

|  | 因變量為信任，認為「大多數人是可信的」，=1；認為「大多數人不可信，需要小心」，=0 ||
| --- | --- | --- |
| 自變量 | Probit | Logit |
| 司法的信心 | 0.320,405,3 *** <br> (0.028,931,7) | 0.518,920,8 *** <br> (0.047,676,9) |
| 經濟滿意度 | 0.032,226,5 ** <br> (0.010,691,4) | 0.052,467,3 ** <br> (0.017,376,9) |
| 宗教信仰 | -0.196,111,8 *** <br> (0.045,745,7) | -0.323,298,9 *** <br> (0.074,637,7) |
| 幸福感 | 0.083,704,6 ** <br> (0.036,750,5) | 0.135,875,3 ** <br> (0.059,847) |
| 性別 | 0.0,053,306 <br> (0.04,613) | 0.008,494,6 <br> (0.075,110,5) |
| 年齡 | -0.003,920,3 <br> (0.010,489,2) | -0.006,788,2 <br> (0.017,133,7) |
| 年齡二次方 | 0.000,016,9 <br> (0.000,112,1) | 0.000,03 <br> (0.000,183,5) |
| 教育水平 | 0.0,217,242 ** <br> (0.010,153,4) | 0.035,009,5 ** <br> (0.016,506,7) |
| 就業 | 0.136,799,1 ** <br> (0.054,109,8) | 0.224,75 ** <br> (0.088,243,4) |
| 婚姻 | 0.008,589,2 <br> (0.061,508) | 0.021,483,9 <br> (0.100,345,3) |
| 健康狀況 | 0.004,954,2 <br> (0.026,914,8) | 0.005,343 <br> (0.043,798,9) |

表7-6(續)

| | 因變量為信任,認為「大多數人是可信的」,=1;認為「大多數人不可信,需要小心」,=0 | |
|---|---|---|
| 自由程度 | 0.002,432,3<br>(0.011,151,1) | 0.005,090,3<br>(0.018,249,4) |
| 常數項 | -1.589,738<br>(0.267,836,6) | -2.566,205<br>(0.437,237,4) |
| 觀測值 | 3,432 | 3,432 |

註:***、**、* 分別表示在 1%、5%、10% 以內的顯著性水平上顯著,括號內是標準誤差

Probit 模型和 Logit 模型的估計系數值沒有簡單的解釋,但其符號和顯著性不難解釋。迴歸結果表明,司法信心對個人的信任傾向存在顯著的正向影響(在1%的顯著性水平上顯著),個人對司法越有信心,其信任他人的概率就越大。除此之外,個人的經濟滿意度越高,其信任的概率會越大;個人的幸福感越高,其信任他人的概率會越大;個人的教育水平越高,其信任他人的概率越大;有工作的人與沒工作的人相比,有工作的人信任他人的概率要大;有宗教信仰的人與沒有宗教信仰的人相比,有宗教的信仰的人信任他人的概率更低。上述結論基本上符合相對易損性影響信任決策的理論。宗教與信任的負向關係與韋爾奇等(Welch, et al, 2004)的研究結論相似,他們在控製了收入、受教育水平和其他人口統計變量之後,認為宗教與信任之間呈負相關關係。

為了檢驗司法信心對個人信任傾向具有正向影響這一結論的穩健性,首先,我們只對世界價值觀調查最近一輪調查的樣本數據(2005—2007年)進行檢驗,迴歸結果如表7-7所示。結果顯示,司法信心對個人的信任傾向存在顯著的正向影響,說明這一結論具有穩健性。其餘控製變量迴歸結果與司法信心對個人的信任傾向基本一致,不再贅述。

表 7-7　　　　　　　　　　穩健性檢驗

| | 因變量為信任,認為「大多數人是可信的」,=1;認為「大多數人不可信,需要小心」,=0 | |
|---|---|---|
| 自變量 | Probit | Logit |
| 對司法系統的信心 | 0.349,619,7*** <br>(0.031,376,7) | 0.569,025,3*** <br>(0.052,063,6) |

7 法律與信任

表7-7(續)

| | 因變量為信任，認為「大多數人是可信的」，=1；認為「大多數人不可信，需要小心」，=0 | |
|---|---|---|
| 經濟滿意度 | 0.033,781,3** <br>(0.011,714,6) | 0.054,992,2** <br>(0.019,083,3) |
| 幸福感 | 0.098,429,7** <br>(0.041,305,6) | 0.159,159,2** <br>(0.067,493) |
| 常數項 | -1.737,054 <br>(0.293,911,1) | -2.813,489 <br>(0.482,249,3) |
| 觀測值 | 2,738 | 2,378 |

註：***、**、* 分別表示在1%、5%、10% 以內的顯著性水平上顯著，括號內是標準誤差

我們分別用受訪者對政府的信心和對警察的信心作為司法信心的代理變量進行估計，迴歸結果如表 7-8 所示。

表 7-8　　　　　　　　穩健性檢驗

| 變量 | 信任 | | | |
|---|---|---|---|---|
| | Probit | Logit | Probit | Logit |
| 對政府的信心 | 0.325,385,2*** <br>(0.025,355,4) | 0.528,509,1*** <br>(0.041,841,3) | | |
| 對警察的信心 | | | 0.286,500,4*** <br>(0.026,810,6) | 0.462,460,5*** <br>(0.043,848) |
| 經濟滿意度 | 0.026,469*** <br>(0.009,182,5) | 0.042,769,2*** <br>(0.0,148,864) | 0.020,771,7** <br>(0.009,168,5) | 0.033,411,8** <br>(0.014,807,4) |
| 常數項 | -1.554,16 <br>(0.241,404,2) | -2.513,29 <br>(0.393,504,3) | -1.354,407 <br>(0.236,452) | -2.182,086 <br>(0.384,057) |
| 觀測值 | 4,268 | 4,268 | 4,274 | 4,274 |

註：***、**、* 分別表示在1%、5%、10% 以內的顯著性水平上顯著，括號內是標準誤差

迴歸結果顯示，人們對警察的信心以及對政府的信心的系數都為正，而且都在1%的顯著性水平上顯著。這表明個人對警察的信心越高，其信任傾向越高；個人對政府的信心越高，其信任傾向越高。其餘控製變量的符號和顯著性與表 7-6 的迴歸結果基本一致，不再贅述。

## 7.8 結論

在經濟轉型過程中,市場交易的規模和範圍不斷擴大,人格化交易向非人格化交易轉變,匿名交易成為市場交易的主要部分。在匿名交易中,交易主體之間由於信息不對稱,容易陷入囚徒困境,交易及其剩餘無法實現。個人自我實施的聲譽機制雖然可以在一定程度上化解上述囚徒困境,但是聲譽機制仍然依賴於有效的信息傳遞,在匿名交易中,交易主體常常無法掌握交易對象的聲譽信息。

信任是不確定性條件下的決策行為。當交易主體面臨信息不完全時,信任決策取決於匿名交易對象是好人的先驗概率。在陌生的交易合作中,人們甚至會誇大風險,即使對方是好人,也可能被視為壞人而不敢與之交易。這時需要一個外部的第三方治理機制,法律作為正式的規則型治理可以實現交易主體的誠信和信任。基於國家強制力實施的法律規則可以實施懲罰機制,改變交易主體的行動空間或支付函數,從而改變均衡結果。法律機制對交易治理的有效性建立在法律本身的有效性上,然而法律有其局限性。我們認為,法律存在好的法律和壞的法律,好的法律可以實現交易的有效治理,而壞的法律卻無能為力。人們對法律好壞的先驗概率會影響其信任決策。人們對法律越有信心,越願意信任對方。

根據世界價值觀調查(WVS)的跨國數據,計量結果證實,一個國家的司法信心越高,該國的信任度也越高。人們對警察的信心和對政府的信心也對社會信任度產生顯著的正向影響。根據世界價值觀調查中國部分的微觀數據,計量結果也證實,人們對司法的信心越高,其信任傾向就越高,個人對警察的信心和對政府的信心也顯著影響其信任傾向。

本書所給出的理論和實證結論強調法律對誠信和信任的作用。在經濟轉型過程中,交易的關係型治理不斷瓦解,而規則型治理尚未建立起來,可能出現治理機制的真空,從而出現誠信缺失和信任危機。要解決誠信和信任危機,實現市場交易的有效治理,加快建立健全法律規則及其實施機制是一種有效的途徑,如果建立起民眾對司法系統、對警察、對政府的信心,就可有效提高個人和社會的信任水平。

# 8　聲譽機制與誠信、信任

## 8.1　引言

　　各人禀賦不同，偏好各異，因此交易會產生剩餘。在亞當·斯密看來，分工與交易是經濟增長的源泉。新古典經濟學假定交易發生在無摩擦的世界。匿名交易以清楚的協議迅即進入，以明確的履行迅即撤出（Macneil，1974），因而沒有討論交易衝突及制度問題。當交易出現糾紛時，法律中心主義主張法律會解決一切。

　　基於一些經濟學家的理論發現，如奈特（1921）提出不確定性，科斯（1937）提出交易成本，西蒙（1961）提出有限理性，威廉姆森（1985）假設人具有機會主義傾向，格羅斯曼和哈特（Grossman & Hart，1986）提出不完全契約，交易不是無摩擦的，組織和制度的選擇就是為了降低交易成本（Williamson，1985）。

　　事實上，匿名交易以貨款和貨物在時空上的分離為特徵（Greif，2006）。這時，交易的交付就變成一個囚徒困境問題，實施交易契約的一方將面臨機會主義風險。在零信息成本的情況下，易於瞭解交易對象，匿名性就不成為問題；如果面臨信息不對稱和信息成本，匿名交易的實施就成為一個囚徒困境問題。

　　在經濟轉型過程中，市場範圍和交易規模擴大，社會結構的主要特徵從熟人社會向陌生人社會轉變，交易也從人格化交易向非人格化交易轉變，熟人社會的聲譽機制走向瓦解。若法律規則又沒有完善起來，關係型治理向規則型治理的轉變不能順利實現，就可能造成微觀治理機制的失效，甚至出現制度真空；若沒有機制的約束，機會主義將是人的理性選擇，欺騙和不信任可能成為轉型社會的共同表現。

　　中國在經濟轉型過程中，同樣出現了誠信和信任問題。黨的十八大報告六次出現「誠信」二字，其中提到「一些領域存在道德失範、誠信缺失

現象」，要「加強政務誠信、商務誠信、社會誠信和司法公信建設」。黨的十七屆六中全會明確指出：「把誠信建設擺在突出位置，大力推進政務誠信、商務誠信、社會誠信和司法誠信建設，抓緊建立健全覆蓋全社會的誠信體系，加大對失信行為的懲戒力度，在全社會廣泛形成守信光榮、失信可恥的氛圍。」如何重建誠信和信任？這是本書將要探討的問題。

## 8.2 單邊聲譽機制

單邊聲譽機制是指個人自覺建立和維護自己的聲譽，甚至內化為個人的道德修養，是自我實施的理性行為。人是社會中的人，需要與各個方面的人交往合作，一生會有許多合作行為，有時合作收益多，有時合作收益少，為了分析方便，我們假設存在一個平均合作收益，用一個典型合作博弈表示如下（見圖8-1）：

|  | 乙：合作 | 不合作 |
|---|---|---|
| 甲：合作 | A,A | B,D |
| 不合作 | D,B | C,C |

圖8-1 合作博弈

雙方合作，彼此的收益均為 $A$；雙方均不合作，彼此的收益均為 $C$；若甲合作乙不合作，甲的收益為 $B$，乙的收益為 $D$，反之則反是。不失一般性，假設交易的任一方在對方合作時選擇不合作的收益最大；反之，在對方不合作時選擇合作的收益最小，而雙方合作時，比雙方不合作時的收益要大，因此有 $D>A>C>B$。

若某人只剩下最後一次博弈，那麼該博弈變成一次性博弈，納什均衡是（不合作，不合作），不合作是他的理性選擇，博弈陷入囚徒困境；若某人進行的是無限重複博弈，他就會比較長期合作的收益和採取不合作行為的收益。在無限重複博弈中，參與人注重建立和維護合作的聲譽，因為一旦選擇了不合作，自己合作的聲譽受損，對方可能不再和自己合作。

參與人每次選擇合作時的收益為：

$$A+\delta A+\delta^2 A+\delta^3 A+\cdots =\frac{A}{1-\delta}$$

若參與人偏離合作，選擇了不合作，他的聲譽就會受損，別人不再信

任他，不再與之合作，在這種情況下，他的收益為：

$$D+\delta C+\delta^2 C+\delta^3 C+\cdots=D+C\times\frac{\delta}{1-\delta}$$

只要$\frac{A}{1-\delta}>D+C\frac{\delta}{1-\delta}$，合作就成為參與人的理性選擇，即$\delta>\frac{D-A}{D-C}$時，參與人就會選擇合作。

在無限重複博弈中，參與人會自覺地走出囚徒困境，理性地選擇合作。凡是存在無限重複博弈的地方，人們合作的意識更強，如村莊鄉土社會、中世紀的馬格里布商人協會、連鎖店、品牌快餐、單位或者企業。特別地，穩定社會的人比動亂社會的人更值得信賴，穩定社會的人更傾向於無限重複博弈，而動亂社會的人更傾向於一次性博弈。穩固的鄉土社會，一般秩序良好，而人口流動較大的城鄉結合部，往往是犯罪高發之地。同理，法治社會往往比人治社會更有合作精神，法治社會是依法辦事，確定性更高，人們放心於重複交易，而人治社會不確定性較高，既有好的管理者，也有壞的管理者，既有好的政府，也有壞的政府，既可能保護產權，也可能侵犯產權。當不確定性較高的時候，人們對未來就不抱太多的希望，只顧眼前利益，結局往往是囚徒困境。

$\delta$是貼現因子，即下一期的單位貨幣貼現到現在值多少錢。若市場利率為$r$，那麼：

$$\delta=1/(1+r)$$

正因為$\delta$反映的是未來收益對參與人現在的價值，$\delta$越大，未來收益對參與人的重要程度越大，說明該參與人越重視未來，所以貼現因子$\delta$可以反映參與人的耐心程度。

由$\delta=\frac{D-A}{D-C}$可以決定參與人選擇合作的耐心閾值。該閾值的大小依賴於$D$、$A$、$C$三個值的大小，雙方合作的收益$A$越大，單方不合作的收益$D$越小，雙方不合作的收益$C$越小，閾值$\delta$就越小，合作的可能性就越大。合作的利益越大，不合作的利益就越小，人們自覺傾向於合作，但是當短期不合作的誘惑特別大時，合作容易打破。張維迎（2013）認為，正常時候兩人合作得很好，但一旦出現獲取暴利的機會，合作就破裂，甚至朋友間也是如此。

越是有耐心、重視未來的人，越有可能建立起合作的聲譽，即使存在短期的、較大的收益誘惑，他們也願意維護合作的聲譽。哪些人更重視未

來呢？一般來說，年輕、受過好的教育、有固定職業、薪金遞增、有職業年金、家庭幸福、有子女、熟人關係社會裡的人，往往更加重視未來，合作的程度也更高，這些人易於將合作內化為個人的道德。越是沒有耐心的人，聲譽對他們而言就越廉價，就越可能產生欺騙和犯罪行為。例如，吸毒上癮的人是不願意等待未來的，他們為了盡快滿足眼前的毒癮，往往什麼事都做得出來。

有宗教信仰相信來世的人，耐心程度更高一些，更可能積極行善，一些宗教是促進人們合作、行善、贖罪的機制。佛教宣稱靈魂輪迴轉世，善有善報，惡有惡報，只有積德的行善者才能進入涅槃境地。天主教認為，有功德的天主教徒死後可以直升天堂，信徒若在生前犯有未經寬恕的輕罪和各種惡習，靈魂就會下到煉獄經受火煉，淨化後才可進入天國，而犯有大罪的信徒，靈魂將會死掉或下到地獄，這是天主為懲罰惡人與魔鬼的永罰之地，永世不得翻身。上帝寬容仁慈，知道人間充滿誘惑，人不可能不犯錯誤，上帝給予人悔過自新的機會，前提是犯錯的人要向上帝懺悔，用善行來贖罪。

受過好的教育、有固定職業、薪金遞增、有職業年金的人，收入會隨著年齡的增長而增加，未來會帶來財富的累積，他們的耐心程度更高，更願意誠信合作。他們知道，一旦不合作、不誠信，很可能會失去這份職業和與之相關的一些福利，犯錯的機會成本更高。人們更願相信有文憑、有工作單位的人，而不願相信沒文憑、沒工作、打零工的人。《左傳·昭公元年》說道：「吾儕偷食，朝不謀夕，何其長也。」當形勢危急、世事難料時，長治久安也就成了問題。歷史上，農民起義或動亂大多是因為饑荒，饑餓到了極點，甚至出現人吃人的悲劇，世界上一些貧困國家因饑餓常常動亂不已。毛澤東同志曾經說過：「手中有糧，心裡不慌。」陳雲同志則說：「無農不穩，無糧則亂。」當人面臨饑荒時，是很難考慮未來的，這時最有可能出現搶奪和犯罪。

人們更願相信一個結了婚、有家庭、有子女的人，而不願相信沒有家庭的單身漢。人的壽命是有限的，總會有老去和去世的時候，從個人的角度來說，每個人面臨的總是有限重複博弈。理論上，有限重複博弈還是逃離不了囚徒困境。家庭作為社會的基本組織，可以作為延續個人生命的載體，從基因或血脈的角度來看，個人雖然死了，但他的基因和血脈仍繼續存在，因此婚姻、家庭、子女、子孫的存在，使得個人的有限重複博弈變得趨於無限重複，從而更傾向於合作，人們擔心自己的不合作使得家庭的

聲譽受損，家人會失去未來同他人合作的機會。

　　生活在熟人社會的人更有耐心，因為他們的聲譽會影響到他們未來的收益，一旦出現欺騙行為，欺騙信息很快在熟人社會傳遞，他的聲譽將會受損，從而失去很多潛在的合作機會。因此，生活在熟人社會的人更注重維護良好的聲譽，如合作、互助、誠信等。一般來說，城市匿名社會有更高的犯罪率，而村莊鄉土社會的民風要純樸得多。村莊鄉土社會、同鄉會、商會、行業協會、單位、企業等組織形態，有利於將合作內化為個人的行為道德；相反，生活在匿名社會的人，聲譽的重要性就小很多，當遇到陌生人時，我們並不知道對方是好人還是壞人，欺騙者可以毫無顧忌地行騙。

　　產權制度會影響人的耐心。孟子曰：「民之為道也，有恒產者有恒心，無恒產者無恒心。」作為統治者，必須讓百姓擁有穩定的財產和收入，這樣百姓才穩定，社會也才會穩定。《管子·七臣七主》講「定分止爭」，《慎子》也講到了權利劃分的重要性：「一兔走街，百人追之，分未定也；積兔滿市，過而不顧，非不欲兔，分定不可爭也。」張維迎（2002）指出：「產權是信譽的載體，信任的基礎。」如果無法確認這個產權未來還是不是「我」的，「我」就不會考慮長遠，就只注重眼前的利益，甚至不惜採取機會主義行為。中國的一些煤老板雖然已經取得了一些煤礦的開採權，但因開採條件不符合標準，很容易被政府廢止其開採權，煤老板沒有穩定的預期，因此只顧眼前利益，購買簡陋的設備，安全措施也不達標，導致礦難頻發（張維迎，2013）。國有企業名義上是全民所有，實際上是所有者缺位，而且存在預算軟約束問題。弗里德曼有句名言：「花自己的錢辦自己的事，既講節約，又講效果；花自己的錢，辦別人的事，只講節約，不講效果；花別人的錢，辦自己的事，只講效果，不講節約；花別人的錢辦別人的事，既不講效果，又不講節約。」一些國有企業的經營者花錢，是花別人的錢辦別人的事，就有可能既不講效果，又不講節約。張維迎（2003）形象地指出，不少國有企業的管理者追求短期利益，並且鋪張浪費和衝動投資，往往投資效率較低。

　　政策的穩定性會影響人們對於未來的預期，也會影響人的耐心。如果政策變來變去，政府的權力太大，沒辦法約束政府，人們沒辦法預測未來，就會無所適從，自然就只注重眼前，不考慮長遠。政府的短期行為會影響一個社會的合作水平，有任期制又非民主選舉產生的政治家往往注重短期利益，而不是當地的長期發展，偏愛項目投資和提高生產總值，而不

是民生、科教和創新。

通過民主選舉產生的政府會比較重視自己的聲譽，因為選民對政治家有較強的約束。古代皇帝或國王的江山可以繼承，皇家的任期是不確定的，更接近於無限重複博弈，有遠見的明君會注重維護皇家的聲譽，「愛民如子」就是這個道理。如果政府不重視自身的聲譽，就可能不依法行政，政策朝令夕改，承諾不兌現，就會侵害私有產權和個人自由。政府的機會主義行為還會起到不良的示範效果，社會的合作和信任水平也就成為問題。既然通過賄賂政府就可以解決很多問題，那麼就沒有必要遵紀守法和誠信經營了。「信為政之基，政無信則危，有信則昌。」政府的失信行為既會破壞政府的公信力，也會損害民眾的耐心和合作意識。

### 8.3　雙邊聲譽機制

交易的順利實現離不開契約執行機制，格雷夫（Greif, 2003）把契約執行機制區分為基於聲譽的私人執行機制和基於法律的公開執行機制。基於這一思想，我們認為，重建誠信和信任既需要私人自我實施的聲譽機制，也需要法律這樣的正式機制。栗樹和（Li, 2003）界定了關係型治理、規則型治理的定義，並認為關係型治理向規則型治理的轉變只是一種理論上的二分法。事實上，幾乎所有的社會，既包含關係型治理，也包含規則型治理，聲譽機制和法律機制同時規約著人的行為。

本書把研究的焦點放在聲譽機制上，原因在於中國是經濟轉型國家，法律缺失或者不健全[①]，聲譽機制對於重建誠信和信任尤為重要。

在信任問題的囚徒困境博弈中，假設當雙方誠信交易時，任意參與人的收益為 $U_1$；當雙方都欺騙時，任意參與人的收益為 $U_0$；若乙誠信，甲欺騙，甲的支付為 $U_2$，乙的支付為 $U_3$；若甲誠信，乙欺騙，乙的支付為 $U_2$，甲的支付為 $U_3$。不失一般性，交易的任一方在對方誠信時選擇欺騙的支付最大；反之，在對方欺騙時選擇誠信的支付最小，而雙方誠信時，比雙方欺騙時的支付要大。因此，$U_2>U_1>U_0>U_3$（見圖 8-2）。

---

① 迪克斯特（Dixit, 2004）的著作《法律缺失與經濟學》旨在探討當法律缺失或局限的時候，如何選擇經濟治理方式。

## 8 聲譽機制與誠信、信任

|  | 乙：誠信 | 欺騙 |
|---|---|---|
| 甲：誠信 | $U_1,U_1$ | $U_3,U_2$ |
| 欺騙 | $U_2,U_3$ | $U_0,U_0$ |

圖 8-2　信任問題的囚徒困境博弈

若博弈只進行一次，則納什均衡是（欺騙，欺騙），誠信合作的結果沒有實現。

若兩個交易主體建立了長期的合作關係，均處在重複博弈當中。參與人可以採取觸發策略：先試圖與對方合作，選擇誠信，如果對方誠信，自己繼續選擇誠信；一旦發現對方欺騙，自己將迴歸納什均衡，採取欺騙。

在觸發策略下，假設貼現率為 $\delta$，參與人欺騙時獲得的支付現值為：

$$U_2+\delta U_0+\delta^2 U_0+\delta^3 U_0+\cdots=U_2+U_0\frac{\delta}{1-\delta}$$

參與人若採取誠信，每期可獲得 $U_1$ 的支付，在無限重複博弈中獲得的支付現值為：

$$U_1+\delta U_1+\delta^2 U_1+\delta^3 U_1+\cdots=\frac{U_1}{1-\delta}$$

只要 $\frac{U_1}{1-\delta}>U_2+U_0\frac{\delta}{1-\delta}$，誠信就成為參與人的理性選擇，即 $\delta>\frac{U_2-U_1}{U_2-U_0}$ 時，參與人就會選擇誠信。

貼現率 $\delta$ 可理解為參與人對於未來收益的耐心，參與人只要耐心足夠強，就會放棄短期的欺騙收益，而追求長期的誠信合作的收益。事實上，根據無名氏定理，只要 $\delta$ 足夠大，任何 $[U_0, U_1]$ 之間的收益都可通過無限重複博弈而實現，也就是說，合作可以在 $[U_0, U_1]$ 的任何水平上實現。

兩位參與人之間的無限重複博弈可以實現誠信和信任，這叫雙邊聲譽機制。在雙邊的長期合作關係中，誠信和信任是自我實現的，不需要第三方正式機制的參與。

雙邊聲譽機制規約雙邊交易關係，在任何社會都存在。任何人都會有一些特殊的社會關係，如血緣、親緣、同鄉、同學、戰友、同事等，這些熟人關係建立起來的雙邊交易關係可以依靠雙邊聲譽機制自我實現誠信和信任。在華人社區中，人們較為看重雙邊關係，親屬關係、朋友關係等在

社會資源獲得和交易擴展中起著十分重要的作用。以血緣、親緣和地緣為紐帶的社會關係結構，費孝通稱之為差序格局。差序格局表明了社會關係的遠近，經濟交往的合作程度與關係的遠近直接相關。例如，華人社會流行「自己人」和「外人」的說法。

在雙邊關係中，參與人可能是在單一的市場上交易，也可能是在多個市場上交易，在分工發展不充分的社會裡，后者更為常見，這稱為互聯的關係契約。例如，地主和佃農不僅在農產品市場上發生交易，也在土地、勞動力、信貸等市場上發生交易。格蘭諾維特（1985）認為，經濟關係是嵌入在社會關係之中的。一個參與人不僅與他人參與經濟互動，還參與社會互動，經濟交易中的欺騙行為會使其聲譽受損，被社會互惠關係所排斥，從而損失作為社區成員的社會資本。

在關聯博弈中，交易主體之間的交易跨越多個市場，即使在單一市場上無利可圖時，參與人也可從互聯的市場交易中獲利。當兩個或多個博弈組成關聯博弈時，會使得在獨立條件下所要求的苛刻激勵約束條件變得較為寬鬆（青木昌彥，2001）。人們常常為了追求長期的合作關係而願意承擔明顯的靜態無效率（Goldberg, 1980）。參與人不會為一次交易的得失斤斤計較，而是從互聯的關係契約整體中獲得更高的利益。

雙邊聲譽機制具有自發維持誠信和信任的能力，可以使交易雙方共享交易剩餘，因此雙邊合作關係是有價值的，人們自願鎖定在雙邊合作關係之中。考福德和米勒（Koford & Miller, 1999）在對轉軌初期保加利亞的企業進行調查時發現，被調查企業普遍認為，好的交易關係是企業的重要資產，一旦發現了可靠的交易對象，便努力把關係固定下來。

在市場範圍和交易規模擴張時，人們試圖建立起穩定的雙邊合作關係，以應對市場的不確定性。雙邊關係並不是封閉不變的，人們可以建立新的雙邊關係，也可能失去已有的雙邊關係。例如，退休、生老病死都可能改變現有的合作關係，商業結構的變化也可能導致雙邊關係的變更。

如何建立與陌生人的雙邊交易關係呢？一個途徑是禮物交換，另一個途徑是抵押。卡邁克爾和麥克勞德（Carmichael & MacLeod, 1997）建立了一個禮物交換模型，在一定條件下，陌生人在一個隨機配對市場上相遇並互送禮物，可以形成誠信交易的策略均衡。選擇誠信互惠交易的一對交易對象離開配對市場之後，會形成雙邊合作關係；而欺騙者只能停留在配對市場，配對市場上的欺騙者會越來越多，欺騙的收益會越來越少，這更加穩固了誠信互惠的雙邊關係。

不熟悉彼此的交易雙方借助抵押可以形成當事人執行合同的可信承諾，因而達成雙方的誠信合作。古代國君為了保障合約執行，往往會互派人質，充當人質的往往是王子、公主這樣的重要人物。在分工專業化發展過程中，企業之間的供應合同會受到資產專用性的影響，供應商進行專用性投資之后，會產生一種可占用準租①（Klein, Crawford & Alchain, 1978）。合同的一方有強烈的機會主義動機侵占準租，進行了專用性投資的一方容易遭到合同另一方的要挾，要挾問題的存在可能使資產專用性投資方放棄投資。哈特（1995）指出，如果事后無法確保合同執行，那麼事前的投資水平就不能達到最優。抵押機制可以解決涉及專用性投資所產生的要挾和投資不足問題。供應合同的購買方提供一個抵押品，作為執行合同的可信承諾，供應方會進行專用性資產的投資，並按合同供應產品。威廉姆森（1985）的抵押模型證明，抵押機制是供應合同自我實施的一種非正式機制。在俄羅斯等轉型國家中，產生了一種類似抵押機制的合同自我執行機制，即預付。亨德利等（Hendley, et al, 2000）對俄羅斯327家工業企業進行問卷調查后發現，俄羅斯企業在供應合同中普遍要求預付貨款，75%的企業在銷售合同中要求一定形式的預付，41%的企業要求100%的預付。高和斯威南（Gow & Swinnen, 2001）發現，在斯洛伐克、保加利亞、波蘭等轉型國家，為瞭解決農場和農產品加工企業的專用性資產投資和要挾問題，在農產品供應合同中，要求加工企業預先為農場支付購買化肥、種子、農藥和農業機械等費用。

雙邊聲譽機制建立在自我實施懲罰的基礎之上，觸發策略的顯著特徵就是「以眼還眼，以牙還牙」，通過中斷與欺騙者的交易來懲罰欺騙者。亨德利等（Hendley, et al, 2000）對俄羅斯企業進行調查時發現，66%的被調查企業使用過威脅終止協議的策略，目的是促使對方執行合同。

## 8.4　多邊聲譽機制

雙邊的長期交易關係雖然很常見，但畢竟只占交易的很小部分，雖然可以從陌生人中發展新的雙邊交易關係，但交易的範圍仍然很小。更為普遍的是，一個參與人不是和某個特定的交易對象重複交易，而是面臨和不

---

① 專用性投資難以轉為他用，投資人最優使用的價值與轉為他用次優使用時的價值的差額，就是專用性資產的準租。

同的交易對象交易。這樣,交易的一方是固定的,而交易對象是變化的。例如,連鎖店面對流水一般的顧客,老師面對一屆又一屆的學生,醫生面對一個又一個病人。固定的交易方和某個特定的交易對象可能是一次性博弈,其面臨的是與不同交易對象的無限重複博弈。

固定的交易人處於無限重複博弈中,上述聲譽機制同樣起作用,固定交易人有維持誠信聲譽的激勵。這裡觸發策略不是由受欺騙一方來實施,而是由其他交易對象共同實施的。固定交易人欺騙某個交易對象,該交易對象和固定交易人是一次性博弈,不能通過中斷交易來實施懲罰。但如果被欺騙的人能夠將固定交易對象欺騙的信息告訴給其他人,其他人就會拒絕與固定交易人交易,從而實施對欺騙者的懲罰。對於固定交易人來說,若長期的合作剩餘大於欺騙獲得的短期利益,誠信就成為他的理性選擇。這種由多方實施的聲譽機制叫多邊聲譽機制。

固定交易人處在無限重複博弈中,假設和不同交易對象誠信交易可獲得 $x_i$ 的收益,而欺騙時,可獲得一個較高的短期收益 $d$,但以後只能獲得保留支付 $e_0$,在觸發策略下,假設貼現率為 $\delta$,固定參與人欺騙時獲得的支付現值為:

$$d+\delta e_0+\delta^2 e_0+\delta^3 e_0+\cdots = d+e_0\frac{\delta}{1-\delta}$$

若採取誠信,則每期可獲得 $x_i$ 的支付,在無限重複博弈中獲得的支付現值為:

$$x_1-\delta x_2+\delta^2 δ_3+\delta^3 x_4+\cdots = \sum_{n=1}^{\infty}\delta^{n-1}x_n$$

只要 $\sum_{i=1}^{\infty}\delta^{n-1}x_n > d + e_0\frac{\delta}{1-\delta}$,誠信就成為固定參與人的理性選擇。

在具體的數值下,可以解出不等式,當固定參與人的貼現率 $\delta$ 大於一定程度時(即只要他有足夠的耐心),誠信就是其理性選擇。

事實上,只要 $\delta$ 足夠大,要滿足上述不等式,對個別 $x_i$ 並沒有嚴格要求,即使固定交易人和某個交易對象的交易剩餘較低,甚至為負,只要誠信獲得的現值總量大於欺騙,固定交易人就會選擇誠信。固定參與人為了維護誠信的聲譽,願意承擔靜態無效率,即使個別交易可能使固定交易人收益很少,甚至受損,固定交易人也會誠信以對。

多邊聲譽機制是自我實施的私人執行機制,不需要法律這樣的正式機制的參與。多邊聲譽機制起作用,離不開以下兩個要點:

一是信息傳遞。固定交易人若欺騙了任意交易對象，欺騙信息可以快速傳遞給其他人，有效的信息傳遞機制是多邊聲譽機制發生作用的前提。信息傳遞機制又依賴兩個方面：其一，受害者有傳遞欺騙信息的激勵。這個假設一般會成立，懲惡揚善是人的普遍心理，受騙當事人寄希望於別人來懲罰欺騙者，因此自願傳遞欺騙信息。其二，存在有效的信息傳遞渠道。在封閉的鄉村社會，流言蜚語就可以有效地傳遞信息，但在城市匿名社會，信息傳遞渠道往往缺失。因此，在封閉的鄉村社會中，欺騙行為很快就會人盡皆知；而在城市社會中，身邊的陌生人是君子還是騙子，誰也不知道。坎多里（Kandori, 1992）指出，在商業網路中，欺騙信息傳輸的速度要足夠快，否則，當事人就不會有建立聲譽的積極性。在封閉的鄉村社會中，人們的閒言碎語就足以使欺騙行為為人所共知，即使沒有法律，村民之間也可以建立起高度的信任（Merry, 1984）；在匿名城市社會中，由於信息傳遞機制缺失，騙子和犯罪也更多。

二是多邊懲罰。其他人即使沒有被固定交易人欺騙，在知道其欺騙信息之後，也要中斷與他的交易以示懲罰。多邊懲罰的有效性來自兩個方面：其一，在知道固定交易人是騙子的信息之後，參與人有避免與騙子進行交易的激勵，這個假設一般會成立，人們普遍具有「嫉惡如仇」的社會心理，中斷和欺騙者的交易是符合理性的，因為與騙子交易會增加交易的風險。其二，懲惡揚善的社會規範在發揮作用。懲罰不誠信者，還要懲罰不懲罰不誠信者的人（Kandori, 1992），該懲罰而沒有採取懲罰措施的人也必須受到懲罰（Abreu, 1988）。騙子可能通過禮物互惠關係和抵押等機制，尋找新的交易對象，從而瓦解多邊實施的集體懲罰，如果欺騙行為並不影響其與下一個交易者進行交易，誠信就無法實現。因此，集體懲罰的社會規範至關重要，和騙子做交易的人，被認為是同流合污、沆瀣一氣，也應該被當成騙子看待，對其加以懲罰。

格雷夫（Greif, 1993）發現，中世紀馬格里布商人聯盟實現了有效的交易治理。馬格里布商人在開展海外貿易時，只雇傭馬格里布的代理人，馬格里布商人聯盟實現了信息的有效傳遞，也形成了多邊懲罰的社會規範，行使欺騙的馬格里布商人將被商人聯盟排斥，失去與馬格里布商人進行交易的機會。格雷夫（Greif, 1994）還發現，馬格里布形成商人聯盟這樣的交易治理制度根源於馬格里布人的集體主義文化。自我實施的集體懲罰、橫向代理關係、商業聯盟內部的社會交流網路使得非正式的集體懲罰是可置信的，可以激勵人們放棄欺騙行為。相反，熱那亞商人具有個人主

義文化，開放性地選擇代理人，沒有信息共享和集體懲罰機制，偏向於依賴法律這樣的正式機制來處理交易糾紛。

格雷夫等（Greif, et al, 1994）分析了中世紀的商人行會在海外貿易中對外國統治者掠奪產權的影響。統治者的強制力可以保護產權，也可以掠奪產權，尤其是國外商人的財產。商人行會可以在統治者侵犯任何行會成員的財產時以集體懲罰實施報復，中斷與該國的貿易。統治者可以從貿易中獲得貿易剩餘和稅收，短期的侵犯獲利可能比不上長期的貿易獲益，從而會保護海外商人的產權。集體懲罰的有效性依賴於集體統一行動，統治者可能侵犯一部分商人的產權卻承諾保護其他商人的產權，以此瓦解集體懲罰。對此，商人行會內部建立起強制性制度，任何違反集體懲罰的行會成員，將受到行會的排斥。商人行會通過壟斷商業許可證、逐出行會、阻止船只進出海峽或收取罰金等手段強制行會成員遵守集體懲罰。

商人行會多建立在地緣、宗族等社群的基礎之上，信息傳遞和集體懲罰具有優勢，可以在行會內部實現有效的治理。但是，基於特殊關係的社群規範具有封閉性，交易對象被分隔為兩類，即社群內可信的交易對象和社群外不可信的交易對象，社群成員只同社群內的對象交易，當市場發展和交易範圍擴大的時候，社群主義成為擴展交易機會的障礙。

在擴展交易機會的需求驅使下，即使不怎麼熟悉的人，也會基於某種紐帶，組成俱樂部這樣的組織。俱樂部具有交易配對、信息傳遞和集體懲罰的功能。欺騙信息在俱樂部內部快速傳遞，欺騙者將受到俱樂部成員的排斥，俱樂部規範可以終止欺騙者的俱樂部資格。俱樂部具有開放性，只要遵循俱樂部規範，新的誠信交易者可以帶著交易機會加入俱樂部，從這一點看來，俱樂部突破了封閉的傳統社群的局限性。

普特南（Putnam, 1993）在《使民主運轉起來》一書中指出，義大利北部的社團活動更為活躍，存在著大量的協會，這些協會形成了合作的規範，推動了義大利北部的成功；相反，義大利南部的協會很少，經濟水平也落后於北部。普特南（Putnam, 2000）在《獨自打保齡球：美國社區的衰落與復興》一書中指出，打保齡球的美國人比過去多，但參與保齡球俱樂部的人比過去少很多，在普特南（Putnam）看來，美國的結社生活在衰落，這影響了美國的社會資本和公共信任的發展。福山（Fukuyama, 1995）在《信任：社會美德與創造經濟繁榮》一書中指出，高信任度的社會有發達的社會中間組織，如教會、商會、工會、俱樂部、民間慈善團體、民間教育組織等自願團體，這些中間組織為人們提供了交流和合作的

# 8 聲譽機制與誠信、信任

平臺,有利於信任的建立;缺乏中間組織的社會,形態上近似馬鞍形,一邊是強大的政府組織,另一邊則是原子化的個人和家庭。福山認為,中國是低信任度的國家,而日本是高信任度的國家,中國缺少中間組織,而日本的中間組織發達。

在一對多的多邊交易中,若固定的交易主體是行為人,或者生命有限,或者因病退出,或者發生了社會流動,無限重複博弈就不再成立,誠信和信任就不會實現。人們發展了組織(如企業)充當聲譽的載體,可以將行為人的有限重複博弈轉化為組織的無限重複博弈(Kreps, 1990)。組織成員的生命有限,但組織的生命可以無限延續;組織成員面臨有限重複博弈,但組織面臨的是無限重複博弈,組織有維持誠信聲譽的激勵。組織成員的不誠信行為會破壞組織的聲譽,進而損害組織每位成員的利益,這叫集體責任機制,類似於「連坐制」,組織就有對成員的欺騙行為進行約束的積極性。因此,連鎖店更值得信任,有組織的人比無組織的人更值得信任,如穿軍裝、有單位的人更值得信任。格雷夫(Greif, 2006)認為,以貨款和貨物在時空上分離為特徵的非人格化交易需要緩解合同執行問題的制度基礎,一項自我實施的制度——社群責任制,推動了現代歐洲跨轄區的非人格化交易,這一制度處在聲譽機制與法律機制的過渡階段。在社群責任制中,當 A 社群的任何成員違約,侵犯了 B 社群成員的產權,B 社群的法院會讓 A 社群的所有成員承擔違約責任;如果 A 社群的法院拒絕補償受害方,那麼 B 社群的法院會沒收轄區內 A 社群的所有成員的財產作為賠償。可見,一個社群的所有成員都要為該社群的某個成員在跨社群交易中的違約行為負責,違約行為會受到受害人所在的社群懲罰的可信威脅,迫使社群法院做出公正的判決,要求本社群成員自己承擔違約給社群造成的成本。中世紀時期英國一些地方的特許狀明確規定,如果社群成員因違約而使另一個成員的貨物被沒收,那麼違約方必須賠償受害方,否則他的財產將被沒收,而且會被驅逐出社群。社群要為社群成員的違約行為負責,迫使社群注重維護自己的聲譽,對社群成員的行為做出強有力的制約。歷史證據表明,社群責任制曾經流行於整個歐洲(格雷夫,2008)。古代中國有連坐制度和保甲制度,這是東方版的社群責任制,這樣的制度在中國實行了上千年,在某種程度上也具有其合理性。一人犯法,株連九族,這促使整個家族有強烈的動機約束、監督和制止家族成員的不法行為。一人若為匪通匪,聯保各戶,實行連坐,這促使同保同甲的人有激勵監督、制止保內甲內的不法行為。

布蘭查德和克雷默（Blanchard & Kremer，1997）認為，轉軌國家產出急遽下降的一個重要原因是合同執行機制的解體。在俄羅斯，轉型前的行政協調被取消，仲裁法庭雖然被保留，但起的作用非常有限，非正式的關係型商業網路雖然發揮了一定的作用，但總的趨勢是不斷萎縮的。日卡納提尼和瑞特曼（Recanatini & Ryterman，1999）發現，俄羅斯企業通過商業協會形成新的商業關係，42.3%的被調查企業是商業協會或貿易協會的成員。麥克米倫等（McMillan, et al, 1999）指出，波蘭、羅馬尼亞、俄羅斯、斯洛伐克和烏克蘭五國的被調查企業有47.8%是商會成員，其中2/3的企業表示商會在幫助尋找新的交易夥伴和提供交易夥伴的可靠性信息方面發揮了作用。

## 8.5 匿名聲譽機制

已有大量文獻對雙邊聲譽機制和多邊聲譽機制進行了論述，雙邊交易關係只占交易的微小部分，對多邊聲譽機制的關注局限於熟人社群，如鄉村封閉社會、馬格里布商人聯盟、地方商會等。俱樂部機制雖然有一定的開放性，但交易僅限於俱樂部成員之間。這意味著，熟人社群的多邊聲譽機制雖然可以自我實現誠信交易，但具有封閉性的局限，交易的範圍和規模有限。

隨著分工、專業化的發展，市場交易擴大，人格化交易向非人格化交易轉變，分佈最廣、頻率最高、規模最大的交易是匿名交易，如何建立匿名交易的誠信機制？主流經濟學認為，企業是生產函數，消費者是需求方，市場提供價格信號，將會無摩擦地實現市場交易，至於交易糾紛，根本不予考慮，自有法庭來處理。通過法律執行交易合同，是法律中心主義的觀點，這種觀點假設存在一個高效、公正的法律系統。

法律等正式規則確實是交易治理的重要機制，隨著人格化交易向非人格化交易轉變，以聲譽為基礎的關係型治理向以法律規則為基礎的規則型治理轉變（Li，2003；Dixit，2004）。法律治理交易的有效性，我們這裡不做討論，而是把關注點放在法律的局限性以及聲譽機制上。

法律機制是有局限的。其一，法律執行是有成本的[1]，特別是當交易

---

[1] 支持非人格化交易的聲譽機制在處理交易時，固定成本低而邊際成本高；相反，法律在處理非人格化交易時，固定成本高而邊際成本低。

合同涉及的金額小於法律實施的成本時，依靠法律治理交易是無效率的；其二，法律規則的建立往往滯后於市場發展，常常無法可依；其三，有限理性和不完全信息使得合同是不完備的，法律無法對沒有約定的交易環節進行裁決；其四，即使合同約定清楚的內容，也可能因為違約行為無法證實，使得法律無法起作用；其五，即使法庭做出了公正裁決，也可能出現司法裁決難以執行的情況；其六，法律這樣的正式機制背後，有一個假想的高效的、公正的執法者，執法者能像天使一般秉公執法嗎？人們常說，對執法者要監管，然而這只不過是把問題往後推了一步，誰來監管監管者（格雷夫，2008）？如果執法者也是人，也具有機會主義傾向，執法的公正性就成為一個問題，如果通過賄賂法官就可以逃避懲罰，誰還會誠實守信呢？

　　主流經濟學強調法律對匿名交易的治理作用而忽視了法律的局限性。我們認為，對於匿名交易，法律可以實現部分的治理，若法律是高效的，對違約的制裁是確定的，這就會形成一種威懾，使違約減少，同時司法成本也會處在低水平；若法律不那麼高效，匿名交易的治理就不能依靠法律。

　　我們強調，匿名交易也可以依靠多邊聲譽機制建立起誠信。多邊聲譽機制可以區分為熟人社會的多邊聲譽機制和匿名社會的多邊聲譽機制。很多文獻只研究熟人社會的多邊聲譽機制，而把匿名交易交給法律處理，這些文獻大多認為多邊聲譽機制的基礎是熟人社會，認為只有熟人社會才能提供有效的信息傳遞和多邊懲罰。

　　事實上，匿名社會也可以實現信息傳遞和多邊懲罰，多邊聲譽機制也可以實現匿名交易的治理。

　　首先，在信息傳遞方面，只要建立起覆蓋全社會的徵信系統，任何交易主體的信用記錄都可以查詢，陌生的交易主體在交易之前，可以查詢交易對象的信用情況[①]，根據對方的信用情況來決定是否進行交易。徵信系統起到信息傳遞的仲介作用，若違約發生，受害者有將違約信息傳遞給徵信機構的激勵，徵信機構對違約信息進行審核和確認，並對真實發生的違約信息進行登記。違約者一旦有違約信息被記錄，他在未來就難以找到交易對象，因為潛在交易對象通過向徵信機構查詢他的信用記錄，可以獲知

---

[①] 美國的《公平信用報告法》規定，在任何調查或報告機構的徵信數據庫中，個人失信記錄最多保存 7 年，個人破產記錄最多保存 10 年，而優良信用記錄會被終身保留。

## 經濟轉型與信任危機治理

他曾經是違約者，從而會避免與之交易。違約行為會導致失去潛在的交易對象，因此任何人都會注重維護自己誠信的聲譽。其次，在多邊懲罰方面，匿名社會同樣可以實現，儘管違約者和受害者之間是一次性交易，受害者無法對違約者通過中斷交易的方式來實施懲罰，但其他人會拒絕與違約者交易，由他們來實施懲罰。在面對一個有違約風險的交易對象時，其他人拒絕與違約者交易是理性的。這樣，違約者與受害人之間的交易衝突轉化為違約者與全社會的交易衝突，誰也不願與全社會作對，每個人都將控製自己的違約行為。徵信系統起到與法律一樣的威懾效果，即使沒有健全的法律機制，在徵信系統的作用下，也可以實現匿名交易的誠信。

福山（Fukuyama, 1995）、普特南（Putnam, 1993, 2000）均強調了中間組織對建立誠信和信任的作用，這是因為中間組織提供了信息傳遞和多邊懲罰功能，但是他們所說的中間組織，針對的是熟人社群。離開熟人社群，有沒有一種中間組織可以在匿名交易中實現信息的有效傳遞和多邊懲罰呢？我們的回答是徵信系統。1830年，英國倫敦成立了世界上第一家徵信公司。現在，歐美大部分發達國家都建立了徵信系統；日本現在有三大個人徵信機構，即全國銀行個人信用信息中心、信用卡信息中心、全國信用信息中心。

徵信系統是匿名聲譽機制的核心。人們根據從徵信機構獲得的信用信息做出信任決策，這一邏輯背後，假設徵信機構是誠信的。事實上，中間組織也可能不誠信。例如，房屋仲介這樣的中間組織經常被曝光不誠信經營。即使我們加強了對徵信機構的監管和法律懲戒，那麼誰來監管監管者的問題仍然懸而未決。

對於徵信機構可能存在的欺騙問題，我們仍然強調多邊聲譽機制，可以把徵信機構視為交易主體，在徵信系統中建立其信用帳戶。任何人若因從徵信機構獲得虛假信息而受損，那麼他可以將這家徵信機構欺騙的信息傳遞給行業協會和徵信系統。一方面，行業協會將實施集體懲罰；另一方面，這家徵信機構在徵信系統中將存在不良記錄，其潛在交易對象可實施多邊懲罰，最好的懲罰是中斷與之交易，使之失去生存的基礎，在這種機制下，誠信成為徵信機構的理性選擇。

## 8.6　結語

　　在國家、法律出現以前的社會，那時也有市場交換，是什麼機制規約人們不會違約？格雷夫（Greif, 1993, 1994, 2006）和米爾格羅姆等（Milgrom, et al, 1990）通過對中世紀時期歐洲、亞洲的商業社會進行研究，找到了法律出現之前的交易治理機制，那就是聲譽機制，包括雙邊聲譽機制和多邊聲譽機制。聲譽機制一般建立在無限重複博弈的基礎之上。克雷普斯（Kreps）、米爾格羅姆（Milgrom）、羅伯茨和威爾遜（Roberts & Wilsom, 1982）將不完全信息引入重複博弈，他們證明，只要博弈的重複次數足夠多，誠信合作在有限重複博弈中也會出現。由於不完全信息，本性欺騙的人可能在相當長時間內選擇誠信，直到最後才暴露出欺騙的本性，這就是著名的「KMRW 聲譽機制」。雙邊聲譽機制的核心是個人懲罰，多邊聲譽機制的核心是信息傳遞和多邊懲罰。

　　在國家和法律制度出現之后，聲譽機制仍然是交易治理的重要組成部分，因為雙邊交易和多邊交易在現代經濟生活中仍然普遍存在。市場發展和交易規模擴大之后，非人格化交易不斷增加，聲譽機制的執行成本不斷增加，以關係為基礎的聲譽機制會向法律機制轉變。但是，如果法律機制進展緩慢，法律的局限性使得人們對法律的信任不足，人們會用聲譽機制的創新來實施交易治理，俱樂部機制使多邊聲譽機制具有一定的開放性，人們可以發展徵信系統，建立起匿名社會的多邊聲譽機制。總之，若法律機制替代不了聲譽機制，聲譽機制就會占據它的地盤，並且以更有活力的形式適應現代經濟社會的非人格化交易。

　　在雙邊或多邊熟人社會中，人們依靠自我實施的聲譽機制實現交易的治理；在匿名交易中，人們從徵信機構這樣的中間組織獲取信用信息，也可通過多邊聲譽機制解決誠信和信任問題。這樣，不管是熟人社會還是匿名社會，不管是重複博弈還是一次性博弈，基於聲譽機制都可以實現誠信和信任。在華人社會中，熟人社群的聲譽機制一直發揮著重要作用。但中國的匿名聲譽機制之所以沒有建立起來，是因為沒有形成一個覆蓋全社會的徵信系統。投資建設覆蓋全社會的徵信系統，是法律存在局限時借助匿名聲譽機制重建社會誠信的有效途徑。

# 9　制度建設與信任重建

　　信任問題和誠信問題是一個問題的兩個方面，人們不信任，就是因為交易或交往的對象不誠信。從「八榮八恥」中的「以誠實守信為榮，以見利忘義為恥」就能大體知道誠信的意思。獲得諾貝爾經濟學獎的制度經濟學家奧利弗·威廉姆森用「機會主義」描述人的自利本性，認為經濟中的人都是自利的，而且為了利己，還可能損害他人利益。威廉姆森把人一有機會就會不惜損人而利己的「本性」稱為機會主義。人的這種本性會影響以私人契約為基礎的市場效率。在非人格化的匿名市場產易中，常常面臨貨物和貨款的分離，先交付的一方，容易遭受對方不履行交易的風險：或者是先交了貨，卻收不到錢；或者是先付了錢，卻收不到貨。每一方都不清楚對方是否誠信，這個信息的缺失致使交易主體隨時都需要提防對方的機會主義行為。人們必須收集相應的信息才能做出交易決策，因此機會主義行為的存在提高了交易費用，交易費用若超過了交易的剩餘，交易就可能流產，潛在的交易剩餘就無法獲得。

　　當然，我們相信好人總是占絕大多數，但壞人的存在或人的機會主義傾向使風險不可避免。當對他人是否信任取決於可能遇到對方不誠信這一風險因素時，如何降低這個風險，是市場經濟發展中至關重要的問題。

　　法律制度是市場經濟有效運行的前提。有了法律制度的存在，人的行為要受到法律或制度的制約；違反了法律，人的行為就要受到法律的制裁。天網恢恢，疏而不漏，法律作為一種可預見的威懾手段，可以使損人利己的機會主義行為受到一定的節制。亞當·斯密主張自由市場，「看不見的手」會使自利的個人趨向社會利益，但他也認為自利的市場主體要遵守道德規範，而且政府必須代表國家提供一個功能，就是提供法律系統保護產權和市場契約。麥迪遜有句名言：「如果人人都是天使，就不需要任何政府了。」政府要以某種形式保證公正和嚴格地執行法律，這是市場和社會發展之必須。

# 9 制度建設與信任重建

## 9.1 自由市場

主流經濟學將經濟活動主體抽象概括為「經濟人」，經濟活動遵循經濟理性原則。首先，人是追逐最大利益的。斯蒂格勒（Stigler, 1976）曾指出，雖然斯密認為人的行為並非唯一地受自利性引導，他在《道德情操論》中探討了「同情心」這種美德的涵義，但是歸根結底，斯密相信最能貫徹始終的、最普遍適用的、最可靠的人類行為動機是人對自我利益的追求[1]。自利性首先體現了人的動物性，動物有求生和繁殖的本能。如果資源是稀缺的，人就得為生存競爭，物競天擇的結果把人的自利性固定下來，在生存競爭中取勝的幸存者都是按照自利原則行事的人，不按自利原則行事的人基本都被淘汰了。假設一個村莊只生活著兩類人，一類人總是利他，另一類人總是利己，隨著時間的流逝，總是利己的人繁衍了下來，總是利他的人消亡了。從這一點來看，自然進化論是經濟理性的一個理論來源。其次，人會進行理性計算。人會按照最優化原則配置資源，力圖以最小的代價獲得最大的福利，這延續著邊沁的功利主義道德哲學，個體追求最大化的幸福或追求最小化的痛苦。通過理性計算和資源配置，消費者追求效用最大化，生產者追求利潤最大化，市場競爭可達到社會福利的最大化。理性計算也是動物的一種本能，一些動物會計算它的進食量，以累積足夠的脂肪度過寒冬；一些動物會儲蓄一定的食物，供短缺的季節享用；一些動物會權衡手中的獵物和面臨的危險，經常不得不捨棄獵物而逃走。「物競天擇，適者生存」的自然規律把人的理性計算固定下來，在生存競爭中取勝的幸存者都是按照理性計算原則行事的人，不按這一原則行事的人基本都被淘汰了。假設最初有兩類家庭[2]，一類人胡亂花錢、隨意消費；另一類人精打細算，以獲得最大效用。隨著時間的流逝，人們發現，理性計算的人繁衍了下來，而隨意消費的人消亡了。

市場機制是資本主義經濟的協調機制，從亞當・斯密時代的古典自由主義開始，就主張自由放任的資本主義經濟和有限政府。古典自由主義強調個人的權利、私有財產，並主張自由放任的經濟政策，認為政府存在的目的僅在於保護每個個體的自由。古典自由主義強調不受管制的自由市

---

[1] 汪丁丁. 經濟學理性主義的基礎 [J]. 社會學研究, 1998（2）: 3-13.
[2] 汪丁丁. 在經濟學與哲學之間 [M]. 北京: 中國社會科學出版社, 1996.

## 經濟轉型與信任危機治理

場，個人是理性的、追求私利的、會理性地計算和計劃以追求各自的目標，並將資源分配到最合適的地方。古典自由主義主張契約自由，任何人都有絕對的權利按照自己的意志自由地進行買賣和創造，政府不應該對這種契約自由進行干預，唯一的限制是不違反其他人的相同權利。政府存在的目的僅在於保護每個個體的自由免受他人（以及政府）的侵犯。古典自由主義支持以憲法和其他法律保護個人的自由和財產權，國家（政府）提供法律機制保護私有產權和契約執行是政府的一項職能。古典自由主義認為一國的真正財富不是金銀的總量，而是國民創造的商品的數量和服務的質量。經濟主體自由行事，追求自身利益的無數個體在理性計算和市場信息的基礎上進行經濟活動的調整，個體的自利行為會在「看不見的手」的指引下實現社會的合意和發展。政府的干預常常會阻礙經濟的增長。因此，自由放任是古典自由主義的信條，管得最少的政府是最好的政府。政府對企業的管制，如對勞資合同進行干涉，包括限制工作時間、規定安全工作條件等都被法律視為「對自由勞動的一種家長式的限制和侵犯」。企業可以為所欲為，商業活動可以沒有全面的檢查，可以沒有法律來保護工人和消費者，可以沒有有效的管制機構和法律。商人們知道他們實際上可以做任何他們想做的事情而不會受到懲罰（De Santis, 2000）。在這種自由主義理念的支配下，每個人在市場中憑藉自己的能力去競爭，並接受競爭的結果。一個人在自由市場競爭中的成敗主要取決於個人特性，政府不應去改變市場競爭的結果。在一個自由的社會裡，社會各階級之間誰也不欠誰，沒人有權要求他人予以幫助，也沒人可以被要求來幫助他人，政府存在的目的是保護私人的產權和契約自由，而不是顛倒和破壞由自然決定的社會秩序。古典自由主義信奉社會達爾文主義。達爾文主義指的是自然進化中的「適者生存，優勝劣汰」的自然法則。社會達爾文主義也是如此，認為政府對社會進化的干預是違反自然法則的。古典自由主義強調法律面前人人平等，但不主張物質結果上的平等，因此在本質上是反對福利政策的。在古典自由主義思想的影響下，絕大多數的美國人相信在最理想的社會下，政府不偏向於國家的任何群體，既不對富人徵稅，也不對窮人進行再分配。

19世紀70年代，英國經濟危機嚴重，新自由主義（New Liberalism）觀點出現，T.H.格林首先提出既堅持英國自由主義傳統，又實施國家干預，充分發揮國家作用的新理論。19世紀90年代以后，一些自稱「集體主義者」的激進知識分子，主張建立平等、合作的新社會，要求國家在減少日

益嚴重的失業和貧困問題中發揮更大的作用。此時，新自由主義對「自由」的解釋與古典自由主義有了顯著的區別，主張自由應該是制度框架內的自由，而不是放任自流。隨著「福利國家」政策的破產，新自由主義（New Liberalism）的影響逐漸衰弱，以奧地利的米塞斯、哈耶克為首的經濟學家反對國家和政府對經濟的不必要干預，強調自由市場的重要性。但不同於古典自由主義，他們提倡社會市場經濟，政府只對經濟起調節以及規定市場活動框架條件的作用，在國際政策上，強調開放國際市場，支持全球性的自由貿易和國際分工。新自由主義者反對社會主義、貿易保護主義、環境保護主義和民粹主義，認為這些會妨礙個人自由。這一思想流派稱為新古典自由主義（Neo-liberalism），后被簡稱為新自由主義，而之前的新自由主義（New Liberalism）則被直接稱為自由主義，以示區別。新自由主義的主要觀點包括：倡導個人主義、私有化和自由放任的市場經濟，自由選擇是經濟活動的基本原則，強調基於私有財產的自由交易、消費和就業；主張市場的自我調節，發揮「看不見的手」的作用，反對國家過多地干預經濟；認為市場的自我調節是配置資源的最優機制，通過市場進行自由競爭是實現資源最佳配置的唯一途徑；由國家（政府）來計劃經濟、調節分配，會破壞經濟自由，扼殺經濟激勵，降低效率。

奧地利學派的哈耶克是新自由主義的代表人物，是自由市場的堅定擁護者。哈耶克①認為，市場秩序是一種自發秩序，市場的出現是自然而然自由發展的；市場經濟具有天然的優越性，分散的、自發的個體追逐其自身利益最大化，可以實現社會總體利益的最大化，分散決策具有信息優勢，具有充分的創造性和激勵性；政府不應該干預市場，國家干預會通向奴役之路，應讓市場機制不受限制地運作（自由放任），政府管制越少越好，做個「守夜人」最好。

## 9.2 自由市場的野蠻性

資本家作為生產者，無疑會遵循經濟理性，以利潤最大化為基本目的。資本家在追求利潤時，一方面，要盡可能多地創造收益；另一方面，

---

① 這些思想反映在哈耶克的著作 *The Road to Serfdom*（《通往奴役之路》，1944）、*Individualism and Economic Order*（《個人主義與經濟秩序》，1948）、*The Constitution of Liberty*（《自由秩序原理》，1960）。

## 經濟轉型與信任危機治理

要盡可能多地壓縮成本。資本家增加累積、擴大投資、擴大再生產、改進生產技術、使用機器生產、提高勞動生產率，這一切都是為了增加收益。資本家要求投資在盡可能短的時間內獲得回報，並在盡可能短的時間內收回投資。因此，他們崇尚生產速度和規模、快速賺取利潤。資本家不斷增加累積，追求利潤，馬克思對此寫道：「累積，累積，那是資本的摩西和先知。」[1]「當利潤達到 10% 時，便有人蠢蠢欲動；當利潤達到 50% 的時候，有人敢於鋌而走險；當利潤達到 100% 時，他們敢於踐踏人間一切法律；而當利潤達到 300% 時，甚至連上絞刑架都毫不畏懼。」[2] 如果讓市場經濟按著放任的法則去發展，必然會產生全面而持久的罪惡。

卡爾·波蘭尼的著作《大轉型》認為，一個自我調節的市場概念，意味著一個十足的烏托邦，在物質上會毀滅人類並把人類的環境變為一片荒野。市場經濟在物質上的驚人成就是以犧牲社會和自然環境的代價換來的。波蘭尼認為，一味地堅持市場經濟會將人類帶向殘酷而絕望的境地。波蘭尼指出，市場經濟在絕大多數人類歷史過程當中是不存在的，在歷史長河中，只有市場沒有市場經濟。在前資本主義時期，經濟是鑲嵌在社會倫理關係之中的，波蘭尼稱之為「倫理經濟」。互惠、再分配、自給自足的家計模式是前資本主義社會主要的三種經濟形態。經濟活動是社會關係的一部分，被社會關係所支配。從 19 世紀開始，西方進入資本主義社會，古典自由主義思想占據核心位置，經濟活動從社會活動中「脫嵌」出來，發展到后來，經濟活動在社會關係中居於決定性地位，社會關係不僅不能制約經濟關係，反倒是社會關係要受制於經濟關係。市場經濟將勞動力、土地、自然等一切要素都商品化了，金錢成為萬能，經濟理性主宰一切，勞動者和自然環境暴露在市場理性動機之中，不但失去了社會的保護，而且成為市場活動的組成部分，教育、醫療、住房、環境等都變成資本獲取利潤的標的，「市場經濟」成為資本瘋狂攫取利潤的理論和擋箭牌。更有甚者，非經濟領域的社會活動，如政治、養老、婚姻等也適用經濟理性，整個社會變成一個「市場社會」。波蘭尼認為，市場經濟的建立並非像自由主義者所宣稱的那樣是自發的過程，而是基於一定的歷史客觀條件的，在人類發展史的絕大多數時間裡，再分配與互惠是交換的主要目的，以獲

---

[1] 約翰·貝拉米·福斯特. 資本主義與生態環境的破壞 [J]. 董金玉, 譯. 國外理論動態, 2008（6）：55-59.

[2] 馬克思. 資本論：第 1 卷 [M]. 北京：人民出版社，1975.

利為目的的交換並非哈耶克等人所說的那樣自古以來就有，而是在較近時期才發生的。波蘭尼認為，由市場控製和調節的經濟所支配的社會類型是「市場社會」，而市場社會是 19 世紀的新生事物。「在我們這個時代之前沒有任何一種經濟，哪怕僅僅在大致上，是由市場來控製和調節的。市場在各個國家內部經濟中所扮演的角色，直到近代以前，都是不重要的。」在前資本主義社會，商業和貿易從未成為主要的經濟活動，牟利也沒有成為主要的動機。①

市場經濟的建立與機器大生產有關，依靠專業的、精細的、資本密集的機器組織生產只能發生在「買賣活動極易發生的社會」。為了順利補償精致機器導致的昂貴成本，要求「產品的出路是有可靠保障的」，即市場化程度必須足夠高，生產也不能「因為機器生產必須的基本要素的缺乏而被中斷」，意味著所有相關的要素都一定是待售的，即要素市場也需要充分發展；為了方便市場交易，擺脫物物易貨的局限，貨幣作為交易媒介也發展起來。市場的發展過程中，政府的作用也不容忽視，市場甚至是政府有意識干預之后所產生的結果。市場制度尚未建立時，政府的干預促成了市場的建立和完善。「通往自由之路的打開和保持暢通，有賴於持續的、由中央組織調控的干預主義的巨大增長。」例如，實施保護性關稅、進出口補貼、立法廢除種種市場限制等。② 波蘭尼認為，自我調節的市場是一個「徹頭徹尾的烏托邦」，因為「從來沒有存在過真正自由、自我調節的市場」。實際上，管制與市場是一起成長的，在西歐資本主義發展過程中，市場實際上是由國家干預所創造的，國家干預是自由市場興起的前提條件。自由放任絕不是自然產生的，若僅憑事物自然發展，自由市場永遠不會形成，自由放任本身也是由國家強制推行的。③

波蘭尼批判市場自由主義所假定的完備的、自我調節的市場。根據市場自由主義的思想，一切東西，包括人、土地、自然和資金，都必須商品化，這些本來不是經濟活動製造出來銷售的商品，它們的供給數量不可能由市場價格來調節，並且各自承擔一定的社會功能。例如，人需要自由、民主和快樂，還需要繁殖自身；土地、環境提供有益的空間；貨幣提供穩

---

① 王紹光. 大轉型：中國的雙向運動 [J]. 社會觀察, 2008（10）: 41-42.
② 李海飛. 卡爾·波蘭尼反市場自由主義思想評析 [J]. 當代經濟研究, 2012（6）: 56-61.
③ 卡爾·波蘭尼. 大轉型：我們時代的政治與經濟起源 [M]. 馮剛, 譯. 杭州：浙江人民出版社, 2007.

定的交易媒介和儲存手段；教育提供知識文化；醫院為病人治病；宗教為人們提供信仰；政治解決社會治理問題。這些事物現在淪為市場活動賺取利潤的標的，最終將會摧毀人和自然的「神聖性」。例如，土地的商品化，會讓人們忽視掉土地的居住、生產等功能而專注於獲取利潤，這會帶來對土地的濫用和對環境的破壞。在圈地運動中，農場變成了支撐羊毛業的牧場，「羊吃人」的運動顯示了其中的殘酷性。一個「脫嵌」的、完全自我調節的市場是十分野蠻的力量，當它試圖把人、自然環境、土地、資金、教育、醫療、政治、宗教等轉變為純粹的商品時，它必然導致社會與自然環境的毀滅。資本家獲取利潤最赤裸裸的辦法就是保持工人的窮困。「冷酷無情的剝削者利用大眾的無助，使他們處在牛馬般的勞頓和饑餓之中。」生態環境被不斷破壞，人們從環境中獲取利益，但不想承擔治理環境的成本；教育變成一個產業，很多有潛力的年輕人付不起學費；醫院變成賺錢的場所，而不是以治病救人為天職；土地被圈起，農民失去了生計，「羊吃人」的現象讓馬克思說出那句名言：「資本來到世間，從頭到腳，每個毛孔都滴著血和骯髒的東西。」①

### 9.2.1 生態環境破壞

在自由放任的資本主義生產模式下，沒有被監管的企業可以為所欲為，缺少根本的約束。企業在進行生產決策時考慮的是自己的私人成本，讓外部承受社會成本，過度排放污染物導致了嚴重的環境污染。例如，在19世紀90年代，蒙大納的布迪城有著美國最大的銅礦，採銅和煉銅排放出大量的有毒氣體，都直接排進了大氣，這些有毒的氣體和物質嚴重地危害了當地居民的健康，成千上萬的居民患上和死於各種呼吸道方面的疾病（Flanagan, 2007）。

自然資源和環境容納能力是有限的，正如安德烈·高茲（Andre Gorz, 1994）所言，在資本主義制度下，「生產也是破壞」，任何生產都以消耗資源、能源，產生污染物為代價。在有限的生態環境中實現資本的無限擴張本身就是一個矛盾。資本家當然知道生態環境問題，但是如果將資金投向清潔能源，並投資治理污染，會增加成本，減少利潤，這與資本追逐利潤的本性是不符的。為了在市場競爭中生存和發展，資本家對降低生產成本的關注甚於對維護生態環境的關注。

---

① 馬克思. 資本論：第1卷 [M]. 北京：人民出版社，1975.

為了利用全世界的資源和消費能力，資本不斷地擴大市場範圍，在全球配置資源。發達資本主義國家利用經濟和技術優勢，把一些高消耗、高污染產業轉移到發展中國家。這樣不但為資本擴大再生產擴張了消費，而且將生態后果轉嫁給了發展中國家。戴維·佩珀稱之為「生態殖民主義」①，其后果是導致全球性生態危機一步步惡化。

關於經濟理性的環境后果，早在 1804 年，勞德代爾就提出一個悖論，擴大私人財富的一個方法是摧毀社會財富，把昔日豐富的社會財富變得稀缺，如煤、石油、空氣、優美的環境等。恩格斯列舉了美索不達米亞、希臘、小亞細亞等地的例子，居民為了得到耕地而砍伐森林，因此失去了賴以生存的水源，使耕地變成不毛之地；位於阿爾卑斯山的義大利人把祖先保存下來的樹林砍光，結果造成山泉消失，洪水泛濫②；「盲目的掠奪欲」使得英國的「地力枯竭」，甚至「有必要用海鳥糞對英國田地施肥」③。人類對自然的不斷開發甚至掠奪，造成自然生態不斷被加劇破壞，「到目前為止存在的一切生產方式，都只在於取得勞動的最近的、最直接的有益效果。那些只是在以后才顯現出來的、由於逐漸重複和累積才發生的進一步的結果，是完全被忽視的」④。恩格斯對此呼籲：「我們不要過分陶醉於我們人類對自然界的勝利。對於每一次這樣的勝利，自然界都報復了我們。」⑤

### 9.2.2 圈地運動：馬克思的描述

馬克思在《資本論》中描述了資本主義的原始累積。所謂原始累積，只不過是生產者和生產資料分離的歷史過程，一方面使社會的生活資料和生產資料轉化為資本；另一方面使直接生產者轉化為雇傭工人。資本關係以勞動者和勞動實現條件的所有權之間的分離為前提，兩種極不相同的商品所有者發生接觸，一方面是貨幣、生產資料和生活資料的所有者，他們要購買別人的勞動力來增殖自己所佔有的價值總額；另一方面是自由勞動

---

① 戴維·佩珀. 生態社會主義：從縱深生態學到社會主義 [M]. 劉穎, 譯. 濟南：山東大學出版社, 2005.
② 恩格斯. 自然辯證法 [M]. 北京：人民出版社, 1971.
③ 馬克思. 資本論：第 1 卷 [M]. 北京：人民出版社, 1975.
④ 中共中央馬克思恩格斯列寧斯大林著作編譯局. 馬克思恩格斯全集：第 3 卷 [M]. 北京：人民出版社, 1960.
⑤ 袁正, 曹曦. 生態環境危機的政治經濟學分析 [J]. 當代經濟研究, 2011（9）：70-73.

## 經濟轉型與信任危機治理

者，即自己勞動力的出賣者，也就是勞動的出賣者。掌握生產資料的資本家和失去生產資料的雇傭工人成了資本主義生產的基本條件。

　　被剝奪了一切生產資料和舊封建制度給予他們的一切生存保障之後，勞動者才能成為他們自身的出賣者，而對他們的這種剝奪的歷史是用血和火的文字載入人類編年史的。在真正的歷史上，充斥著徵服、奴役、劫掠、殺戮，總之，暴力起著巨大的作用。大量的人被強制地同自己的生存資料分離，被當成不受法律保護的無產者拋向勞動市場。新興資產階級和新貴族剝奪了農業生產者即農民的土地之後，把農民從土地上趕走，奪去他們的公有地，產生了人數眾多的無產階級，這在歷史上稱為圈地運動。

　　歐洲封建社會的農業體系通常採用敞田制。[①] 每個莊園領主的土地上，都會存在一片「公有地」[②]，這片公有地的所有者是特定領主，只是這片公有地不安排耕種，該領主屬下的平民都有權在公有地上從事放牧、打柴、摘野果等活動。最早追溯到 12 世紀的英國，少數「公有地」被圈起，成為一般民眾不得使用的私地。在原始累積的歷史中，正在形成的資本家階級起著推動作用，地主貴族作為土地主人最初圈占「公有地」，即終止農民的公地使用權，后來圈占佃農的租地和自耕農的份地。毛紡織工場手工業的繁榮，以及由此引起的羊毛價格的上漲，對圈地起了直接的推動作用。15 世紀末 16 世紀初，歐洲通往印度新航路的開通和美洲大陸的發現，使英國的對外貿易迅速增長，進一步刺激了英國羊毛業和毛紡織業的發展。羊毛價格不斷上漲，養羊業成為獲利豐厚的產業，對公有地的暴力掠奪大都伴隨著變耕地為牧場的現象。「貨幣是一切權力的權力。因而，把耕地變為牧羊場就成了他們的口號。」「我們的大掠奪者什麼也不在乎！農民的住房被強行拆除，不是農奴制的廢除，而是農民的土地所有權的廢除，才使農民成為無產者。」其目的是把土地變成純粹的商品，擴大農業大規模生產的範圍，增加來自農村的不受法律保護的無產者的供給等。

　　大約在 1750 年，自耕農消失了，而在 18 世紀最后幾十年，農民公有地的最后痕跡也消失了。對公有土地的掠奪，促使在 18 世紀稱為資本租地農場或商人租地農場的大租地農場的增長，並且促使農村居民變成無產階

---

① 中世紀歐洲許多國家中使用土地的一種慣例，即封建領主的自營地（又叫直領地）和農民的份地都分作春種、秋種和休耕三部分，均為條田，每年依次輪用。凡休耕的都作為牧場，供公共使用。耕地在收穫之后至下一次播種之前，無論領主自營地或農民份地，都必須將田界上的籬笆、柵欄拆除，作為牧場，以供公用。

② 公地既包括休耕的敞地，也包括未分配的耕地、荒地等。

級，把他們「遊離」出來並投向工業。到了18世紀，政府頒布的法律《公有地圈圍法》確認和助長了資產階級對人民土地的掠奪。

由於圈地而形成的新領地大部分都變成了牧場，結果是耕地大量減少，過去的住宅、谷倉、馬厩等變成了廢墟。4~5個富有的畜牧業主侵吞了不久前圈圍的大片領地，這些土地以前是在20~30個租地農民和同樣數目的較小的所有者以及其他居民手裡的。所有這些人和他們的家屬，被從自己佔有的土地上趕走。許多小土地所有者和小租地農民，他們靠自己耕種的土地上的產品和在公有地上放養的羊、家禽、豬等來維持自己和家庭的生活，因此幾乎不必購買生存資料。在土地被侵吞後，他們必須為別人勞動才能維持生活，而且不得不到市場上去購買自己所需要的一切，城市和手工工場將會擴大，因為將有更多尋找工作的人被趕到那裡去。農業工人的工資在1765—1780年開始降到最低限度以下，因此必須由官方的濟貧費來補助。

蘇格蘭高地由一些氏族組成，氏族的首領依靠自己的權威把氏族的土地圈占成私有財產，由於遭到氏族成員的反抗，首領公開使用暴力把氏族成員驅逐出去。薩特倫德公爵夫人當權時，把全郡（郡內的人口通過之前的類似過程已經減少到15,000人）變為牧羊場。1814—1820年，這15,000名居民，大約3,000戶，陸續地被驅逐了。他們的村莊全都被破壞和燒毀，他們的田地全都變成了牧場。這位夫人用這種方法把自古以來就屬於氏族的794,000英畝（1英畝約等於4,046.856平方米，下同）土地據為己有，她把沿海地區大約6,000英畝的荒地分配給這些被驅逐的居民，她以平均每英畝2先令6便士的租金把這些荒地租給那些幾百年來為她的家族流灑血汗的氏族成員。她把從氏族那裡奪來的全部土地劃分為29個大的牧羊農場租地。1825年，15,000名蓋爾人已經被131,000只羊所「代替」，被趕到海邊的那部分氏族居民靠捕魚為生。后來，來自倫敦的大魚商看中了這片沿海地區，蓋爾人又一次被驅逐了。最后，一部分牧羊場又變成了狩獵場，因為出於時髦、貴族的欲望、打獵的愛好等，養鹿的交易比牧羊的交易更有利可圖。這樣，鹿有了更自由的活動場所，而人卻被趕到越來越窄的圈子裡去了，人民的自由接二連三地被奪去，壓迫日甚一日。

用掠奪和暴力的方式把封建財產和氏族財產變為現代私有財產，對「神聖的所有權」進行最無恥的凌辱，對人身施加最粗暴的暴力，只要這是為建立資本主義生產方式所需要的。這些方法為資本主義農業奪得了地盤，使土地與資本相結合，並且為城市工業提供了不受法律保護的無產階

級勞動力。

然而，這些斷斷續續遭到暴力剝奪而被驅逐的人，這些不受法律保護的無產階級，不可能像他們誕生那樣快地被新興的工場手工業所吸收，他們成了乞丐、盜賊、流浪者，大多數人是為環境所迫。15世紀末和整個16世紀，整個西歐都頒布了懲治流浪者的血腥法律。1530年，即亨利八世時期，英國允許年老和無勞動能力的乞丐行乞，但對身強力壯的流浪者則加以鞭打和監禁。亨利八世頒布的新的條款就更嚴厲了。如果在流浪時第二次被捕，就要再受鞭打並被割去半只耳朵；如果第三次被捕，就要被當成重罪犯和社會的敵人處死。愛德華六世在他即位的第一年（1547年）頒布的法令規定，拒絕勞動的人，如被告發為遊惰者，就要被判為告發者的奴隸，主人有權用鞭打和鐐銬強迫奴隸從事一切令人厭惡的勞動；如果奴隸逃亡達14天，就要被判為終身奴隸，並在額頭或臉頰打上S字樣的烙印；如果第三次逃亡，就要被當成叛國犯處死；主人可以把他出賣、遺贈或者作為奴隸出租，完全像對待其他動產和牲畜一樣；如果奴隸圖謀反抗主人，也要被處死。伊麗莎白執政時期，在1572年頒布的法令規定，沒有得到行乞許可的14歲以上的乞丐，如果沒有人願意使用他兩年，他就要受猛烈的鞭打，並在左耳打上烙印；如果有人再度行乞而且年過18歲，又沒有人願意使用他兩年，他就要被處死；第三次再犯，就要被毫不留情地當成叛國犯處死。詹姆斯一世時期，遊蕩和行乞的人被宣布為流浪者。法庭的治安法官有權當眾鞭打他們，把第一次被捕者監禁6個月，第二次被捕者監禁2年。在監禁期間，治安法官認為適當就可以隨時鞭打他們，並且沒有限制……不可救藥的、危險的流浪者，要被在左肩打上R字樣的烙印，並要從事強制勞動；如果他再度在行乞時被捕，那就要被毫不留情地處死。

這樣，被暴力剝奪了土地、被驅逐出來而變成了流浪者的農村居民，由於這些恐怖的法律以及鞭打、烙印、酷刑，他們被迫習慣於雇傭勞動制度所必需的紀律。

### 9.2.3 食品安全問題

隨著資本主義市場經濟的發展，市場範圍擴大，市場交易從人格交易向非人格交易轉變，商品的信息不對稱問題出現了，在食品行業尤其如此。在家庭手工業時期，每個家庭的食品要麼自己生產，要麼從熟悉而可以信賴的手工作坊購買，即使沒有政府監管，食品安全一般不會構成什麼

問題，因為生存於街坊鄰里的家庭手工作坊面臨的是重複博弈，不誠信的經營會導致聲譽受損從而難以立足。

隨著工業化、城市化進程的推進，市場範圍和市場規模也在不斷擴大，家庭手工業發展為工場手工業，最后發展為機器大工業。為滿足市場規模的擴大，大規模生產也發展起來，生產技術和生產工藝增加了產品的複雜性，產品變得規模化、標準化、包裝化，消費者很難憑肉眼辨別食品的成分和食品的好壞，更分不清食品的安全性，大多消費者也不具備足夠的知識和信息去判斷食品的質量。從食品的原料到生產、包裝、運輸、銷售，最后到消費者的家庭，鏈條拉得很長，消費者都無從知道自己消費的產品是來自何方，由誰生產和怎樣生產，這是一個陌生人的市場。「相比較我們的祖輩而言，我們對於日常生活中的普通用品，處於一種近似原始人的無知狀態（Richards，1906）。」[1]。工業化產品需要科學檢查才能識別出詐欺行為，而這種科學檢查是普通消費者所無法實施的。

在資本主義發展的早期，古典自由主義思想深入人心，人們堅信，任何對經濟的干預都是違反自然的經濟過程的。每個人都有權力在市場中自由地從事經濟活動，憑藉自己的能力去競爭，並接受競爭的結果。強大的、積極主義的政府對於自由來說是一種威脅（Flanagan，2007）。一個美好的社會應該是一個擁有充分的個人自由的社會。然而，沒有政府和法律干預的市場並不能帶來真正的自由，不是人人都是天使，在利益面前，人們充滿了機會主義行為本性，「任何人都可以在一個小工廠或實驗室中生產食品或藥品，沿街叫賣。初始成本很低，但是市場成功的潛在收益卻相當大」。一些人將商業造假作為通往商業成功手段，甚至不用擔心政府和法律的干預。至於產品的安全性，沒有人管，「吃不死人」也許成了一條普遍的標準。信奉自由放任理論的美國人相信法院而非政府管制是處理機會主義行為的最佳方式。在司法制度上遵循「不告不理」「一事一議」原則。只有個人認為自己的權益遭受侵犯時，在受害者的訴訟請求下，公權力才介入，否則社會無權干涉個人的行動自由。然而，在商業紛爭中，個人和大資本家企業之間根本無法進行平等的訴訟。法院事實上是偏向大企業的，法律並不能阻止強者欺凌弱者，大企業可以聘請著名的律師，可以對立法者、法官和陪審團行賄。可見，法律作為衝突解決的最后屏障，並

---

[1] 劉亞平. 美國進步時代的管制改革——以食品安全為例［J］. 公共行政評論，2008（2）：120-143.

非可靠的、穩定的基礎。①

1906 年，美國記者厄普頓·辛克萊（Upton Sinclair）出版了一本名為《叢林》（*The Jungle*）的小說，揭露了芝加哥肉類加工廠無法無天、膽大妄為的行徑。它們將病死的豬、牛的肉加工成肉製品，將毒死的老鼠的肉加工成香腸，等等。辛克萊關於芝加哥肉品加工業的報導如此的駭人聽聞，食品安全問題迅速成為美國人高度關注的全國性話題，激起了美國人對唯利是圖的企業主的憤怒（Crunden, 1984）。公眾的情緒受到極大的影響，幾乎每個讀了這本書的美國人都相信芝加哥的肉品加工廠是骯髒的，從這些加工廠出來的任何東西都是不能吃的（Young, 1989）。

牛奶也是非常典型的例子。作為美國家庭最基本的食品之一，牛奶的安全影響著千千萬萬的家庭和個人尤其是兒童的健康。在 19 世紀中後期，貪得無厭的生產商和銷售商經常銷售由患有結核病的奶牛產出的奶，或在牛奶中摻水、鹽、蘇打水，在髒牛奶上覆蓋一層好牛奶，用沒有消毒的、敞開的容器運送牛奶，等等。在城市婦女看來，這些不清潔的牛奶是當時美國嬰兒死亡率居高不下的一個主要原因（Flanagan, 2007）。

### 9.2.4　勞工問題

資本主義上升時期，工業化提高了勞動生產力，農業生產走向資本化、規模化、機械化。大量農村剩餘勞動力湧向城市尋找就業機會，工業化初期的地區還無法提供足夠的就業機會，於是城市形成了一個勞動力供給大於需求的市場。作為商品的勞動力，價格自然由市場決定，公司老板認為，工人如果認為勞動條件不好、工資太低，工人可以選擇不來。在這個自由放任的市場中，名義上自由的工人發現他們實際上沒有自由，而是成為工資的奴隸。恩格斯這樣描述：工人成了活的工具，貧窮被看成個人的事，失業甚至被認為有利於經濟的發展，因為把工資壓至最低水平可以降低生產成本。1893 年，為確保公司盈利，芝加哥一家鐵路公司的創始人普爾曼把工人的工資降到了貧困線以下，而工人們在普爾曼公司所在地的房租分文未減。工人委員會前去交涉，但普爾曼拒絕一切和談。普爾曼認為，工人掙多少錢完全是公司的事，工人無權干涉。這導致 125,000 名鐵路工人大罷工。1894 年 7 月 4 日是美國國慶日，聯邦軍隊開進這座城市鎮

---

① 劉亞平. 美國進步時代的管制改革——以食品安全為例 [J]. 公共行政評論, 2008 (2)：120-143.

## 9 制度建設與信任重建

壓罷工，衝突中，13 名工人被打死。①

1899—1915 年，在匹茲堡的鋼鐵廠，有 2,313 例工人因公死亡事故，平均每年死亡 136 人。此外，還有成千上萬的工人在生產中受傷致殘，而沒有得到任何補償（Flanagan，2007）。1888—1908 年，美國工業部門發生的事故導致 70 多萬工人死亡，大約每天有 100 人死去。1901 年，美國鐵路工人中每 26 人就有 1 人因工受傷，每 399 人中就有一人因工死亡。1911 年 3 月 25 日，位於美國紐約埃斯克大樓的制衣公司發生大火。最荒唐的是，在死亡人員最多的九樓，兩扇通向樓梯的門，居然有一扇是鎖著的，據說是為了防止工人偷東西。這場無情的大火奪去了 146 條生命。②

當時沒有針對工人的任何保險制度，沒有公司願意為工人的傷病負責，而是要工人自己承擔工作中的風險，法院也裁定工人對自己在工作中受到的傷害負責。1907 年，拉塞爾·塞奇基金會資助了在賓夕法尼亞州匹茲堡市進行的一項大型的關於工人生活和工作條件的調查，這就是著名的匹茲堡調查，它是美國進步時代改革運動的標誌。調查結果於 1908 年起陸續發表，后來出版了一套叢書。其中，1910 年出版了伊斯曼撰寫的《工作事故與法律》。伊斯曼在匹茲堡地區收集到一年內的工業死亡數據、三個月內的工業事故數據，一共有 1,000 多個案例。調查發現，遭受工傷的工人和那些因工死亡者的家屬承受了工業事故的經濟后果，儘管這些事故主要是雇主造成的。調查報告的作者認為，基於社會公正的考慮，雇主應該承擔工傷事故的主要經濟負擔，從而令他們更積極地消除引致工傷事故的原因。③

1902 年 5 月，美國賓夕法尼亞州西部無菸煤礦區 15 萬礦工舉行罷工，要求增加工資和承認工會的合法地位，美國人聽到了這樣的辯護詞：「如果這個國家的文明是靠礦工和勞工的忍饑挨餓，靠年僅十二三歲的孩子在塵土飛揚的煤礦撿煤維持的話，我們越早結束這種文明，越早重新開始新的文明，對人類越有利。」1903 年 3 月 21 日，判決書公布，工人每天的工作時間縮短到 9 小時，並得到 10% 的加薪，持續 163 天的罷工才宣告結束。④

---

① 《公司的力量》編委會. 公司的力量 [M]. 太原：山西教育出版社，2010.
② 《公司的力量》編委會. 公司的力量 [M]. 太原：山西教育出版社，2010.
③ 岳經倫. 社會科學、知識分子與和諧社會——美國進步時代的啟示 [J]. 公共行政評論，2008（2）：70-91.
④ 《公司的力量》編委會. 公司的力量 [M]. 太原：山西教育出版社，2010.

## 經濟轉型與信任危機治理

　　馬克思在《資本論》中分析論述了工作日，認為資本家千方百計地延長工人的工作日，以榨取更高比例的剩餘價值。「一些部門竭力延長工作日，體現出對剩餘勞動的狼一般的貪欲。」在斯托克和沃爾斯坦登兩個制陶工業區，人的壽命特別短，陶工不分男女，身體上和道德上都已退化，他們一般都身材矮小、發育不良，而且胸部往往是畸形的；他們未老先衰，壽命短促，遲鈍而又貧血；他們常患各種疾病，表明體質極為虛弱，最常患的是胸腔病，如肺炎、肺結核、支氣管炎和哮喘病。一個在全世界人們的心目中佔有卓越地位的行業，依靠工人的勞動和技巧，取得了光輝的成就，但帶來這些成就的代價是工人身體退化、遭受種種折磨、過早死亡。火柴製造業是在 1833 年發明用木梗塗磷的辦法之後出現的，自 1845 年起，它在英國迅速地發展起來，工人中有一半是少年和兒童。這種製造業有害健康，每日工作時間 12~15 小時，此外還有夜間勞動，工人吃飯沒有固定時間，而且多半是在充滿磷毒的工作室裡吃飯。在蘇格蘭，農業工人揭露，他們在最寒冷的天氣裡，每天要勞動 13~14 小時；在倫敦，列車長、司機、信號員因為一次慘重的車禍（死亡幾百名旅客）而受審，這些鐵路工人在陪審員面前異口同聲地說，10~12 年以前，他們每天只勞動 8 小時，但是在最近 5~6 年內，勞動時間延長到了 14~20 小時，而在旅客特別擁擠的時候，如在旅行季節，他們往往要連續勞動 40~50 小時。他們的勞動力在使用到一定限度後就變得無效率了，他們會出現渾身麻木、頭昏眼花等問題。

　　機器的發明和應用，簡化了勞動工序，節省了人的體力。為了降低成本，提高利潤率，資本家雇傭和剝削童工，童工成為「物美價廉」的勞動力。貧窮家庭的兒童必須工作以補貼家用，常常在危險的環境中從事報酬微薄的工作，收入僅為成年男子的 10%~20%。1788 年，在英格蘭和蘇格蘭，143 個水動力棉織廠中 2/3 的工人是兒童。馬克思強烈地反對使用童工，稱英國工業「不吸血就活不了，連孩子的血也吸」。《資本論》中有這樣的描述：「這些部門中，無限度地壓榨 9 歲到 10 歲的孩子，在大清早二、三、四點鐘就從骯髒的床上被抱起來，為了勉強糊口，不得不一直干到夜裡十、十一、十二點鐘。他們四肢瘦弱，身軀萎縮，神態呆痴，麻木得像石頭人一樣，使人看一眼都感到不寒而慄。」威廉・伍德，9 歲，從 7 歲零 10 個月就開始做工，一直是「運模子」（把已經入模的坯子搬到干燥房，再把空模搬回來）。他每天早晨 6 點上工，晚上 9 點左右下工。一個 7 歲的孩子竟每日勞動 15 小時！

在自由資本主義模式下，一方面，財富的巨大增長伴隨著史無前例的財富集中，富有而且影響力巨大的工業及金融資產階級開始出現；另一方面，出現了一個生活在貧困邊緣的無產階級（方納，2003）。1890 年，美國的私人財富的 54.8% 為 1% 的家庭所擁有，同時，50% 的家庭幾乎沒有任何財富；到 1900 年時，美國人口中 1% 的富人擁有美國財富的 87%，而在另一個極端，1,000 萬美國人（占人口的 1/8）卻生活在極度的貧困中（Flanagan，2007）。在 19 世紀后期，美國人越來越不安地意識到，伴隨經濟增長的是越來越多的貧困、剝削和逐漸消失的自由。19 世紀的市場擴展和經濟繁榮理應讓美國人感覺到自由的增進，然而階級分化與剝削的狀況使得自由主義理想徹底落空。市場經濟充滿了內在的不確定性，週期性的經濟蕭條不斷光臨，人們並未感覺到就業穩定和經濟自由，而是已經成為工資的奴隸，這也動搖了中產階級對於自由放任的信賴。

### 9.2.4　腐敗問題

　　「腐敗並非自人類社會產生之日起就有的，它是隨著國家與私有制的出現而出現的。」[①] 在馬克思看來，政治腐敗與國家權力的神祕化密切相關。[②] 1906 年，菲利普斯發表了 9 篇系列報導，揭露美國國會參議員的腐敗，並公開譴責他們被特殊利益集團收買，只為特殊利益集團服務。他指出，無論哪一個政黨的議員都是腐敗的，其中共和黨的領袖最壞。「腐敗交易」是當時各級政府的操作模式，長期掌握權力的共和黨尤其如此，由於獲得了大企業的資金支持，共和黨長期成為美國政治的掌權者，進而為大企業效力。1905 年，《文摘雜誌》（Literary Digest）刊載了一張美國地圖，並在上面標明各州的腐敗情況：在 45 個州中，只有 6 個州是「沒有腐敗」，有 25 個州是「完全腐敗」，有 13 個州是「特別腐敗」。最常見的腐敗形式是權錢交易，如密蘇里州和新澤西州，州立法機構和政府的關鍵職位都被鐵路集團控製，西部各州更甚，幾乎整個加利福尼亞州都成為南太平洋鐵路公司的囊中之物（資中筠，2007）。1902 年，林肯·史蒂芬發表了一系列揭露城市腐敗的文章，在明尼阿波利斯市，市長在就職后解雇了

---

[①] 中共中央馬克思恩格斯列寧斯大林著作編譯局. 馬克思恩格斯選集：第 4 卷 [M]. 北京：人民出版社，2009：94.

[②] 中共中央馬克思恩格斯列寧斯大林著作編譯局. 馬克思恩格斯全集：第 1 卷 [M]. 北京：人民出版社，2009：301.

市警察局近一半的警察，並和一些留下來的警員謀劃了一次偷竊；匹茲堡民主黨的政治黨魁擁有的一家公司以成本高估的方式獲得了該市路面鋪設幾乎所有的合同。梅涅斯對美國 15 個大城市的腐敗進行了統計，他發現，在 1850 年前，幾乎沒有腐敗；腐敗在 1850—1880 年開始上升；在 1880—1930 年，腐敗一直處於一個較高水平；20 世紀 30 年代之後，由於各種改革，腐敗才開始下降（梅涅斯，2006）。

來自新聞媒體界的猛烈抨擊讓許多政治家感到不滿。西奧多·羅斯福給這些過度感情化的新聞報導者取了一個「扒糞者」的外號，「扒糞運動」也因此得名。20 世紀初，美國新聞界掀起了一場專門揭露政治腐敗、商業腐敗的運動，后來被稱為「扒糞運動」，引起了美國各個階層的高度關注，該運動被認為對美國進步時代的制度變革起到了促進作用。

## 9.3 社會保護運動與雙向運動

市場不是萬能的，自由放任的市場具有種種野蠻的特徵。一是不公平產生弱者。天生具有某種缺陷的人在市場競爭中沒有發展自己的機會，市場競爭強調自由、平等，這些人由於自身條件的限制而處於事實上的不自由、不平等，如殘疾人、落後地區的人等，社會該如何對待這些天生機會就不平等的人？二是不公平產生失敗者。市場競爭會產生優勝劣汰的結果，社會如何對待在競爭中敗下來的人？三是破壞性。市場競爭堅持經濟理性，利益成為一切行為的最后準則，「向錢看」「見利忘義」，人、土地、環境都要為資本獲利讓道，對於資本家來說，對資本和股東負責成了商業世界永恆的真理，勞動者、土地、環境都是可以犧牲的對象。資本追逐利潤，可以把教育、醫療、政治等都變成逐利的手段，這對於窮人來說，進一步失去了基本的保護。在自由放任的市場中，錢是萬能的，沒有錢是萬萬不能的。因此，經濟理性充斥著整個社會，人們只認錢不認人，為了利益不擇手段，這會導致社會的道德、倫理滑坡，誠信、信任缺失。

波蘭尼認為，自我調節的市場與工業革命在促成經濟發展和文明進步的同時也促成了貧困化，「貿易和生產的巨大增長碰巧伴隨著人類苦難的巨大增長」。「如果聽任市場經濟按照它自己的規律發展，必將產生巨大而持續的災難。」波蘭尼認為，勞動力、土地和貨幣從本性上說就不應該成為商品，「如果允許市場機制成為人的命運、人所處的自然環境乃至他的購買力數量和用途的唯一主宰，那麼它就會導致社會的毀滅」。波蘭尼還

## 9 制度建設與信任重建

認為，19世紀工業革命的核心就是關於生產工具的近乎神奇的改善，與之相伴的是普通民眾災難性的流離失所；冷酷無情的剝削者利用大眾的無助，使他們處在牛馬般的勞頓和饑餓之中。自我調節市場的興起破壞了原有的經濟嵌入社會的狀態以及相對穩定的社會網路，結果是「工業革命正在導致無比巨大的社會混亂」。

面臨自由放任的市場帶來的種種破壞性，社會就會反彈，致力於抵擋市場控製下的經濟所產生的邪惡影響。「在自發調節的市場體系所固有的威脅面前，社會奮起保護自己，這就是這個時代歷史的綜合性特徵。」自我調節的市場觸發了社會保護的反向運動，就近百年而言，現代社會由一種雙向運動支配著：市場的不斷擴張以及它所遭遇的反向運動。這就是波蘭尼提出的著名的「雙向運動」之說。自我調節的市場經濟必然引發反向運動，社會的力量阻止自由市場對人、社會關係、自然環境等造成進一步的損害，以便阻撓和勞動力、土地、資金等領域有關的市場運動，保護性立法與政府干預手段是這種反向運動的特徵。通過社會保護的反向運動，市場及經濟活動重新「嵌入」社會倫理關係之中。波蘭尼並不反對市場，因為市場可以帶來經濟效率和經濟繁榮，但他反對把市場自我調節置於至高無上的地位，使勞動者和自然環境失去了社會的保護。市場只是一種經濟工具，如果它有利於社會就可以運用，如果它不利於社會，社會就要制約它。特別地，要把勞工、土地、環境、貨幣從市場中隔離開來，推動勞動力、土地和貨幣實現去商品化。自由放任的市場會在不知不覺中削弱其自我調節作用，市場經濟本身需要政府干預以保證其自由市場的特性，使市場不至於發生致命性的衝突。市場經濟並不意味著自由放任，所謂的不受干預的自由市場只是一種烏托邦。在純粹的市場經濟中，雙向運動會同時存在，一方是市場化運動，市場不斷擴張，商品的數量和範圍不斷擴大；另一方是反向的社會自我保護運動，以保護勞動力、土地、自然環境等免遭自我調節市場的侵害。哪一方的力量占據上風，就決定了這一時期的經濟活動和政策實施。

波蘭尼認為，自我調節市場的終結、社會保護和規制的強化並不意味著自由的終結，反而是自由的重生。人們不必擔心社會保護和規制的強化會侵犯人的自由，計劃與自由並不矛盾，離開政府的某些程度的保護，人們和自然並沒有多少真正的自由，「社會的發現既是自由的終結，也是自由的重生」。

## 9.4 社會保護的推動者

在19世紀80年代，代表工人利益的勞工組織和代表農民利益的農場主協會（后來發展成平民黨）都對19世紀后期的政治和社會改革產生了比較大的影響。這些社會運動質疑和放棄了市場經濟的自由放任思想。出於對兩大黨派的不滿，出現了自由共和黨、綠幣勞工黨、平民黨等第三黨派。同時，受過教育的中產階級女性開始組織起來。

在19世紀50年代，美國出現了以提高工資和改善工作條件為宗旨的工會，其成為美國現代工人運動的先驅。8小時工作時間，是這一時期工人運動的主題，工人們在全國範圍內成立了幾百個「8小時聯合會」，推動美國形成了一個全國性的跨行業的勞工組織——全國勞工聯盟。勞工改革者一般都持有這樣的觀點：集中化的資本勢力已經擁有比國家還要大的權力，大公司對政治和經濟的控製直接危害了美國的自由。勞工運動希望通過一系列社會改革計劃來降低工業化和市場革命給工人帶來的痛苦，包括8小時工資制、困難時期的公共雇傭制、貨幣改革等，以爭取更高的工資和改善工作條件（方納，2003）。在19世紀90年代，工人罷工運動席捲美國各地（方納，2003）。

19世紀70年代末，美國南部和中西部的農民通過農場主協會組織起來，農場主協會希望通過將農民組織起來，減緩以市場為基礎的資本主義的進程（Flanagan，2007）。19世紀90年代，農場主協會進一步發展為平民黨，具有較大的影響力。1892年，平民黨在奧馬哈大會批判政府腐敗、剝奪組織工會的權利，認為人類歷史上前所未有的巨額財富的出現對自由構成了巨大的威脅，必須用政府的力量消滅美國社會生活中的「壓迫、非正義和貧窮」。平民黨的黨綱主張政府接管和擁有所有的鐵路、發行全國性的貨幣來結束銀行家對金融業的控製、實行累進所得稅制、運用公共財政資助農場主銷售農產品（方納，2003）。平民黨總的目標是捍衛人民的利益而抵制政治家和商人的利益。

19世紀70年代，由於對政黨政治和政治機器的不滿，一批精英共和黨人，主要是受過良好教育而且在經濟上獨立的專業人士和商人，自稱為「自由共和黨人」，他們主張用像他們自己那樣誠實的、受過教育的「最佳人選」來取代那些由政黨任命的政府官員，並呼籲在選舉中設置財產和教育的要求（Flanagan，2007）。1874年，美國成立了綠幣黨，后來發展為綠

幣勞工黨。綠幣黨只關心貨幣改革，希望通過貨幣改革來防止私人金融集團操縱國家的貨幣供給，從而實現一個更加民主的社會。其改革主張包括取消國家銀行券，將貨幣發行權從私人金融集團手中完全轉移到國家手中，宣布國家發行的紙幣是唯一合法的貨幣，控制通貨膨脹。

美國內戰結束後，美國婦女（尤其是白人婦女）開始爭取平等的權利與機會。19世紀後期的經濟擴張為越來越多的婦女走出家庭、加入勞工隊伍、獲得經濟獨立創造了新的機會。以受過教育的中產階級女性為主的女性組織和女性運動不斷爭取和男性一樣的平等的權利，如選舉權、同工同酬、女工的工作條件、受教育的機會等。

19世紀末，美國資本主義從自由競爭走向了壟斷，對內無視員工的利益，對外以傷害公眾利益作為賺錢的手段，奉行所謂的「只要我能發財，讓公眾利益見鬼去吧」的經營理念，引起社會公眾輿論的強烈不滿和抨擊。19世紀末20世紀初，美國掀起一股新聞報導浪潮，一些記者和報刊致力於深入調查、報導黑幕、揭發醜聞，對社會陰暗面進行揭示，包括政治腐敗、商業腐敗、官商勾結、商業醜聞等。美國總統西奧多・羅斯福挖苦當時從事揭露新聞寫作的記者們為「扒糞者」，他們有著強烈的道德責任感，專以揭露罪惡為目的。1906年，「扒糞者」厄普頓・辛克萊出版了一本名為《叢林》的小說，揭露芝加哥肉類加工廠無法無天、膽大妄為的行徑。1906年，戴維・格雷厄姆・菲利普斯在其《參議院的叛國罪》一文中指名道姓地揭露了納爾遜・奧爾德里奇等20多位參議員政治腐敗的罪惡。《城市的恥辱》集中了林肯・史蒂芬斯於1900年前後發表的一系列「揭黑」文章，真實記錄了包括紐約、芝加哥在內的六大城市的腐敗問題，如官商勾結和政治腐敗。新聞媒體界所掀起的黑幕揭發運動在一定程度上對美國社會空氣的淨化起到巨大的正面影響，為社會改革提供了巨大的輿論支持，推動了美國政府的一系列改革，新聞界也據此被視為「第四權利」。

在美國進步時代的社會保護運動中，政府也扮演了它特定的角色，西奧多・羅斯福總統就是一個進步改革者。由於經濟和社會結構發生了根本性的變化，也確實產生了種種社會問題，在這種大轉型的社會裡，美國處於一個「何去何從」的十字路口。進步改革者仍然堅信自由市場制度和私人產權制度，民主制度、個人自由和法治原則等傳統理念仍然深入人心，但同時也必須面對和解決當時出現的各種問題，美國進步時代的改革實踐源自一種純粹的實用主義精神，以解決問題為導向，而不是否定資本主義

## 經濟轉型與信任危機治理

基本制度。例如，食品安全，人人都認識到食品安全涉及自己和家庭的切身利益，政府官員也是如此，於是食品安全問題變成社會公共問題，不管是誰都希望解決這一問題。

在實際發生和被曝光種種醜聞之后，資本主義的危機赤裸裸地展現在世人面前，政府主動回應公民的權利訴求，積極尋求符合時代進步精神、關乎國家前途和命運的改革方案，力求用改革來「化解」和「平衡」，而不是「壓制」和「激化」各種社會問題。在進步時代中，美國政府一直尋求與公民及社會達成共識與合作，並通過改革增強了政府的回應性、責任性、廉潔性和高效性，從而避免了社會走向革命，也防止了社會各種思潮走向極端主義。[①]

如果資本主義體系繼續像當時那樣運作下去，將會危及美國社會中絕大部分人的利益，美國各階層（包括富有階層）開始認識到，他們面對著自己無法控製的市場力量，進而需要政府為他們提供一種保護（Flanagan，2007）。「如果不進行改革，替代的結果要麼是無政府主義，要麼就是由有錢的資本家用不斷增長的權力繼續壓制民主（Flanagan，2007）。」如果不進行一定的改革，這種生病的制度本身是無法長久維持的，要使得自由資本主義體系能夠繼續運作下去，必須對資產階級的貪婪行為進行約束，消除那些容易滋生極端主義的社會條件和經濟條件。為了避免滋生的各種極端主義斷送美國資本主義的命運，只有改變一些政治技術，才能使資本主義核心價值在一個高度工業化的社會中維持下來。

美國進步運動之后，美國的政治理念從早期的自由放任、有限政府向干預主義、具有社會責任的政府轉變。對於政府的角色這一國家政治的中心話題，美國人越來越接受一個積極政府的想法（Dinner，1998）。幫助管制經濟和為所有的人民提供至少是少量的保護是政府的工作（Flanagan，2007）。美國人開始對政府採取一種支持和積極的政治立場（Flanagan，2007）。進步改革運動的一個目標是：必須改革政府結構，使其回應「人民的意願」（Dinner，1998）。在重構政府的過程中，必須在個人自由和社會責任之間進行平衡（Flanagan，2007）。通過致力於制度建設，從結構上改革各級政府，使得政府能夠積極、負責和有能力地採取行動，解決當時存在的各種社會、經濟和政治問題。行政上，改革政府的運作機制和方

---

[①] 陳炳，全永波. 民主理念、公民教育與美國進步時代改革［J］. 經濟社會體制比較，2012（3）：213-221.

式，提高政府的效率，減少腐敗的機會，建立更加對公民負責的政府；經濟上，將大型企業置於公共控制之下，運用政府權威制衡私人商業利益，對市場進行管制，保護農民、工人、小業主和消費者的利益。[1]

## 9.5 社會保護措施

在社會各階層的共同努力下，相應的法律和制度被建立起來，以解決市場化過程中出現的各類社會問題。馬克思在《資本論》中寫道：「我們對照一下英國現行的工廠立法和從 14 世紀起一直到 18 世紀中葉的勞工法。現代的工廠法強制地縮短工作日，而當時的勞工法力圖強制地延長工作日。」在早期的市場化運動中，立法也成為保護市場企業制度的一種手段。在社會保護運動中，立法反過來成為保護社會的一種手段。

英國議會於 1833 年頒布《工廠法》，該法令規定，工廠的普通工作日應從早晨五點半開始，到晚上八點半結束。在這 15 個小時的界限內，在白天的任何時間使用少年（13~18 歲）做工都是合法的，但是有一個條件：除某些特別規定的情況外，每個少年每天不得做工 12 個小時以上。該法令的第 6 節規定：在限制的勞動時間內，每人每天至少應有 1.5 小時的吃飯時間；禁止雇傭未滿 9 歲的兒童；9~13 歲的兒童的勞動時間每天限制為 8 小時；禁止 9~18 歲的少年做夜工，夜工也就是在該法令所說的晚上八點半至早晨五點半做工。這次立法是英國立法的里程碑，將所有紡織業納入《工廠法》的管制，並由政府設置督察員監督法規的執行。1844 年 6 月，英國頒布的《補充工廠法案》又把另一類工人，即 18 歲以上的婦女，置於法律保護之下。婦女的勞動時間限制為 12 小時，禁止做夜工等，法律第一次對成年人的勞動進行直接的、正式的監督。該法案將 13 歲以下的兒童的工作日縮短為每天 6.5 小時，在有些條件下是 7 小時。為了防止濫用虛假的「換班制度」，該法案又規定了下列細則：「兒童和少年的工作日，應該從有任何一個兒童或少年早晨在工廠裡開始勞動的時間算起。」1847 年 6 月 8 日，《新工廠法》頒布，規定從 1847 年 7 月 1 日起，少年（13~18 歲）和所有女工的工作日先縮短為 11 小時，從 1848 年 5 月 1 日起，再最

---

[1] 馬駿. 經濟、社會變遷與國家治理轉型：美國進步時代改革 [J]. 公共管理研究，2008（0）：3-43.

## 經濟轉型與信任危機治理

終限制為 10 小時。10 小時工作日法令於 1848 年 5 月 1 日起正式生效。①

在 16 世紀的英國，圈地運動迫使眾多農民背井離鄉，淪為流浪漢，失業現象日益嚴重。英國統治者被迫考慮救濟貧民，於 1601 年頒布了《濟貧法》，授權治安官以教區為單位管理濟貧事宜，徵收濟貧稅，核發濟貧費，救濟辦法因類而異，凡年老及喪失勞動力者，在家接受救濟；貧窮兒童則在指定的人家寄養，長到一定年齡時送去當學徒；流浪者被關進監獄或送入教養院。1795 年，英國實施《斯品漢姆蘭法案》，決定根據一個依賴於麵包價格的標準對工資實施補貼。這樣的話，不管窮人的收入是多少，他們的最低收入都可以得到保證。當某種質量的標準麵包「價格為 1 先令時，每一名貧窮但勤勞的人將獲得每周 3 先令的補貼，由他本人或他家的勞動者來領取，或從平民救濟稅中獲得津貼，他的妻子和他家的每一名其他成員將得到 1 先令 6 便士的補貼；當麵包價格為 1/6 英鎊時，每周補貼 4 先令外加 1/10 英鎊；當麵包價格在 1 先令的價位上每上漲 1 便士，他本人將得到 3 便士補貼，他家其他成員將得到 1 便士補貼」②。

英國在 1832 年通過了《1832 年改革法案》(*Reform Act* 1832)，擴大了下議院的選民基礎，改變了下議院由托利黨獨占的狀態，加入了中產階級的勢力，這是英國議會史的一次重大改革。1834 年，英國政府出抬了《濟貧法修正案》，史稱《新濟貧法》。貧民只有進入「濟貧院」後，方可獲得食物救濟，該院實際上是「勞動院」，勞動繁重且生活條件惡劣，貧民往往對這樣的救濟望而卻步。

美國進步時代致力於制度建設，使政府能夠積極地、負責任地、有能力地採取行動，解決當時存在的各種社會、經濟和政治問題。

在市政改革方面，使政治與行政分離，實行黨政分開，摧毀政治機器和黨魁對政府的控制，摧毀政治和財富之間的聯盟，打破官商勾結（De Santis, 2000）。一些城市開始將公用設施納為公共所有，而不再由私人企業控制。即使保留特許權制度，也開始將競爭引入私人企業投標的領域（De Santis, 2000）。美國的一些城市，先後出現了「委員會市政體制」和「城市經理體制」。前者由城市公民選舉產生比較小的委員會，直接負責管理一些城市的政府部門，不過市政法令和城市政府的預算由整個委員會集

---

① 馬克思. 資本論：第 1 卷 [M]. 北京：人民出版社，1975.
② 卡爾·波蘭尼. 大轉型：我們時代的政治與經濟起源 [M]. 杭州：浙江人民出版社，2007.

體負責；后者由一個選舉產生的市政議會雇傭一個專業的經理層負責城市的行政管理。市政改革涉及提高政府管理的效率，這主要涉及政府會計與預算改革和公務員制度改革。政府會計與預算改革強化會計控製和準確地反映政府真實的財政狀況；建立以政府首腦為核心的行政預算體制，明確財政責任；設計理性、全面而細化的預算科目，編制能夠全面反映政府活動的政府預算。公務員制度改革的目標是建立不隨政黨更替而更替的行政人員體系，根據專業知識和能力決定雇傭，按功績晉升。這一方面可以實現政府管理專業化，另一方面可以減少政治或政黨對政府行政活動的干預和影響。

在經濟方面，控製大企業的權力，對大型壟斷企業進行管制，打破政治與大企業之間的聯盟。1890年，美國國會制定了第一部反托拉斯法《謝爾曼法》；1914年，美國國會又制定了《克萊頓反托拉斯法》，將壟斷及一些限制貿易的商業活動視為違法，如價格歧視、為了控製市場而進行的兼併等。聯邦政府起訴並分拆了標準石油公司、美國菸草公司、杜邦公司等大托拉斯。1913年，美國開始開徵個人所得稅，保障政府干預的財政能力；1921年，美國國會通過《1921年預算和會計法》，對鐵路、金融、食品和藥品等行業進行有效的管制；1906年，美國國會通過了哈布恩（Hepburn）鐵路定價法，規定合理的鐵路運價；1914年，威爾遜政府期間，美國建立了美國的中央銀行——聯邦儲備銀行。

在食品安全方面，國會通過了《肉類檢查法》和《食品藥品衛生法》，並成立食品藥品局，專門監管食品藥品安全。

在環境保護方面，為保持發展與自然環境保護之間的平衡，羅斯福政府支持將出售公共土地的收入用於灌溉，將3,000英畝森林增加進國家森林保護體系，建立森林保護公園等。

1902年，密西西比州首先實行了直接普選制度，由人民自己而不是政黨黨魁提名政黨候選人，這一制度很快被其他州採用。越來越多的州賦予了女性選舉權，這些改革極大地擴大了美國民主的公民參與基礎（De Santis, 2000）。為了提高政府的管理效率、減少腐敗，各州也紛紛推行了預算改革和公務員制度改革（Schick, 1971; De Santis, 2000）。在羅斯福的支持下，國會通過了一些旨在保護勞工權益的法律。例如，支持通過立法來明確雇主對工傷和事故的法律責任，禁止雇用童工，等等。到1920年時，美國大多數州都建立了工人補償制度，通過了管制童工和女性勞動的法律，確立了工作時間、工資、工作安全方面的標準和健康標準（De

Santis，2000）。1916 年，美國通過了規定鐵路工人 8 小時工作時間的《亞當森（Adamson）法》。1872 年，美國國會通過了《阿奈爾法》，賦予在政府工作的婦女與男性同工同酬的權利。19 世紀 80 年代，一些工業州的議會開始考慮制定法律來管制工廠中女工的工作條件。同時，女性開始獲得越來越多的接受教育尤其是接受高等教育的機會。塔夫塔政府執政期間，支持工廠安全生產立法，建立了美國兒童局，保護兒童的權利。為降低嬰兒和孕婦死亡率，威爾遜總統將 1918 年定為「兒童年」。1921 年，美國國會通過了《母嬰法》，由聯邦政府向各州提供保護母嬰健康的資金。[①]

## 9.6　中國的社會失範與重建

改革開放以后，中國的指導思想發生了變化，放棄階級鬥爭路線，一切以經濟建設為中心，堅持「解放生產力，發展生產力」和「發展是硬道理」，致力於追求經濟增長速度。為了追求效率和整體經濟增長速度，經濟體制從計劃經濟向市場經濟轉變，以市場為基礎配置資源，搞活國民經濟。王紹光（2008）把中國從倫理經濟演化到市場社會的轉變分為三個階段：第一階段是市場的出現（1979—1984 年），其間零星的商品交易市場開始出現，但它們在整體經濟中的作用仍十分有限，行政權力對經濟行為的干預依然很強，非市場體制與關係仍然占據上風。第二階段是市場制度的出現（1985—1992 年），其間一套相互關聯的市場制度開始出現，如產品市場、勞動力市場、資本市場、外匯市場、土地市場等。到這個階段，等價交換、供求關係、競爭等市場原則開始在經濟生活中發揮作用，但它們還沒有大規模進入非經濟領域。第三階段是市場社會的出現（1993—1999年），其間市場原則開始席捲非經濟領域，大有成為整合社會生活機制的勢頭。在中國走向市場化的過程中，市場理性逐漸主宰經濟、社會生活，「一切向錢看」，其他一切都要為市場理性或經濟增長讓步，包括公平、就業、職工權益、公共衛生、醫療保障、生態環境、教育等，甚至在個別司法活動中也常常見到「錢的影子」。

在市場化過程中，經濟效率得到了體現，中國保持了長時期的高速增長。但是，伴隨市場化過程也出現了一系列社會問題，到 20 世紀 90 年代

---

① 馬駿. 經濟、社會變遷與國家治理轉型：美國進步時代改革［J］. 公共管理研究，2008 (0)：3-43.

末，有些問題已變得觸目驚心，包括日益惡化的生態環境和貧富差距拉大，大規模的下崗失業，上學難、看病難、看病貴，各類事故頻發，司法不公。行政活動也充滿了經濟導向，如超生罰款、交通違規罰款。在一切活動「向錢看」的社會背景下，似乎「利」成為一切活動的準則，道德滑坡，誠信與信任缺失。

按照波蘭尼的「雙向運動」理論，市場的不斷擴張會遭遇社會反向運動，社會的力量會阻止市場的野蠻性，人們、輿論、政府不斷掀起自下而上或自上而下的制度變革，以阻止市場對社會造成破壞性後果。王紹光（2008）指出，如果說從1978年開始到20世紀90年代中期，中國只有經濟政策、沒有社會政策的話，我們看到從20世紀90年代末開始，中國出現了很多社會政策。例如，1999年西部大開發戰略；2002年城市低保政策；2003年支持「三農」，進行農村稅費改革，籌建新型農村合作醫療體系；2004年降低農業稅，推出農村「三項補貼」，實行《最低工資規定》；2005年部分取消農業稅；2006年全面取消農業稅，推出農業綜合補貼，免除西部地區農村義務教育學雜費，試行城市廉租房；2007年全國農村義務教育免費，全面推進新型農村合作醫療，全面推進廉租房，全面推進農村低保，開始推行城市全民醫保，通過了《中華人民共和國反壟斷法》與《中華人民共和國勞動合同法》；2009年，通過了《中華人民共和國食品安全法》；1993年通過了《中華人民共和國消費者權益保護法》並於2009年進行修訂；2014年修訂了《中華人民共和國環境保護法》；2015年修訂了《中華人民共和國藥品管理法》。

這些社會政策整體可歸為兩大類：一類的目標是縮小不平等，如縮小地區差距、縮小城鄉差距；另一類的目標是降低不安全，如實施最低生活保障、醫療保障、工傷保險、養老保險、失業保險、勞動保護、環境保護、食品藥品安全、消費者保護等。近年來，國家加大了反腐倡廉的力度，處理了一批腐敗大案，《中共中央關於制定國民經濟和社會發展第十三個五年規劃的建議》中明確提出：反腐倡廉建設永遠在路上。要堅持全面從嚴治黨，落實「三嚴三實」要求，嚴明黨的紀律和規矩。構建不敢腐、不能腐、不想腐的有效機制，努力實現幹部清正、政府清廉、政治清明，為經濟社會發展營造良好政治生態。

這些具有社會保護性質的法律制度，有助於解決中國在市場化過程中出現的種種社會問題，如勞動保護、環境破壞、腐敗、道德敗壞、消費者保護等。我們相信在一系列制度的累積作用下，社會的失序狀況將得到緩

解，誠信和信任問題也將得到一定程度的解決。

## 9.7 結語

中國經濟轉型從計劃經濟轉向市場經濟，隨著市場的擴大，市場的野蠻性也不斷體現出來。在波蘭尼看來，市場的野蠻性是所有市場經濟在市場化過程中的普遍特徵。自由放任的市場均會對人類、社會和自然環境造成諸多的傷害，進而激起來自社會的保護運動。在社會保護運動中，新聞媒體、公眾輿論和政府制度建設都起到各自的作用。某一方面的市場野蠻性被新聞媒體曝光後，會引起公眾輿論的普遍關注、評論和呼籲，政府在民意的聲音下也難以推脫，一般會介入到事件的解決當中，輿論的聲音越大，事件傳播的範圍越廣，政府會越重視，介入的速度和力度會越大，以避免極端主義造成社會的動盪。在經過政府調查和處理之後，相關的制度也會完善起來，從而給野蠻的市場套上籠套。經過不同領域的市場化運動和社會保護運動的開展，社會的文明取得不斷進步。

中國在改革開放的前期，市場化運動占據主導方向，經濟快速增長，但社會問題不斷出現，誠信和信任危機就是其中之一。近十年來，國家在社會保護運動中給予了更多的關注，更多地面向民生，對人、資源、環境的關切在逐漸增多，並且不斷制定出政策以完善市場。我們對改革開放過程中出現的社會問題持樂觀的態度，這是所有市場經濟都要經歷的階段，切不可因為出現些社會問題，就否定市場經濟，否定改革開放。波蘭尼並不反對市場，因為市場可以帶來經濟效率和經濟繁榮，他只是反對把市場自我調節置於至高無上的地位，使勞動者和自然環境失去了社會的保護。市場經濟本身需要政府干預以保證其自由市場的特性，使市場不至於發生致命性的衝突。

在社會保護運動中，新聞自由有利於社會保護運動的開展。如果醜聞得不到揭發，民眾得不到真相，邪惡也就得不到制止。「魏則西事件」曝光的種種黑幕可以說是令人觸目驚心，所有的人都在關注，不管是政府官員還是普通民眾，不管是富人還是平民，都可能遭遇到魏則西式的悲劇，這種公共認識促使政府出抬相應的制度和監管，以促進這個市場走向完善。

# 10 醫療領域的誠信問題

2016 年 5 月初,一個涉及百度、部隊醫院、莆田系民營醫療業的醜聞事件成為公眾輿論的焦點,事件主角魏則西是一名癌症病人,他的不幸激發了億萬民眾內心深處的同情、不安和憤怒。魏則西就是一個普通人,百度和這些醫院就在我們身邊,我們每一個人都可能成為魏則西。該事件讓國人感到羞愧和憤怒,整個社會都應該懺悔以及去改變。本書就這一事件進行理論和案例分析。波蘭尼的雙向運動理論可以幫助我們理清這一問題,他國的一些改革經驗可以為我們提供些許借鑑。

## 10.1 魏則西事件

魏則西是西安電子科技大學計算機系的一名大學生。2014 年,魏則西被診斷患有晚期「滑膜肉瘤」,這是一種惡性腫瘤,「一種很恐怖的軟組織腫瘤,目前除了最新研發和正在做臨床實驗的技術,沒有有效的治療手段」。癌症病人及其家庭的痛苦可想而知,魏則西在帖子中這樣描述:我大二的時候被診斷患有惡性腫瘤,之後是我痛苦的不願意回憶的治療經過,手術,放療,化療,生不如死,死裡逃生數次。我是獨子,父母對我的愛真的無以言表,拼了命也要為我治病,可當時北京、上海、天津、廣州的各大腫瘤醫院都說沒有希望,讓我父母再要一個孩子。在採取各種治療方法卻效果不佳之後,山窮水盡的魏家通過百度搜索發現武警北京總隊第二醫院提供一種「生物免疫療法」(DC-CIK 療法),對此魏則西這樣描述:「說得特別好,我爸媽當時就和這家醫院聯繫,沒幾天就去北京了,見到他們一個姓李的主任,他的原話是這麼說的,這個技術不是他們的,是斯坦福大學研發出來的,他們是合作方,有效率達到 80%~90%。看著我的報告單,他向我爸媽說保我 20 年沒問題。這是一家三甲醫院,我們還專門查了一下這個醫生,他還上過中央臺且不止一次。當時想著,百度、

### 經濟轉型與信任危機治理

三甲醫院、中央臺、斯坦福大學的技術，這些應該沒有問題了吧！我們當時把家裡的錢算了一下，又找親戚朋友借了些，一共在那花了 20 多萬元，結果呢，幾個月（癌細胞）就轉移到肺了。我爸去找這個人，卻說治療成功也存在概率，他們又說從來沒有向任何人做過保證，還讓我們接著做，說做多了就有效果了。後來我知道了我的病情，在知乎上有一個美國的留學生，他用谷歌幫我查了，又聯繫了很多美國的醫院，才把問題弄明白，事實是這樣的：這個技術在國外因為效率太低，在臨床試驗階段就被淘汰了，現在美國根本就沒有醫院用這種技術，可到了國內，卻成了最新技術，然後進行各種欺騙。」[①] 在接受了 4 次治療、花費 20 餘萬元後，魏則西於 2016 年 4 月 12 日去世。

一個癌症病人的死，本不是新聞，但是他的遭遇成了新聞，事件激起了人們對市場、道德和制度的深思。隨著媒體的不斷深挖以及官方調查結果的公布，該事件也變得清晰。魏則西曾經就醫的武警北京總隊第二醫院「生物診療中心」的網站營運方是康新公司，技術合作方是上海柯萊遜生物技術有限公司，二者均為福建莆田系的民營醫療公司。不管是承包還是合作共建，在這個事件中，民營醫療機構貼上了「部隊醫院」的金字招牌，攫取了公眾對部隊醫院的信任。

武警北京部隊第二醫院「生物診療中心」給魏則西治療的技術叫「生物免疫療法」（DC-CIK 療法），對外聲稱是與美國斯坦福大學合作引進的先進技術，事實上，斯坦福大學並沒有與之有任何合作。[②] 據專業人士介紹，魏則西接受的 DC-CIK 療法屬細胞免疫療法，這一療法在美國已經歷過多年的研究，但臨床試驗基本上全部宣告失敗，因為在臨床試驗中發現沒有治療效果。現在，在美國已經鮮有 DC-CIK 用於癌症治療的臨床試驗，這一技術在美國已被淘汰。[③] 美國的臨床試驗已經發展到最前沿的 CAR-T 技術，目前也只是處在試驗階段。DC-CIK 療法這項在國外已被證明臨床無效、已被淘汰的技術在中國卻被包裝成先進的醫學治療手段，被冠以「諾貝爾獎」「斯坦福大學」等高端噱頭，行騙於中國。據《南方周末》2014 年報導，國家衛計委曾在回函中稱：「尚無經我委批准開展自體免疫

---

[①] 引自魏則西《你認為人性最大的惡是什麼？》知乎網，2016 年 2 月 26 日，有刪改。

[②] 盛夢露．斯坦福：未與中國醫院合作，包括武警二院［EB/OL］．（2016-05-04）［2016-12-30］．china.caixin.com/2016-05-04/100939509.html．

[③] 清華學者：魏則西所受療法臨床試驗在美均失敗，中國成主力軍［EB/OL］．（2016-05-02）［2016-12-30］．www.thepaper.cn/newsDetail_forward_1463727．

細胞治療技術的醫療機構，我委也未組織開展自體免疫細胞治療技術相關的臨床試驗。」① 可見，魏則西接受的自體免疫細胞治療技術在中國並沒有被批准進入臨床應用。魏則西事件曝光之後，國家衛計委發布的公告再次確認，自體免疫細胞治療技術只屬於「臨床研究」，而且需要審批，如果進入臨床應用屬於違規行為。按照2014年國家衛計委印發的《醫療衛生機構開展臨床研究項目管理辦法》的規定，醫療衛生機構不得向臨床研究的受試者收取費用。實踐中，甚至還有一定的營養補助或補貼。國內一些醫療機構，在缺少臨床試驗的情況下，就直接開始收費、推廣DC-CIK治療，這是與國際醫學倫理相違背的做法，更何況這是在國外已被證明臨床無效且被淘汰的技術。

魏則西及家人通過百度搜索，尋求醫療信息，這是一個普通人做的普通事。百度是一款被人們廣泛使用的大型中文搜索引擎，「不知道，上百度」「百度一下，你就知道」，百度是中國人經常使用的搜索工具。百度憑藉其在國內強大的搜索能力控製著大眾的信息入口，百度據此也獲得大量的廣告收入。百度通過競價排名把出錢多的商業機構排在搜索結果的前面，並且稱之為百度推廣。所謂推廣，字面意思是推而廣之。老百姓信任百度，自然也信任其推廣。事實上，花大價錢做推廣的常常是一些騙子機構，它們通過虛假宣傳吸引眼球。百度成了這些騙子機構的「幫凶」，它控製著大眾的信息入口，卻把路標指向邪惡。顯然，百度濫用了人們對這個強大搜索工具的信任。

每個人心中都存在下面的疑問：醫療機構是治病救人還是謀財手段？搜索引擎是實現有效搜索還是見利忘義？武警北京總隊第二醫院這樣的部隊醫院為何出現欺騙病人錢財的醫療機構？中央臺、三甲醫院、部隊、斯坦福大學本是專家系統，人們對專家系統的信任為何陷入被欺騙的境地？

## 10.2　美國社會保護運動的歷史經驗

### 10.2.1　社會保護運動的推動者

#### 10.2.1.1　新聞媒體

19世紀末20世紀初，美國掀起一股新聞報導浪潮，一些記者和報刊

---

① 袁瑞瑞. 癌症免疫療法：監管停滯業務瘋狂，國外謹慎國內盛行 [EB/OL]. (2014-09-04) [2016-12-30]. www.infzm.com/content/103914.

### 經濟轉型與信任危機治理

致力於深入調查,報導黑幕,揭發醜聞,對社會陰暗面進行揭示,包括政治腐敗、商業腐敗、官商勾結、商業醜聞等。美國總統西奧多·羅斯福挖苦當時這些從事揭露新聞寫作的記者們為「扒糞者」。這些新聞記者有著強烈的道德責任感,專以揭露罪惡為目的。1906年,厄普頓·辛克萊出版的小說《叢林》揭露了芝加哥肉類加工廠的醜聞;1906年,戴維·格雷厄姆·菲利普斯在其《參議院的叛國罪》一文中指名道姓地揭露了20多位參議員政治腐敗的罪惡;林肯·史蒂芬斯的暢銷書《城市的恥辱》真實地記錄了包括紐約、芝加哥在內的六大城市的腐敗問題。新聞媒體界掀起的黑幕揭發運動在一定程度上對美國社會空氣的淨化起到巨大的正面影響,為社會改革提供了巨大的輿論支持,推動了美國政府的一系列改革,新聞界也據此被視為「第四權利」。

#### 10.2.1.2 民眾

19世紀末,美國資本主義從自由競爭走向了壟斷,對內無視員工的利益,對外以傷害公眾利益作為賺錢的手段,奉行所謂「只要我能發財,讓公眾利益見鬼去吧」的經營理念,這引起社會公眾的強烈不滿和抨擊。在19世紀80年代,代表工人利益的勞工組織和代表農民利益的農場主協會對19世紀後期的政治和社會改革產生了比較大的影響。他們質疑市場經濟的自由放任思想,在很多領域掀起社會保護運動。

在19世紀50年代,美國出現了以提高工資和改善工作條件為宗旨的工會,8小時工作時間是這一時期工人運動的主題,工人們在全國範圍內成立了「8小時聯合會」,勞工運動希望通過一系列社會改革計劃來降低工業化和市場化給工人帶來的痛苦,爭取8小時工資制,爭取更高的工資和更好的工作條件(方納,2003)。19世紀70年代末,美國南部和中西部的農民被農場主協會組織起來,減緩以市場為基礎的資本主義進程(Flanagan, 2007)。19世紀90年代,農場主協會進一步發展為平民黨,該黨總的目標是要捍衛人民的利益而抵制政治家和商人的利益,他們批判政府腐敗,主張用政府的力量消滅美國社會生活中的「壓迫、非正義和貧窮」。19世紀70年代,一批受過良好教育而且在經濟上獨立的專業人士和商人出現了,他們主張精英治國,提出在選舉中設置財產和教育的要求(Flanagan, 2007)。同時,受過教育的中產階級女性也開始組織起來,爭取平等的權利與機會。婦女們關注食物安全,積極地倡導政府管制,禁止假冒偽劣食品的銷售。市場中的正義企業或傳統在位企業也積極遊說政府進行管制。在沒有很好地進行管制的情況下,商業造假往往是商業成功的

10　醫療領域的誠信問題

合法手段（Young，1989），「任何人都可以在一個小工廠或實驗室中生產食品或藥品，然後沿街叫賣。初始成本很低，但是市場成功的潛在收益卻相當大」。不進行管制的市場造成了惡劣的名聲，當時，美國的加工食品在海外臭名昭著。很多歐洲人相信美國的食品是有毒的和欺騙消費者的。德國、法國等國家禁止或限制許多美國加工食品特別是肉制口的進口（Kolko，1977）。

### 10.2.1.3　政府

在美國進步時代的社會保護運動中，政府也扮演了特定的角色。面對經濟和社會結構的變化帶來的種種社會問題，美國政府也在思考「何去何從」。美國進步時代的改革實踐講究實用主義，以解決問題為導向，而不是否定資本主義基本制度。例如，人人都認識到食品安全涉及自己和家庭的切身利益，政府官員也是如此，無論是誰都希望解決這一問題。西奧多·羅斯福總統就是一個進步主義者，他相信大企業必然會濫用自己的權力。因此，為保護公共利益，聯邦政府應當進行管制。羅斯福總統積極支持食品安全管制，認為聯邦政府應該對消費者的食品安全承擔責任。

在實際發生和被曝光種種醜聞之後，資本主義的危機赤裸裸地展現在世人面前，政府主動回應公民的權利訴求，積極尋求符合時代進步精神、關乎國家前途和命運的改革方案，力求用改革來「化解」和「平衡」而不是「壓制」和「激化」各種社會問題。在進步時代，美國政府一直尋求與公民及社會的共識與合作，並通過改革增強政府的回應性、責任性、廉潔性和高效性，從而避免了社會走向革命，也防止了社會各種思潮走向極端主義（陳炳，全永波，2012）。如果資本主義體系繼續像當時那樣運作下去，將會危及美國社會絕大部分人的利益，美國各階層（包括富有階層）開始認識到，他們面對的是自己無法控製的市場力量，需要政府為他們提供一種保護（Flanagan，2007）。如果不進行改革，替代的結果要麼是無政府主義，要麼就是由有錢的資本家不斷增長的權力繼續壓制民主（Flanagan，2007）。如果不進行一定的改革，這種生病的制度本身是無法長久維持的，基於馬克思的分析，資產階級會生產出它自身的掘墓人。在進步主義者看來，要使得自由資本主義體系能夠繼續運作下去，必須對資產階級的貪婪行為進行約束，消除那些容易滋生極端主義的社會條件和經濟條件。

美國進步運動之後，美國的政治理念從早期的自由放任、有限政府向干預主義、具有社會責任的政府轉變。美國人越來越接受一個積極政府的

179

觀點（Dinner，1998）。幫助管制經濟和為所有的人提供至少是少量的保護是政府的工作（Flanagan，2007）。美國人開始對政府採取一種支持和積極的政治立場（Flanagan，2007）。進步改革運動的一個目標是改革政府結構，使其回應人民的意願（Dinner，1998）。在重構政府的過程中，必須在個人自由和社會責任之間進行平衡（Flanagan，2007）。通過致力於制度建設，使得政府能夠積極地、負責地、有能力地採取行動，解決當時存在的各種社會、經濟和政治問題。在行政上，改革政府的運作機制和方式，提高政府的效率，減少腐敗的機會，建立對公民更加負責的政府；在經濟上，將大型企業置於公共控制之下，運用政府權威制衡私人商業利益，對市場進行管制，保護農民、工人、小業主和消費者的利益。

### 10.2.2　美國的食品藥品醫療安全監管

隨著公眾對食品藥品安全現狀的不滿越來越強烈，最終導致美國國會於1906年通過了兩部保障食品藥品安全的法律，明確了聯邦政府對食品藥品安全的責任，並確定了實施管制的機構、程序和管制內容。

1867年，美國農業部化學局成立，負責人是韋利博士。為了爭取各方面對這個機構的理解和支持，該部門在全國各地建立若干區域站，進行不同氣候和溫度下食品造假的試驗。在1887—1893年，該局對食品造假進行了全面深入的檢查，出版了系列研究報告，並多次向總統和國會提出政策建議，希望通過立法加強日益嚴重的食品安全問題的監管。1906年，美國國會通過了《肉類檢查法》和《純粹食品藥品法》，並將管制的權限交給聯邦政府。化學局的地位和權力也一再加強，職員從1906年的110名增加到1912年的146名，獲得的國會資金也增加了6倍（Carpenter，2001）。1930年，該局正式更名為食品與藥品管理局，成為美國醫藥和食品領域的主要監管者。《食品藥品法》是美國進步時代社會治理改革的標杆，沒有哪一項法律比1906年的《食品藥品法》更為成功（Gaughan，2004）。1938年，美國國會修訂了1906年的《食品藥品法》，通過了《聯邦食品、藥品和化妝品法》，該法把管理範圍擴大至化妝品和醫療器械。

在資本主義發展的早期，古典自由主義思想深入人心。每個人都有權力在市場中自由地從事經濟活動，憑藉自己的能力去競爭，並接受競爭的結果。強大的、積極主義的政府對於自由來說是一種威脅（Flanagan，2007）。一個美好的社會應該是一個擁有充分的個人自由的社會。一些人將商業造假作為通往商業成功的手段，甚至不用擔心政府和法律的干預。

至於產品的安全性,「沒有人管,吃不死人」也許成了一條普遍的標準。美國人信奉自由放任市場,主張有限政府。食品和藥品安全方面的糾紛可以通過法院來解決（Glaeser & Andrei, 2003）。法院而非政府是處理機會主義行為的最佳方式。司法制度遵循「不告不理」「一事一議」的原則。只有個人認為自己的權益遭受侵犯時,在受害者的訴訟請求下,公權力才介入,否則社會無權干涉個人的行動自由。然而,在商業紛爭中,個人和大資本家的企業之間根本無法進行平等的訴訟。財富和權力的極度不平等使得資本家能夠使用遠遠超過他們對手的資源來顛覆正義。法院事實上是偏向大企業的,法律並不能阻止強者欺凌弱者,大企業可以聘請強大的律師,可以對立法者、法官和陪審團行賄。在食品安全的案件中,很少有人有時間、金錢或意願去打官司,忍氣吞聲比訴訟的成本更低（Young, 1989）。可見,法律作為衝突解決的最后屏障,並非可靠的、穩定的基礎方式。人們不相信訴訟是對有害行為的唯一恰當的回應方式（Glaeser & Andrei, 2003）。

在食品藥品領域,這完全是一個匿名市場,人們看到的產品根本不知道是誰生產、怎樣生產以及質量和安全性如何。需要科學檢測才能識別產品的成分、質量和安全性,而這種科學檢測是普通消費者無法實施的。對於醫療這樣的服務,醫生或醫院與患者之間更是存在顯著的信息不對稱。因此,需要公共組織的參與,協助解決食品、藥品和醫療領域的信息不對稱問題。政府相關部門是主要的公共組織。食品安全檢測主要歸美國農業部下屬的食品安全和檢驗局（Food Safety and Inspection Service, FSIS）負責;醫療監管主要歸聯邦醫療和社會服務部（Department of Health and Human Services, HHS）負責;食品與藥品管理局（The Food and Drug Administration, FDA）是聯邦醫療和社會服務部的下屬機構,負責食品和藥品的監管;另外一個很重要的分支機構是聯邦醫保和醫助總局（CMS）,聯邦政府的醫保政策使之成為美國醫療的最大購買方,因此這個部門對醫療行業的監管也是不遺餘力的。其他商業醫療保險公司也是醫療行業的重要支付方,它們對醫療行業也起著重要的監督作用。州政府對醫療的監管主要是針對醫療人員和醫療機構,州政府負責審查醫療人員的資格、執照以及組織考試等,州政府也負責管理醫療機構的許可證。美國的民間非營利組織也提供醫療領域的監管,最典型的是醫療機構聯合認證委員會,該機構的目標就是要提高醫療服務的質量和安全,其運轉由理事會負責,理事會成員是來自美國醫院協會、醫療協會、醫科學院選派的代表。該委員會每

### 經濟轉型與信任危機治理

三年對醫院進行一次審查,認證報告要向公眾公布。另外,美國醫學會、美國醫院協會等專業性協會對醫療行業也有自律性監管。病人權益保護組織、消費者保護組織和其他公民組織,如病人權益基金會等在客觀上也起到了醫療監督作用。[①]

在食品、藥品和醫療這類信息高度不對稱的領域,消費者對產品和服務的知情權至關重要。產品的成分是什麼、有何效果、有何副作用、產地等信息要在產品上有明確的標示,這樣消費者就可以依據這些產品信息和價格來做出明智的選擇。美國的《聯邦食品、藥品和化妝品法》要求對相關產品做出明確的標示,強調消費者對這類產品的知情權。不管是來自哪個層面的監管,食品、藥品和醫療領域的監管都要體現專業性,要由技術專家來檢測和監管,實施檢測和監管的專家憑藉他們的科學知識與技術,給出權威的、客觀的、科學的檢測報告,並依法保護個體利益不受侵犯。即使政府部門的監管者也應該是專業人士。食品與藥品管理局的前身是農業部化學局,其負責人韋利擁有博士學位,他於1892年當選為美國化學協會會長。據《環球時報》報導,美國食品與藥品管理局的執法者由醫生、律師、微生物學家、藥理學家、化學家和統計學家等專業人士組成,該局約有1萬名正式員工,其中2,100名是有學位的科學家,包括900名化學家和300名微生物學家,食品與藥品管理局有1,100名有執照的稽查員。[②]

在美國,食品加工的各個環節都要接受農業部、食品與藥品管理局檢查官的監督和檢查。各公司為檢查官提供專用辦公室,檢查官有權在任何時間進入加工廠的每一個角落,檢查每一道工序,抽查每一件食品。公司每次都要提前把樣品送到指定的研究所檢驗,合格產品被蓋上印鑒或標籤,表明檢查合格,標籤上有產品的編號,依據編號可以查詢到該產品相關的加工和原料環節。只要產品出現問題,很容易追根溯源。為了防止常駐檢查官與廠商相處太熟有私交,政府規定駐廠檢查官必須每6個月換一次、不許接受禮品等。監管部門可以規定加工廠的衛生條件,達不到強制衛生標準的產品不得持政府檢查合格標示在市場上流通。個人或企業運輸和銷售沒有合格標示的肉品是非法行為。偽造檢查合格標示是違法行為,違法者將被處以罰金甚至監禁。

在監管的手法上,事前諮詢與預防比事后懲罰更可取。若事件發生之

---

① 趙強. 美國醫療監管:政府行業民間都睜大眼 [N]. 健康報,2014-05-29.
② 劉愛成. 美國食品安全法歷經180年 [N]. 環球時報,2005-03-30.

10　醫療領域的誠信問題

后再處理，表明成本已經產生，相關危害也已經造成，查處事件本身其實於事無補，只是起到亡羊補牢的效果。在醫療服務領域，對已明確的疾病的科普和醫療標準制定至關重要，美國的醫療診斷和治療程序是標準化的，同樣的標準、同樣的教科書，使得不同的醫院、不同的醫生的解答大致相同，都遵循嚴格的診療規範。居民的社區醫生一般對疾病的科普或標準有相當的瞭解，社區醫生和居民又有長期的信任關係。因此，患者從社區醫生那裡就可以得到基本科學的處理意見。美國食品與藥品管理局（FDA）花費相當多的資源為企業提供諮詢，幫助生產商採用正確的生產方法，使之更願意也更有能力遵守《食品藥品法》。美國食品與藥品管理局的官方網站公布了187種被美國食品與藥品管理局列入黑名單的虛假癌症治療的相關藥物以及它們的醫療機構和公司名單。美國聯邦貿易委員會的網頁上有關於「癌症治療詐欺」的專門頁面，其中有建議消費者首先應諮詢自己的醫生，並提醒人們理性對待疾病，騙子正是利用病急亂投醫的心理讓患者上當受騙的。①

谷歌（Google）是全球知名的搜索引擎。無疑，谷歌的盈利能力也建立在商業廣告之上，但要在谷歌上投放與醫藥有關廣告，需要獲得美國食品與藥品管理局（FDA）以及美國藥房理事會（NABP）的認證，只有正規的網上藥店和正規的藥品與治療技術才能在谷歌上投放搜索廣告。② 在谷歌上投放藥品搜索廣告的網路藥店也必須獲得美國政府頒發的互聯網藥店執業認證（VIPPS）。筆者曾在加拿大薩斯喀徹溫省使用互聯網搜索「Synovial Sarcoma」，即滑膜肉瘤，在搜索出來的界面中，排在最前面的區域和最后面的區域都是廣告，前面有4條，后面有3條，但均註明有明顯的廣告標示，一個黃色的框上寫著「廣告」③ 二字。廣告區域的顯示與其他搜索內容在排版上稍有區別。廣告之後緊接著出現的第一條是「Synovial Cell Sarcoma: Diagnosis, Treatment, Support & Research」（滑膜肉瘤：診斷、治療、支持與研究）。這是一個公共組織發出的對滑膜肉瘤患者的全球性倡議，裡面介紹這一疾病的基本信息和病例。第二條是維基百科對滑膜肉

---

① 高妮妮. 假如魏則西事件發生在美國［EB/OL］.（2016-05-03）［2016-12-30］. blog.sina.com.cn/s/blog_6175bf700102wgqh.html.
② 鄭峻. 美國怎麼打擊虛假醫藥廣告？谷歌遭受釣魚執法［EB/OL］.（2016-05-02）［2016-12-30］. tech.sina.com.cn/zl/post/detail/i/2016-05-02/pid_8507326.htm.
③ 筆者使用的是中文版操作系統和軟件，若是全英文的系統和軟件，顯示的是Ad兩個字母，即「廣告」的英文簡稱。

瘤的介紹。谷歌有一個自動的廣告過濾機制。據谷歌發布的報告，2015年谷歌屏蔽了7.8億條違規廣告，封殺了21.4萬家廣告商。其中，包括1,250萬條違規的醫療和藥品廣告，原因在於這些廣告涉及藥品未獲批准或者虛假誤導性宣傳等。美國的監管部門對非法醫療廣告的打擊極其嚴厲，對於谷歌這樣的大企業更是如此。2011年，谷歌因為投放非法醫療廣告被美國司法部起訴，最終被判處5億美元（約合34億元人民幣）的罰金，並公開承諾不再犯類似錯誤。①

## 10.3 魏則西事件引發中國醫療領域的社會保護運動

### 10.3.1 中國醫療市場的「野蠻性」

魏則西事件揭露了中國醫療市場的「野蠻性」。中國醫療領域的市場化改革一般認為是始於1985年，這一年國務院批轉了衛生部《關於衛生工作改革若干政策問題的報告》，提出了發展衛生事業的新思路：鼓勵多渠道辦醫；對衛生醫療機構實行放權、讓利、搞活，實行鼓勵創收和自我發展的政策。中國醫療領域進入政府衛生投入比重下降，居民醫療費用快速上升，醫療機構創收動力越來越強的階段，體現在醫療市場上，一定程度上出現了看病難、看病貴、因病致貧、因病返貧等問題。② 2016年年初，「女孩怒斥號販子」事件與其說是票販子猖獗，還不如理解為醫療供給緊張，這種供不應求導致倒賣掛號這一市場的滋生。在醫療操作上，以藥養醫、過度檢查、過度用藥、濫用抗生素已在一定意義上成為醫院常態。非營利性的公立醫院尚且如此，更不用說營利性的民營醫療機構了。涉及魏則西事件的醫院既有公立醫院，也有莆田系的民營醫療機構。民營醫療機構的醫療亂象從它誕生的那天起，就不斷被質疑、曝光、打假、司法懲罰，但在市場力量的牽引下，民營醫療機構與醫療亂象一直處於同步發展之中。魏則西事件引發了媒體對民營醫療亂象的深度挖掘，種種亂象可以說是令人觸目驚心。莆田系民營醫療機構名聲不佳，莆田當地人知根知

---

① 鄭峻. 美國怎麼打擊虛假醫藥廣告？谷歌遭受釣魚執法［EB/OL］.（2016-05-02）［2016-12-30］. tech.sina.com.cn/zl/post/detail/i/2016-05-02/pid_8507326.htm.

② 周婷玉，吳晶，趙超. 在改革中破解難題——中國30年醫改歷程回顧［EB/OL］.（2008-10-14）［2016-12-30］. news.xinhuanet.com/newscenter/2008-10/14/content-10193775.htm.

底。記者在莆田東莊鎮探訪時注意到，這個中國民營醫院的「大本營」，幾乎看不見一家專科民營醫院。當地人接受媒體採訪時直言不諱：「我們看病，全是去區上的公立醫院」「自己人怎麼能騙自己人」「都是老鄉，當然對東莊鎮搞的那套知根知底，自然就不會相信他們」。在東莊鎮的鄰鎮，民眾反映：「他們賺的錢並不乾淨，我們看不起這樣賺錢。」[1]

10.3.1.1 資質造假

湖南省某市一家當地人民醫院將部分科室租給莆田系民營醫療機構經營。據「經視大調查」報導，湘西自治州的衛生監管部門調查顯示，皮膚、肛腸、美容3個科室共有工作人員52名，真正的醫生僅有5人，有29人既不是醫生，也不是護士。[2] 2005年8月，在北京市朝陽區，一位李小姐到一家醫療中心下屬診所進行牙齒矯正，花了治療費7萬多元。事後，李小姐得知，為其治療的香港醫師鄧某沒有醫師資格。在廣東省某市，涉事醫院2014年1~5月未取得母嬰保健技術服務執業許可證，擅自開展終止妊娠手術43例，其中人流手術15例、引產手術28例，該醫院任用無醫師資格證書和醫師執業證書的李某獨立從事B超診斷和心電圖診斷工作，任用無醫師資格證書和醫師執業證書的黃某獨立從事婦科診療活動，任用無任何醫學檢驗專業技術職務任職資格的王某獨立從事醫學檢驗工作，雇用陳某等5名無處方權人員開具處方。[3] 在廈門新開元醫院的醫療執業許可證的地址上，一家靠美甲起家、無行醫資格的美容機構，打著「醫療美容」的名號進行整形和注射手術。據某醫生介紹，莆田系醫院的部分醫生並無行醫資格。他的一位同行曾透露，監管部門突擊檢查時，會有專門的盯梢者通知這些「假大夫」溜走。如果來不及，他們要麼躲進辦公室把門鎖上，要麼把白大褂一脫，躺在病床上裝病人。[4] 搜狐新聞記者以諮詢抽脂名義前往廈門新開元醫院開設的一家名為「新開元醫療美容」的分部探訪。一位諮詢專員簡單檢查後，推薦由來自臺灣的李院長進行手術，記者查得李院長的臺灣醫生短期行醫許可證和院方宣傳資料顯示，其專業為外

---

[1] 莆田系人名聲不佳，鄰鎮人：看不起他們這樣賺錢［N］. 法制晚報, 2016-05-09.

[2] 肖鵬. 莆田系部分醫院的掘金技法：借基金會名義「請」患者住院［EB/OL］.（2016-05-16）［2016-12-30］. http://www.bjnews.com.cn/news/2016/05/16/403365.html.

[3] 醫生無資質、器械假冒低劣：十年前曝光的莆田系問題仍在［N］. 法制晚報, 2016-05-05.

[4] 劉暢, 李陽. 原高管爆料：一位莆田系老板野蠻生長的生意經［EB/OL］.（2016-05-13）［2016-12-30］. news.sohu.com/20160513/n449303232.shtml.

科，並不具備皮膚美容專業醫生的注射資格。① 一些民營醫療機構本來就缺少醫療力量，醫生人手不足，但為了獲得醫療資質和應付檢查，通過「掛證」的方式解決。為了達到政府對開辦醫療機構醫生數量方面的要求，這些民營醫療機構會花錢租用其他醫院醫生的醫師證，將其執業地點從所在醫院變更過來，以便通過衛生部門的驗收，但該醫生只是掛名在此，本人仍在原單位上班，只在衛生局校驗時過來應付一下。2014年下半年面臨校驗檢查之際，廈門新開元醫院於 2014 年 8 月 7 日「聘用」了原廈門大學附屬第一醫院的張醫生、蔡醫生、張醫生，兩個月後，三人的執業地點又變更回原醫院。② 在廈門，租一套醫師證的市場行情是每個月 10,000～30,000 元。③

據央視報導，2014 年 12 月 1 日，廈門的彭女士在廈門天使婦產醫院做結紮手術時變成植物人，后來死亡。記者調查發現，麻醉師一人多崗，擅離職守是造成這起醫療事故的重要原因。根據廈門衛生監督部門的調查，天使婦產醫院對外宣稱有三名麻醉師，但實際長期在崗的麻醉師只有一人。該人對彭女士實施麻醉，在術後沒喚醒病人又去實施一臺結紮手術、一臺剖宮產術以及一個無痛人流手術。這起事故的背後，是部分民營醫院極度缺乏醫生，不得不用「影子醫生」充數。央視記者到該醫院調查，發現有一些醫生在這家醫院註冊，但是在醫院根本看不到這些醫生的影子。吳醫生在廈門天使婦產醫院註冊，卻在廈門前埔醫院上班。李醫生在廈門天使婦產醫院註冊，卻在廈門眼科中心上班。央視記者登錄廈門衛生局官方網站發現，廈門眼科中心、廈門天使婦產醫院、廈門新開元醫院三家醫院都是民營醫院，法定代表人均為同一個人。

#### 10.3.1.2 虛假宣傳

虛假宣傳是一些民營醫療機構慣用的手段，他們大量做廣告，吸引病人前來看病，為吸引患者，「以精心炮制的虛假宣傳為誘餌，大肆吹噓神奇技術與驚人療效，句句戳中患者痛點，使患者甘願押上身家性命賭一把」④。

---

① 劉暢，李陽. 原高管爆料：一位莆田系老板野蠻生長的生意經 [EB/OL]. (2016-05-13) [2016-12-30]. news.sohu.com/20160513/n449303232.shtml.

② 劉暢，李陽. 原高管爆料：一位莆田系老板野蠻生長的生意經 [EB/OL]. (2016-05-13) [2016-12-30]. news.sohu.com/20160513/n449303232.shtml.

③ 南方周末. 莆田系醫生自揭醫院吸金術：他們是在逼良為娼 [EB/OL]. (2016-05-12) [2016-12-30]. finance.sina.com.cn/chanjing/cyxw/2016-05-12/doc-ifxsenvn7068044.shtml.

④ 白劍峰. 魏則西留下的生命考題 [N]. 人民日報，2016-05-06.

## 10 醫療領域的誠信問題

一些民營醫院對醫院、醫生、技術進行虛假包裝,把醫生包裝成擁有祖傳秘方的名醫,或者與時俱進地加上專家、教授、博士生導師等頭銜,甚至吹噓醫生是院士、享受國務院特殊津貼的專家、某協會的會長或副會長等。

涉及魏則西事件的柯萊遜公司這樣宣傳自己:「柯萊遜匯聚了眾多一流的腫瘤學、免疫學、生物技術等領域的學術權威和醫療專家,其中享受國務院特殊津貼專家5人,博士生導師9人,主任醫師48人。柯萊遜還引進了數名國外生物學專家、歐美留學博(碩)士等,為柯萊遜核心技術的持續進步和長久發展提供了有力的保障。在先進技術合作方面,柯萊遜和國內外眾多著名學術、科研機構開展多種形式的技術合作和全面交流。」然而,記者仔細查詢柯萊遜公司的專家團隊,卻沒有查到一個實名專家,如此神祕的團隊真是讓人難以捉摸。柯萊遜公司宣稱在2009年4月21日,經過嚴格的申報和審批,加入中國生物工程學會,成為其團體會員,這是繼中國免疫學會之後,柯萊遜公司在技術層面再次獲得行業內權威機構的認可。記者甚至在其網站上發現了柯萊遜公司成為中國生物工程學會團體會員的證書。然而,中國生物工程學會表示,從來沒有吸收過柯萊遜為公司學會的團體會員。①

涉及魏則西事件的主治醫生李志亮在事發後主動刪除其微博裡的內容,更改相應的頭像和認證名稱。公開資料顯示,李志亮宣稱近40年來,一直從事惡性腫瘤的臨床治療和科研工作,發表科學論文30餘篇,並列出了一些他發表的論文的標題。然而,記者查詢發現,這些文章確實存在,但作者中並沒有「李志亮」的名字。在一些宣傳李志亮的網頁中,說他是「中國腫瘤生物治療協會常務副會長」,記者從民政部信息查詢得知該協會並不存在。李志亮在公開資料中曾宣稱:「早年曾和DC細胞之父、諾貝爾醫學獎獲得者斯坦曼教授的助理馬克教授保持緊密聯繫,近年來一直與美國斯坦福大學保持技術共享,共同開展多種免疫細胞治療腫瘤的協作研究。」美國斯坦福大學醫學院媒體關係主任露絲安・里克特於2016年5月3日接受新華社記者採訪時表示,該校與魏則西事件及涉事醫院絕對無關。除魏則西的主治醫生李志亮以外,武警北京總隊第二醫院生物診療中心的多位腫瘤醫生履歷存疑。例如,李慧敏宣稱自己是中華醫學會腫瘤專業委員會委員,記者發現該組織事實上並不存在。李慧敏宣稱自己是中國免疫

---

① 張亮. 23家三甲醫院錯攀柯萊遜,多項宣傳子虛烏有[N]. 中國經營報,2016-05-09(16).

## 經濟轉型與信任危機治理

學會腫瘤免疫分會委員，事實上，該委員會名單上並沒有「李慧敏」的名字。武警北京總隊第二醫院生物診療中心的溫洪澤公開宣稱自己曾在中國腫瘤生物治療協會任副會長，是中國生物工程協會的會員，是中華醫學會腫瘤專業委員會委員，事實上，這幾個協會均不存在。在網路公開資料中，溫洪澤發表了7篇腫瘤、生物治療方面的文章，經查詢，這7篇文章沒有一篇的作者有「溫洪澤」的名字。① 該中心另一位醫生郭躍生也宣稱自己是並不存在的中國腫瘤生物治療協會的主任委員。②

一些民營醫院善於捏造治療手段，高科技亂局真假難辨，通過高技術噱頭吸引患者前來治療。捏造或包裝治療技術，是部分莆田系醫院謀財的又一技法。國內外一出現某種醫學技術，部分莆田系的投資者們就迫不及待地追捧、複製、推廣，這些未成熟的科研成果很快就在「高科技」的包裝下到處販賣。③ 一些患者非常不幸地充當了實驗品，而且要為所謂的高科技買單，花費巨大。魏則西事件中的細胞免疫療法就是實例，柯萊遜公司與國內23家三甲醫院開展腫瘤業務合作④，在全國涉足這一療法的醫療機構有300餘家⑤。這項在國外已被淘汰的技術在國內卻被包裝成斂財的工具，使用斯坦福大學先進技術、DC-CIK療法、諾貝爾醫學獎、中國最先進的技術等詞語來欺騙迷惑患者。

據新京報網報導，北京海華醫院在治療癲癇和腦癱中對外主推「NGC神經遞質診療體系」和「NFR神經功能重建體系」，而業內人士表示，這個「NGC神經遞質診療體系」從未聽過，完全沒有科學依據，也無相關研究，都是海華醫院自創的名目，現實中沒有這個診療方法，國內外都沒有，聞所未聞；成都一家骨科醫院被莆田系承包，該醫院給腰腿痛、腰椎病患者做所謂的「射頻消融術」，這種治療方法療效不確切，公立醫院很少做，但在一些莆田系醫院應用廣泛。由於射頻消融術不用開刀，民營醫院號稱效果神奇，費用卻要上萬元。在內蒙古赤峰市仁濟醫院，34歲的患

---

① 魏則西接受的免疫療法是否違規 [N]. 北京青年報, 2016-05-06.
② 李丹丹.「魏則西事件」調查結果公布, 武警二院存科室違規合作 [N]. 新京報, 2016-05-10.
③ 肖鵬. 莆田系部分醫院的掘金技法：借基金會名義「請」患者住院 [EB/OL]. (2016-05-16) [2016-12-30]. www.bjnews.com.cn/news/2016/05/16/403365.html.
④ 張亮. 23家三甲醫院錯攀柯萊遜, 多項宣傳子虛烏有 [N]. 中國經營報, 2016-05-09(16).
⑤ 禁令已十年, 醫院為何還外包 [EB/OL]. (2016-05-03) [2016-12-30]. news.sina.com.cn/pl/2016-05-03/docifxrtztc3177730.shtml.

10　醫療領域的誠信問題

者在懷孕時被該院診斷為腰椎間盤突出，亦採用了射頻消融術，花費數萬元，而到赤峰市醫院卻診斷為腰椎間盤正常，在治療后患者不幸流產。① 某歌手馬某狀告北京建國醫院，該醫院的宣傳手提袋作為證據上了法庭，上面寫著「獨創立體定位消融療法」，所謂的「獨創立體定位消融療法」完全是從業者編造的噱頭。

　　一些民營醫療機構通過誇大醫療效果打消患者的疑慮，他們通過虛假包裝之後，號稱專治其他醫院治不了的疑難雜症。魏則西事件中，借助編造的斯坦福大學技術和合作，號稱有效率達到 80%~90%。患者看到的是「武警北京第二醫院生物治療」的宣傳冊，詳細介紹生物免疫治療的優勢，手冊上很多治療過的患者實例，患者紛紛評價治療效果不錯，並配有患者接受治療前后變化的照片。宣傳冊上的內容還告訴患者這是中國最先進的技術，並承諾每個人治療都有效果。② 在某「膽石症微創診療中心」的網站上有這樣一個治療案例，附有某女士送錦旗的照片，並給出其治療案例：56 歲的趙女士經常於夜間發生右上腹疼痛，無明顯誘因，伴噁心、嘔吐及右后背部疼痛，性質為脹痛，來到醫院使用過「德國超聲微纖清息術」之後，一個月康復。然而，通過識圖軟件搜索，這位女士送錦旗感謝醫生的照片在全國各地的多家醫院均有出現。③

　　在百度大力整頓「百度推廣」之前，當患者通過百度等搜索網站搜索一些病症的關鍵詞時，百度推廣的醫療機構會排在搜索頁的最前面，若點擊進入一家醫療機構的網站，總是會有對話框自動彈出，態度友好地為人提供在線諮詢，對方還聲稱是醫生。《新華每日電訊》的記者通過臥底暗訪，深度揭秘了這類醫院雇用大量沒學過醫的年輕人寫軟文、做網路推廣以及提供在線諮詢的黑幕。記者輕而易舉地通過應聘當上了負責在線諮詢的「眼科醫生」，這些醫療機構招聘網路推廣時需要的只是廉價勞動力，對專業、技術、經驗等根本沒有任何要求。在這些醫療機構的網路部，那些為患者提供電話諮詢或在線諮詢的「醫生」，幫人在線分析病情、預約就診的「專家」，實際上都是沒學過醫的年輕人。患者們的問題都大同小異，大多是症狀、能不能治、要花多少錢、需要多長時間等，系統裡有製

---

① 肖鵬. 莆田系部分醫院的掘金技法：借基金會名義「請」患者住院 [EB/OL]. (2016-05-16) [2016-12-30]. www.bjnews.com.cn/news/2016/05/16/403365.html.

② 生物免疫療法亂象：更多「魏則西」們的傷痛 [EB/OL]. (2016-05-09) [2016-12-30]. news.sohu.com/s2016/newsmaker410/index.shtml.

③ 劉子珩. 20 網站「掛靠」武警北京二院 18 科室 [N]. 新京報，2016-05-06.

## 經濟轉型與信任危機治理

作好的各種對話模板，甚至連打字都不用，直接點擊模板的回答，就能一步一步把患者吸引到醫院裡來。這些醫療機構還會雇用專人寫偽科普文章，針對某些病的關鍵詞編寫一些科普文章、案例、療法等，這些文章極力推崇自己的醫院和醫生。例如，「××醫院的××科專家××獨創××療法」「××醫院的××科引進××國的××技術」「××專家上過××電視臺的××節目」，並且網站上還附上相關的視頻、圖片和照片。① 這些偽科普文章並沒有專業人士去核實，也沒人監管，往往會把病急亂投醫的患者一步步騙上鉤。

#### 10.3.1.3 醫療騙術

使用無效的甚至假冒偽劣的醫療器械，是部分莆田系民營醫院的利潤來源之一。上海「打假醫生」陳曉蘭暗訪莆田系的上海長江醫院的治療室，對該院使用的「恒頻磁共振治療儀」進行調查。該院聲稱這種儀器在「男性不育、女性不孕」方面有「神奇療效」。陳醫生發現不少患者一邊接受儀器治療，一邊自如地使用手機通話，這有悖於醫療常識。陳曉蘭舉報之后，上海市食品藥品監督管理局抽查了一臺「恒頻磁共振治療儀」，檢測報告顯示：被抽檢的設備存在多處國家強制執行的基本安全標準不合格問題。例如，輸入功率不合格、保護接地阻抗不合格、網電源熔斷器和過流釋放器不合格、指示燈顏色不合格、中心磁感應強度不合格。后來記者對該儀器的生產廠家調查發現，「其實就開在一個100多平方米的三室兩廳套房裡，最裡面的一間約15平方米的房間，就是『生產車間』。3名年輕女工正在組裝設備，工具是一把電烙鐵和幾把剪刀」「這個所謂的醫療器械，實際上就是一個有註冊號的廢鐵，卻被長江醫院用來製造送子神話」。這樣一臺恒頻磁共振治療儀的出廠價為4,000元左右，而患者使用一次的費用為900元，患者一個療程治下來，可能要10~20次。② 一種在民間小作坊生產的、沒有治療效果的、安全性能都不合格的偽高科技設備成為這些民營醫療機構獲取暴利的工具。2015年，上海市第一中級人民法院做出一項終審判決，上海萬眾醫院起訴一家醫療設備公司，為進行帕金森頭部立體定向手術萬眾醫院向該公司購入了一臺醫療設備，但安裝后「根本無法實現頭部立體定位功能」，並且所購設備是未經註冊、無合格證明的醫療器械。奇怪的是，上海萬眾醫院雖然主張退貨，但其實一直在持

---

① 我曾在莆田系醫院當「醫生」[N]. 新華每日電訊，2016-05-13.
② 朱國棟，李菂. 莆田系民營醫院 洗不清的原罪？[J]. 瞭望東方周刊，2006（46）.

## 10 醫療領域的誠信問題

續使用這臺醫療設備進行所謂診斷和治療。①

據職業打假人王海介紹:「現在民營醫院騙錢的辦法有這麼幾種:首先,甭管你有病沒病,先用各種醫療器械檢查一番,光檢查就可以產生很多費用。甚至編造檢查結果,沒病說你有病。其次,小病說成大病,能一個禮拜治好的病,非要拖到一個月,直到你帶的看病的錢花光為止。再次,過度治療,價格昂貴,可以用 20 元一盒的藥的時候,給你用 200 元一盒的藥。曾在莆田系醫院就職的邱醫生透露:「20 世紀 90 年代後期,莆田系介入了醫療美容領域,割雙眼皮手術在公立醫院僅需 50 元,在莆田系醫院卻被炒到 1,000~2,000 元。儘管醫生『水平很差』,『客源』卻依然絡繹不絕。」「做一個雙眼皮,我付出的勞動和方式都一樣。但價格有 3,000 元的,也有 30,000 元的,要看諮詢專員能不能忽悠以及病人夠不夠傻。」②

談及一些民營醫院裡的黑幕,曾在包括莆田系醫院在內的多家民營醫院供職的李某義憤填膺:「他們的信譽和醫療水平太差。」小病說成大病,檢查結果隨意炮製。據李某講,一般情況下,只要老百姓走進了這種醫院,很少能全身而退。「沒病看出病,小病說成大病是主要手段。」患者進入醫院後,有一個必經環節就是拿著門診醫生開具的各類化驗單、檢查單去做檢查。這些數據都具有一定的專業性,對於一般老百姓來說,基本都看不懂這些單據上的數據和符號,這些醫院在這些單據上稍做修改,神不知鬼不覺,沒病的成了有病,小病成了大病,開一堆藥品、掛幾天液體都不在話下。在經過一段時間治療後,仍是以醫院的檢查化驗結果為準,數據和符號仍然可被修改,即「數據顯示」好轉了或者痊癒了。③ 從檢驗數據上進行欺騙,不僅獲利了,還讓患者感恩戴德。事實上,一番治療或者讓患者的身體遭受治療的副作用,或者貽誤真正病情。深圳市第二人民醫院泌尿外科副主任醫師張醫生透露:「我經手過在深圳福華中西醫結合醫院治療過的患者,基本上都被欺騙過」「有的到我這檢查根本沒有問題」「你檢查的這些指標他們都是可以人工修改的,要不然怎麼賺你的錢」。

魏則西事件之後,南昌一位曹先生向《每日經濟新聞》記者講述了他

---

① 十年前曝光的莆田系問題仍在 [N]. 法制晚報,2016-05-05.
② 劉暢,李陽. 原高管爆料:一位莆田系老闆野蠻生長的生意經 [EB/OL]. (2016-05-13) [2016-12-30]. news.sohu.com/20160513/n449303232.shtml.
③ 余暉. 達不到創收任務的醫生兩三個月就被醫院炒了 [N]. 華商報,2016-05-08.

## 經濟轉型與信任危機治理

在南昌某泌尿專科醫院治療的經歷。「一進去，一位主任就告訴我，這種病很嚴重，要立刻治，能治好，但是要用貴一點的藥。」醫生開的藥是400多元一針，他夫婦二人每天都要打一針，再開了一些其他的口服藥，住院治療了半個月，卻都沒有康復。曹先生回憶稱，醫生每次開藥的時候，都問他還有多少錢。他帶去的28,000多元錢很快就花光了，最後找一位同學借錢的時候，才忍不住告訴了同學實情。同學告訴他，肯定被騙了，讓他直接去江西省人民醫院。「在公立醫院，只花了2,000多元，就治好了。」《每日經濟新聞》記者查詢瞭解到，曹先生口中的泌尿專科醫院幕後老板也是莆田系民營醫療機構經營者。①

一些莆田系民營醫院通過在藥物上偷梁換柱來獲得暴利。業內人士告訴《瞭望東方周刊》記者：「比如說，莆田系的一家藥廠，將某個藥品換個劑量、名稱和包裝，然後拿到藥監部門審批、生產，最後把這些藥推廣到與藥廠相熟的莆田系民營醫院使用，原本這個藥價是2元，現在賣200元。因為這個藥只在熟悉的醫院裡銷售，別的醫院沒有出售，因此患者沒有比較的餘地，也不知道價格高低。因為這些醫院是一個體系的，所以也不會互相壓價競爭。這樣一來，醫院和藥廠就可以聯手賺黑心錢了。」② 正常的藥，消費者可以去藥店比價，因此這類醫院往往要求消費者使用本醫院的制劑，這個制劑可能是假藥，也可能是真藥，比如青黴素，它們可以編一個名字，換上包裝，對病人進行詐欺。③

部分莆田系民營醫院為員工或營銷人員製作《醫院電話接診技巧》《接診程序》《醫生銷售技巧10法》等閱讀和培訓資料，裡面不惜應用大量心理學戰術。「必要時可以炫耀一下醫生，有時患者會衝著醫生的名望而來，尤其是農村的。」「必要時嚇唬一下患者，尤其是很在意自己健康的人、很小心謹慎的患者。」這些銷售技巧要求對病人的支付能力有一個大致判斷，循序漸進，逐漸加壓，讓患者從被動付錢到主動付錢。④

十年前，中國的互聯網還不算發達，那時候的莆田系醫院大多依賴「醫托」來幫醫院承攬業務。「曾在一家莆田系醫院任院長助理的邱醫生更

---

① 於垚峰.「魏則西事件」揭開莆田系生存法則［N］. 每日經濟新聞, 2016-05-03.
② 誰把生命做成生意？深挖莆田遊醫驚人黑幕［J］. 瞭望東方周刊, 2006 (46).
③ 深度！起底「魏則西事件」背後的莆田系［EB/OL］. (2016-05-05)［2017-04-18］. http://mt.sohu.com/20160505/n447804808.shtml.
④ 誰把生命做成生意？深挖莆田遊醫驚人黑幕［J］. 瞭望東方周刊, 2006 (46).

是直言，無論是院內院外，介紹病人都有返點，一般是醫療費總額的 15%～30%。」① 一般地，真正的好醫院總是人滿為患，正規醫院的好醫生也是忙得不可開交，因此好醫院往往是不會花錢去做廣告的。好醫院也不會雇用「醫托」，形形色色的「醫托」在正規醫院與患者搭話，騙患者到另外一家醫院去就診。這些「醫托」一般是由民營醫療機構雇用，網上有很多痛斥「醫托」的帖子。互聯網興起之後，「網路醫托」走向繁榮，網路醫托公司通過網路技術，如社交軟件、網頁對話框與患者交流，北京英才公司和北京知者創新網路科技有限公司有「網路醫托」600 餘人，同時為國內數十家醫院服務，這兩家公司同屬於莆田系醫療機構所有。②

### 10.3.1.4 過度醫療

莆田系民營醫院沒有公立醫院的公信力，需要靠巨額的廣告投入，要賺錢，必然變本加厲地跟患者要錢。③ 曾在普田系醫院工作的邱醫生回憶，醫院高層會議談得最多的是業績，在他的印象裡，院方對業務水平鮮有考核，但業績方面卻有著嚴苛的標準。④《瞭望東方周刊》記者曾總結莆田系發家階段的不規範治療手段，包括：敢把沒病的說成有病，敢把一個療程的病治上 10 個療程，敢把十幾元一瓶的藥賣到 200 多元。⑤ 過度醫療、小病大看是莆田系醫院發財最基本的手段。

從事了 25 年民營醫療的莆田人陳永利（化名）告訴《法制晚報》記者：「不管病能不能治好，先管能收多少錢。」相關的套路都差不多。例如，通常在檢查前先說一個費用，檢查後又加其他費用。

### 10.3.1.5 醫療事故

醫療領域可能因為意外而出現醫療事故，即使好醫院也難以完全避免。一些民營醫院由於醫生、設備、制度不過關，執業不規範，醫療事故無疑會增加。醫生和設備造假的問題上面已提及，無數血淋淋的、令人心痛的事實無需贅述。

---

① 肖鵬. 莆田系部分醫院的掘金技法：借基金會名義「請」患者住院 [EB/OL]. (2016-05-16) [2016-12-30]. www.bjnews.com.cn/news/2016/05/16/403365.html.

② 肖鵬. 莆田系部分醫院的掘金技法：借基金會名義「請」患者住院 [EB/OL]. (2016-05-16) [2016-12-30]. www.bjnews.com.cn/news/2016/05/16/403365.html.

③ 安鐘汝. 漩渦中的莆田系「改革派」[N]. 新京報，2016-05-06.

④ 劉暢，李陽. 原高管爆料：一位莆田系老板野蠻生長的生意經 [EB/OL]. (2016-05-13) [2016-12-30]. news.sohu.com/20160513/n449303232.shtml.

⑤ 誰把生命做成生意？深挖莆田遊醫驚人黑幕 [J]. 瞭望東方周刊，2006（46）.

#### 10.3.1.6　各種不規範

莆田系「遊醫」掘得第一桶金之后，想告別遊醫階段，登入大雅之堂，承包公立醫院的科室是最佳辦法。公立醫院擁有品牌優勢和公信力，民營醫療機構的財力、物力、人力有限，並且面臨一定的政策壁壘。在當時政策條件下，一些民營機構承包公立醫院的某些科室，最初承包的一般是性病、皮膚病等診室。就這樣，民營力量通過承包公立醫院的科室，聘用一些退休的老醫生，同時加大廣告投放力度，在表面上和公立醫院的正規科室沒什麼兩樣，病人誤以為這些承包科室就是正規的公立醫院科室。也有一些比較小一點的醫院被整個「託管」，「被託管的醫院，名頭上還是中醫院、人民醫院之類的稱呼，大家以為就是公立醫院」①。這些醫療騙子往往證照齊全、資質合法，更具有隱蔽性和欺騙性。醫院是真的，醫生是真的，圈套當然也是真的。一旦有人上鉤，他們便會假戲真做，把騙術演到極致，直到「榨干油水」為止。有的把小病說成大病，一周能治好非要拖一個月；有的把不治之症說成可以根治，「病很重，能治好，得花錢」成為標準的欺詐用語。② 2000 年之后，衛生部規定禁止非營利性質公立醫院對外承包科室，但是衛生部只能管理普通公立醫院，部隊醫院和武警醫院反而管不到，於是莆田系民營醫療機構就大量和部隊醫院合作，依靠部隊的公信力來行醫，遊醫時代的「老軍醫」表面上「名副其實」了。人們看到一些部隊醫院居然在打「男科、婦科、不孕不育、美容整形」的廣告，心中的疑問就在這「承包」二字得到解答。

網上曝光了一些行賄送禮的清單。公立醫院的監管者或者醫院領導憑著公立醫院的國有資產中飽私囊。2014 年，廣東省東莞市中級人民法院審理原深圳市衛計委主任江捍平受賄案，暴露了官員和莆田系醫院的權錢交易黑幕。

### 10.3.2　新聞媒體聚焦

魏則西事件在 2016 年 5 月引起全國人民的普遍關注，該事件涉及多個緊貼民生的社會話題，廣大民眾對此感同身受。該事件成為熱點后，熱度快速攀升，增長速率約為 500%，成為輿論焦點。③ 2016 年 5 月初，一些商

---

① 朱國棟，李蔚. 莆田系民營醫院，洗不清的原罪？[N]. 瞭望東方周刊，2016-05-02.
② 魏則西留下的生命考題 [N]. 人民日報，2016-05-06.
③ 金祖臻.「魏則西事件」輿情剖析 [N]. 南方日報，2016-05-04.

業門戶網站的新聞跟帖排行前列的絕大多數都是魏則西事件的相關新聞。魏則西事件引爆輿情，主要歸因於四個方面：一是自媒體文章的網路傳播，二是各大媒體的跟蹤報導，三是公眾的關注和評論，四是企業和政府的回應。

當今社會處在一個網路時代。由於博客、微博、微信等共享互動平臺和社交網路的興起，使每個人都具有媒體的功能，人們自己以電子化的手段，向他人發布與分享自己親眼所見、親耳所聞的事件。我們就是媒體，即自媒體（We Media）。借助信息技術，自媒體具有信息搜索、數據挖掘、智能推送和網路鏈傳播等特徵。個人可以通過網路搜索展開研究，獲得真相。個人或組織可以借助信息傳播平臺，把信息推送給特定的人或不特定的受眾。網路大眾通過各種平臺、社區相鏈接。哈佛大學心理學教授斯坦利·米爾格拉姆於1967年基於實驗提出六度分隔理論（Six Degrees of Separation），即世界上兩個互不相識的人只需要5個中間人就可以聯繫到對方。根據魏則西事件的熱度，網路平臺、社區、傳統媒體的參與者不管是有意還是無意，絕大部分人可以經由網路鏈傳播獲得了這一事件的相關消息。

魏則西於2014年4月24日被確診為惡性滑膜肉瘤患者。2015年8月14日，魏則西在知乎網站上發帖，提出了一個觸目驚心的問題：「二十一歲癌症晚期，自殺是否是更好的選擇？」短短幾分鐘內，該帖子就有100多人關注和30多個回答。2016年2月26日，魏則西發表回覆知乎上某人發的提問帖：「你認為人性最大的『惡』是什麼？」截至2016年年末，網站顯示他的回答帖得到55,478人的贊同。2016年4月12日，魏則西父親通過魏則西的知乎帳號回覆知乎網友的問題「魏則西怎麼樣了？」「我是魏則西的父親魏海全，則西今天早上8點17分去世，我和他媽媽謝謝廣大知友對則西的關愛，希望大家關愛生命，熱愛生活。」這樣一個回答獲得網友6,170條評論。2016年4月27日，媒體人孔璞通過其新浪微博帳號「孔狐狸」發布了一條微博：「逛知乎，看到這個叫魏則西男生的患癌帖子，又追到他父親發布孩子去世的消息。然后百度這個疾病，那家競價排名的醫院依舊在首位。好希望那些科技自媒體人寫寫這個。」該條微博轉發迅速過萬。2016年5月1日，媒體人詹涓通過其微信公眾號「有槽」發布了一篇文章《一個死在百度和部隊醫院之手的年輕人》，迅速獲得了10萬多的瀏覽量。據詹涓透露，文章在早上6點鐘推送，發表的時間並不好。但沒多久，突然發現被刷屏了。3個多小時以后，閱讀量到了10萬多，截

## 經濟轉型與信任危機治理

至 2016 年 5 月 4 日下午 1 點鐘左右，總的閱讀數為 86 萬左右；新浪微博的閱讀量也很驚人：1,091 萬。微信公眾號后臺收到無數留言，很多人在后臺講述他們在莆田系醫院就醫受騙的經歷。① 正是詹涓的這篇微信文章，點燃了魏則西事件的導火索。

魏則西是事件的當事人，其遭遇值得同情，他的帖子內容深刻而沉重，涉及百度、武警醫院和細胞免疫療法，容易引起共鳴。孔璞和詹涓都是媒體人，他們把部分所見所聞所想，通過網路平臺發布到網上，孔璞的帖子其實很短，就是提出了一個問題，因為孔璞發現，欺騙魏則西的那個醫院在百度的競價排名依舊排在首位，他不希望這種騙局繼續上演，因此發出其聲音，希望科技自媒體人將之曝光。詹涓在使用微博的時候，發現很多人轉發孔璞的那條微博，她當時並沒有太在意，后來發現，隨后兩天相關的轉發並未減少，於是試圖做些研究和調查，她先查到百度上面的這家醫院的網頁，然后再查各種各樣的 ICP 備案，很快就查到了幕后的莆田系身影。詹涓花了大概一天的時間做調查，包括各種在線搜索、進行電話採訪，因為療法方面內容比較專業，就又諮詢了幾位身邊的腫瘤科的大夫。詹涓透露，她一直關注民營醫院，尤其是莆田系和百度競價這方面，她對這種治療持懷疑態度。②

兩位自媒體人的帖子引爆魏則西事件之后，微博、微信、QQ 等網路平臺和網路社區大量轉發，全國大大小小不同種類的媒體不斷跟進報導，各種分析評論大量出現，一些業內人士也向新聞媒體爆料，輿情的熱度可以說是達到歷史高度。孔璞透露：「帖子發到微博之后，一開始沒有人評論，后來有醫生群體的轉發之后才受到關注。第一個轉發的是叫做『希波克拉底門徒』的博主，醫生群體轉發之后讓這件事變得非常清晰，包括外包是怎麼回事、療法究竟有沒有效果、對此有沒有專業的文獻等。」孔璞認為，醫生群體發揮了很大作用，因為非專業人士發微博可能大家不是很信任。③ 魏則西事件得到如此多網友的關注、轉發和評論，是因為這些機構騙了一個無助、凄慘的腫瘤病人，很多人對魏則西的遭遇感同身受，大家或者身邊人都可能碰到類似的事情。百度、部隊醫院、莆田系民營醫院

---

① 周清樹. 這件事關乎我們每個人的切身利益 [N]. 新京報, 2016-05-05 (8).
② 周佩雅. 專訪魏則西事件背后的發掘引爆者：人都有正義感 [EB/OL]. (2016-05-02) [2016-12-30]. media.sohu.com/20160502/n447286632.shtml.
③ 周佩雅. 專訪魏則西事件背后的發掘引爆者：人都有正義感 [EB/OL]. (2016-05-02) [2016-12-30]. media.sohu.com/20160502/n447286632.shtml.

就在我們身邊，孔璞、詹涓發帖的時候，許多人仍然在遭受像魏則西事件一樣的騙局。因此，這件事關乎我們每個人的切身利益，曝光此事，只是出於常人的良心和正義。魏則西事件成為焦點后，網友呼籲抵制百度、卸載百度相關產品，有的網友甚至在自己的QQ、微信帳戶的個性簽名上寫著「遠離百毒，遠離欺騙」，很多網友身邊的莆田系醫院被曝光出來，並且出現了標有這些醫院的城市地圖。

魏則西事件引爆后，中央電視臺、《人民日報》《光明日報》、新華社、人民網等官方權威媒體都做了相關報導，全國其他大大小小的媒體競相報導，百度、莆田系醫院、部隊醫院的種種黑幕不斷地被揭發出來。一些報導和揭露文章的標題直接而驚心。例如，《莆田系部分醫院的掘金技法：借基金會名義「請」患者住院》《醫生無資質、器械假冒低劣：十年前曝光的莆田系問題仍在》《原高管爆料：一位莆田系老闆野蠻生長的生意經》《軍醫自述：為什麼部隊醫院要和莆田勾結？》《莆田系醫生自揭醫院吸金術：他們是在逼良為娼》《23家三甲醫院錯攀柯萊遜，多項宣傳子虛烏有》《禁令已十年，醫院為何還外包》《生物免疫療法亂象：更多「魏則西」們的傷痛》《莆田系醫療糾紛，涉婦產科案最多》《20網站「掛靠」武警北京二院18科室》《親歷！武警三院偽造滿牆感謝信，患者當「托兒」騙患者》《我曾在莆田系醫院當「醫生」，暗訪深度揭秘「黑醫院」忽悠患者招數》《莆田系民營醫院，洗不清的原罪？》《誰把生命做成生意？瞭望東方周刊深挖莆田遊醫驚人黑幕》《達不到創收任務兩三個月就被炒》《深圳患者在莆田系醫院就醫：帶多少錢給開多少藥》《「魏則西事件」揭開莆田系生存法則》《深度！起底「魏則西事件」背後的莆田系》《武警北京總隊醫院中醫肝科取消，科室現忽悠患者材料》《受聘莆田系醫院，我省退休老大夫揭黑幕》《紅遍朋友圈的「莆田系」，就是這麼成長壯大的！》《魏則西——被金錢綁架下的犧牲者》《莆田系老闆揭黑幕：不管治病只管收錢，月賺百萬元》《十年前曾有莆田系醫生爆料，拒開大處方被打耳光》《女子在莆田系醫院手術，事後被告知有孕並已打掉》《網曝莆田系公司送禮清單》《媒體稱至少10省醫院外包科室每月交「份兒錢」》等。

當輿論興起，百度啟動了危機公關。2016年4月28日，百度首度做出回應：「對於則西生前通過電視媒體報導和百度搜索選擇的武警北京總隊第二醫院，我們第一時間進行了搜索結果審查，該醫院是一家公立三甲醫院，資質齊全。」顯然，這樣冠冕堂皇的高調回應不但不能讓公眾滿意，而且進一步刺激了公眾憤怒的內心，前段時間的「血友病貼吧承包事件」

## 經濟轉型與信任危機治理

也再次被扒出，長期受到質疑的競價排名、醫療推廣被輿論推到風口浪尖，一些網民開始呼籲抵制百度。隨著武警北京總隊第二醫院背后的莆田系醫院被深挖，輿論質疑百度所謂的「資質說」。百度於 2016 年 5 月 1 日再度做出回應：「針對網友對魏則西所選擇的武警北京總隊第二醫院的治療效果及其內部管理問題的質疑，我們正積極向發證單位及武警總部主管該院的相關部門遞交審查申請函，希望相關部門能高度重視，立即展開調查，如果調查結果證實武警北京總隊第二醫院有不當行為，我們全力支持則西家屬通過法律途徑維權。」隨著國家網信辦會同國家工商總局、國家衛生和計劃生育委員會成立聯合調查組進駐百度公司，百度隨后表示歡迎聯合調查組進駐，將「全力配合主管部門調查，接受監督，不給互聯網虛假信息和違法行為留下可趁之機」。據財新網報導，2016 年 5 月 2 日下午，百度董事長李彥宏也被國家網信辦約談。

百度在首度回應（4 月 28 日）中打出感情牌：「網友魏則西同學與滑膜肉瘤持續抗爭兩年后不幸離世，引發很多朋友的關注和哀悼。得知此事后，我們立即與則西爸爸取得聯繫，致以慰問和哀悼，願則西安息！」然而，當事人魏則西父母於 2016 年 5 月 1 日通過財新網發表聲明，稱百度及醫院在事后從未與他們聯繫過。「我們確實是通過百度搜索找到的醫院。」「我們的兒子，和我們，都沒想針對任何機構和個人，我們不想捲入商業糾葛中。」① 這一回合中，又增加了網民對魏則西一家的同情和對百度的不信任。② 截至 2016 年 5 月 2 日晚，武警北京總隊第二醫院尚未對此事公開回應。但 2016 年 5 月 2 日上午，該院生物診療中心停診，5 月 4 日起，該院全面停業整頓。

魏則西的離世，讓武警北京總隊第二醫院背后的莆田系醫療機構柯萊遜公司處在風口浪尖。2016 年 5 月 3 日下午，柯萊遜公司副總經理程昆在辦公室接受了澎湃新聞記者的專訪。他否認承包武警北京總隊第二醫院的腫瘤生物中心，稱只是合作共建。他說合作模式是武警北京總隊第二醫院

---

① 李妍. 魏則西父母致電財新網，發獨家聲明［EB/OL］.（2016-05-01）［2016-12-30］. china. caixin. com/2016-05-01/100938851. html.

② 2016 年 5 月 3 日，百度通過內網發布題目為《砥礪風雨 堅守使命》的文章，向百度內部員工解釋「魏則西事件」的前后經過及影響。其中，提到百度員工第一時間就致電了魏則西的父母，鄭重澄清了該事實：「幸而我們打電話的小風同學留下了通話記錄，這段通話發生在 4 月 28 日 13 點 26 分，時長為 13 分 53 秒，手機尾號為 8723。在電話溝通中，小風慰問了魏父，在電話中魏父也講述了則西治病的艱辛過程，以及其兒子對生命的熱愛與堅韌。」

負責就診患者的診斷、抽取免疫細胞和回輸免疫細胞，因醫院沒有相關的培養技術，免疫細胞的培養就由柯萊遜公司技術人員完成。柯萊遜公司還負責網路宣傳和技術。程昆說，柯萊遜公司是一個生物技術公司，魏則西接受的 DC-CIK 細胞免疫治療技術非常成熟，在國內外都經過了檢驗。程昆表示：「魏則西不是我們治死的，我們實際上幫了他，他接受該技術治療后，免疫力提高了。治療后，他后面活了幾個月，這說明，治療產生了效果。」顯然，媒體的這一報導更加暴露了這家民營醫療機構的瞞天過海、冷漠、不負責任的態度。事實上，媒體已經瞭解到，魏則西的主治醫生是弄虛作假的假軍醫。所謂的 DC-CIK 細胞免疫治療技術在美國的臨床試驗基本上全部宣告失敗，這種療法在國內也沒有被批准臨床應用。2016 年 5 月 3 日，上海柯萊遜生物技術有限公司發布了一則關於魏則西事件的聲明，聲明中講道：「我們正積極配合相關部門開展深入調查，並將及時通報調查進展。」2016 年 5 月 5 日，上市公司中源協和回應魏則西事件：「公司非常重視『魏則西事件』，並積極應對，公司在企業併購方面有著嚴格的審核程序，目前公司正在對擬收購的柯萊遜公司開展審計、評估等盡職調查工作。中源協和是目前國內唯一一家以干細胞產業為主營業務的上市公司。」①

### 10.3.3　政府干預

2016 年 5 月 2 日，國家互聯網信息辦發言人姜軍發表談話指出，近日魏則西事件受到網民廣泛關注。國家網信辦會同國家工商總局、國家衛生和計劃生育委員會（以下簡稱衛計委）成立聯合調查組進駐百度公司，對此事件及互聯網企業依法經營事項進行調查並依法處理。聯合調查組由國家網信辦網路綜合協調管理和執法督查局局長範力任組長，國家工商總局廣告監管司、國家衛計委醫政醫管局及北京市網信辦、工商局、衛計委等相關部門共同參加。聯合調查組將適時公布調查和處理結果。②

2016 年 5 月 3 日，國家衛計委新聞發言人表示，近日魏則西事件受到社會廣泛關注。國家網信辦會同國家工商總局、國家衛計委已成立聯合調查組對此事件進行調查。國家衛計委、中央軍委後勤保障部衛生局、武警

---

① 中源協和回應「魏則西事件」：對柯萊遜繼續開展盡職調查［EB/OL］.（2016-05-05）［2016-12-30］. news.cnstock.com/news/sns_bwkx/201605/3783243.htm？cj.

② 餘瀛波. 國家網信辦牽頭成立聯合調查組進駐百度［N］法制日報，2015-05-03（1）.

## 經濟轉型與信任危機治理

部隊后勤部衛生局聯合對武警北京總隊第二醫院進行調查。①

2016年5月4日，武警部隊回應魏則西事件：「武警部隊對廣受關注的魏則西事件高度重視，已組成工作組進駐武警北京總隊第二醫院。有關領導表示，將全力配合國家衛計委和中央軍委后勤保障部衛生局調查，對發現的問題將依法依紀嚴肅查處，絕不姑息遷就。」②

2016年5月4日，中國軍視網發表《時評：讓「魏則西事件」真正淨化我們的生命環境》。文章寫道：「在軍隊深化改革大潮中，請相信，『部隊醫院』一定會被放入越來越乾淨的『中國軍隊』大環境之內。想想吧，連徐、郭這樣的人都能被拿下，難道清理醫療環境這樣關乎人民生命的事情，中國軍隊還會藏著掖著嗎？」③

2016年5月3日，《人民日報》對政府部門的監管發聲：政府的快速回應讓人們看到了政府對民心的順應和對責任的擔當。然而，需要指出的是，比起事後追責，事前監管和監督更加重要，也更為有效。無論是對互聯網推廣信息是否為廣告的認定、對信息發布流程的規範以及對不實信息的有效過濾，還是對公立、民營醫院的「無死角」監管，相關政府管理部門都有著不可推卸的責任。只有政府部門平日「做足功課」，責任落到實處，監管時時「在狀態」，才能讓不法分子少有機會、少鑽漏洞。④

2016年5月9日，調查組公布對武警北京總隊第二醫院的調查結果：在上級部門及武警北京總隊第二醫院的全力配合下，通過召開協調會、查閱原始資料、組織專家討論、與有關人員進行談話等方式開展調查，對武警北京總隊第二醫院存在的嚴重問題予以糾正和規範。調查本著「追溯原始資料，逐條甄別篩查，還原事實真相，實事求是認定」的原則，依據國家、軍隊有關法律法規和武警部隊規章制度，重點圍繞社會和媒體關注的問題進行調查。調查認為，武警北京總隊第二醫院存在科室違規合作、發布虛假信息和醫療廣告誤導患者和公眾、聘用的李志亮等人行為惡劣等問題。調查組責成武警北京總隊第二醫院及其主管部門採取以下措施立即整

---

① 國家衛生計生委會同有關部門對武警北京市總隊第二醫院進行調查[EB/OL].（2016-05-03）[2016-12-30]. news.xinhuanet.com/politics/2016-05/03/c_128953417.htm.

② 武警部隊：全力配合調查 絕不姑息遷就[EB/OL].（2016-05-04）[2016-12-30]. news.xinhuanet.com/legal/2016-05/04/c_128956040.htm.

③ 時評：讓「魏則西事件」真正淨化我們的生命環境[EB/OL].（2016-05-03）[2016-12-30]. www.js7tv.cn/201605_44316.html.

④ 魏則西事件：事前監管比事後追責更重要[N]. 人民日報，2016-05-03.

10　醫療領域的誠信問題

改：一是立即終止與上海柯萊遜生物技術有限公司的合作；同時，對其他合作項目運行情況進行集中梳理清查，停止使用未經批准的臨床醫療技術；按照中央軍委《關於軍隊和武警部隊全面停止有償服務活動的通知》要求，對所有合作項目立即終止；對全院聘用醫務人員從業資質進行逐一核查，對發現的問題立即按規定整改。二是徹底整治涉及武警北京總隊第二醫院的虛假信息和醫療廣告，合作方立即終止與有關媒體公司的合同，停止發布虛假信息、各類廣告和不實報導；嚴格按照原解放軍總后勤部、國家工商行政管理總局、原衛生部等五部門《關於禁止以軍隊名義發布醫療廣告的通知》要求，對涉及部隊醫療機構的各類廣告、信息推廣以及宣傳進行全面徹底清理，積極配合有關部門進行監測，堅決查處、嚴肅處理。三是依據有關規定對涉事的醫務人員進行處罰，由其主管部門實施吊銷醫師執業證書等行政處罰和紀律處分；對涉嫌違法犯罪的人員，移送司法機關處理。四是在武警北京總隊第二醫院開展依法執業宣傳教育和紀律整頓，完善規章制度，規範執業行為，加強內部管理，改進行業作風，徹底扭轉管理混亂問題；同時，以此為鑒，舉一反三，加強全系統依法執業管理，全面強化行業作風建設，快速、徹底清理整頓醫療合作項目。[①]

2016年5月9日，國家網信辦聯合調查組公布進駐百度公司的調查結果：國家網信辦5月2日會同國家工商總局、國家衛計委和北京市有關部門成立聯合調查組進駐百度公司，集中圍繞百度搜索在「魏則西事件」中存在的問題、搜索競價排名機制存在的缺陷進行了調查取證。調查組認為，百度搜索相關關鍵詞競價排名結果客觀上對魏則西選擇就醫產生了影響，百度競價排名機制存在付費競價權重過高、商業推廣標示不清等問題，影響了搜索結果的公正性和客觀性，容易誤導網民，必須立即整改。

調查組對百度公司提出以下整改要求：第一，立即全面清理整頓醫療類等事關人民群眾生命健康安全的商業推廣服務。即日起，對醫療、藥品、保健品等相關商業推廣活動進行全面清理整頓，對於違規信息，一經發現立即下線，對未獲得主管部門批准資質的醫療機構不得進行商業推廣。第二，改變競價排名機制，不能僅以給錢多少作為排位標準。立即調整相關技術系統，在2016年5月31日前，提出以信譽度為主要權重的排名算法並落實到位；對商業推廣信息逐條加註醒目標示，並予以風險提

---

① 胡浩. 調查組公布對武警北京總隊第二醫院的調查結果［EB/OL］.（2016-05-09）［2016-12-30］. news.xinhuanet.com/politics/2016-05/09/c_1118833841.htm.

示；嚴格限制商業推廣信息比例，每頁面不得超過30%。第三，建立完善先行賠付等網民權益保障機制。暢通網民監督舉報渠道，提高對網民舉報的受理、處置效率；對違法違規信息及侵害網民權益的行為，一經發現立即終止服務；建立和完善相關機制，對網民因受商業推廣信息誤導而造成的損失予以先行賠付。

調查組公布的調查結果還提出，搜索引擎是網民獲取信息的重要渠道，具有很強的引導作用。國家網信辦將於近期在全國開展搜索服務專項治理，加快出抬《互聯網信息搜索服務管理規定》，促進搜索服務管理的法治化、規範化；會同相關部門嚴厲打擊網上傳播醫療、藥品、保健品等事關人民群眾生命健康安全的虛假信息、虛假廣告等違法違規行為。國家工商總局將加快出抬《互聯網廣告管理暫行辦法》，進一步規範互聯網廣告市場秩序。「魏則西事件」中涉及相關醫療機構的調查結果，由相關主管部門另行公布。①

針對聯合調查組的調查意見和整改要求，武警北京總隊有關負責人表示，堅決擁護國家衛計委、中央軍委后勤保障部衛生局、武警部隊后勤部衛生局三方聯合調查組的調查結果，堅決落實四條整改要求，在武警部隊工作組指導下，對武警北京總隊第二醫院相關問題和有關責任人從嚴做出如下處理決定：第一，立即終止與上海柯萊遜生物技術有限公司的合作，對武警北京總隊第二醫院其他合作項目運行情況進行集中清理整頓。第二，勒令涉及武警北京總隊第二醫院的合作方，停止擅自發布虛假信息、各類廣告和不實報導。第三，對10名負有責任的相關人員依紀依法做出嚴肅處理。其中，給予武警北京總隊第二醫院2名主要領導行政撤職處分，給予醫院其他6名人員行政記過和行政記大過處分，對上級負有監管責任的2名領導分別給予行政警告和行政嚴重警告處分。此外，對地方2名涉嫌違法犯罪人員，移交司法機關處理。第四，在武警北京總隊第二醫院開展依法執業宣傳教育和紀律整頓，完善規章制度，規範執業行為，加強內部管理，改進行業作風，舉一反三，全面清理整治。②

2016年5月9日，對於國家網信辦等組成的聯合調查組發布的「魏則

---

① 國家網信辦聯合調查組公布進駐百度調查結果［EB/OL］.（2016-05-09）［2016-12-30］. www.cac.gov.cn/2016-05/09/c_1118833529.htm.
② 武警北京市總隊從嚴查處武警二院［EB/OL］.（2016-05-10）［2016-12-30］. www.mod.gov.cn/topnews/2016-05/10/content_4655111.htm.

西事件」調查結果，百度搜索公司總裁向海龍表示，百度堅決擁護調查組的整改要求，深刻反思自身問題，絕不打一絲折扣。向海龍說：「則西同學不幸離世，在社會上引起了巨大反響，也給百度帶來極大觸動，引發百度全員重新審視作為一家搜索引擎公司的責任。我們著眼的絕不僅僅是每天處理的海量信息，而更應該將每次點擊都視為一次托付和信賴。百度將以這次事件為契機，全面落實整改要求。」據介紹，百度將根據調查組的整改要求，從以下方面全面落實：立即全面審查醫療類商業推廣服務，對未獲得主管部門批准資質的醫療機構堅決不予提供商業推廣，同時對內容違規的醫療類推廣信息（含藥品、醫療器械等）及時進行下線處理。落實軍隊有關規定，即日起百度停止包括各類解放軍和武警部隊醫院在內的所有以解放軍和武警部隊名義進行的商業推廣。對於商業推廣結果，改變過去以價格為主的排序機制，改為以信譽度為主、價格為輔的排序機制；控製商業推廣結果數量，對搜索結果頁面特別是首頁的商業推廣信息數量進行嚴格限制，每頁面商業推廣信息條數所占比例不超過30%；對所有搜索結果中的商業推廣信息進行醒目標示，進行有效的風險提示；加強搜索結果中的醫療內容生態建設，建立對醫療內容的評級制度，聯合國家衛計委、中國醫學科學院等機構共同提升醫療信息的質量，讓網民獲得準確權威的醫療信息和服務；繼續提升網民權益保障機制的建設，增設10億元保障基金，對網民因使用商業推廣信息遭遇假冒、詐欺而受到的損失經核定后進行先行賠付。

據百度公司介紹，在調查期間，百度公司在聯合調查組監督下，已對全部醫療類（含醫療機構、醫藥器械、藥品等）機構的資質進行了重新審核，對2,518家醫療機構、1.26億條推廣信息實行了下線處理。百度在5月31日之前，落實以上整改要求，並接受監管部門和廣大網民的后續監督。①

早在2016年3月，中央軍委印發《關於軍隊和武警部隊全面停止有償服務活動的通知》（以下簡稱《通知》）。《通知》指出，中央軍委計劃用3年左右時間，分步驟停止軍隊和武警部隊的一切有償服務活動。對於承擔國家賦予的社會保障任務，納入軍民融合發展體系。自《通知》下發之日起，所有單位一律不得新上項目、新簽合同開展對外有償服務活動，凡已

---

① 百度回應網信辦調查結果：擁護整改要求，深刻反思［EB/OL］．（2016-05-09）［2017-04-18］．http://it.people.com.cn/n1/2016/0509/c1009-28336649.html．

## 經濟轉型與信任危機治理

到期的對外有償服務合同不得再續簽，能夠協商解除軍地合同協議的項目立即停止。魏則西事件加快了部隊醫院的改制步伐。2016年5月26日，在國防部例行發佈會上，有記者提問，魏則西事件後軍隊將如何治理醫院對外承包科室等問題。對此，國防部新聞發言人楊宇軍回應，有關部門已經將對涉魏則西事件的武警北京總隊第二醫院處理結果公布。同時，軍隊將進一步組織整頓醫療機構，目前有關部門正在深入清查軍隊醫院對外合作項目①。

2016年5月3日，國家衛生計生委醫政醫管局發出通知：針對近期發生武警北京總隊第二醫院違規承包科室、違規應用醫療技術事件，引發社會廣泛關注，為加強對地方醫療機構的管理，防止發生類似問題，經研究，決定召開規範醫療機構科室管理及醫療技術臨床應用管理視頻會議。會議內容是就規範醫療機構科室管理及醫療技術臨床應用管理明確工作要求。會議時間是2016年5月4日9:00—10:00。主會場參會人員包括國家衛計委醫政醫管局有關負責同志，分會場參會人員包括各省、市、縣三級衛計委醫政醫管局處（科、股）長及有關工作負責同志、二級以上醫院院長。會議使用國家衛計委聯通寶視通視頻會議網路系統。

國家衛計委醫政醫管局官網於2016年5月5日對會議做了官方通報：5月4日上午，國家衛計委召開了關於規範醫療機構科室管理和醫療技術管理工作的電視電話會議，由省、市、縣三級衛計委醫政醫管負責同志及二級以上醫院院長參加。會議要求各級醫療機構要進一步強化依法執業意識，各級衛生計生行政部門要進一步加強對違規醫療行為的監管和打擊力度。會議要求，醫療機構必須依法執業，禁止出租或變相出租科室以及發布虛假醫療廣告等違法違規行為；要進一步加強醫療技術臨床應用管理，認真落實《國家衛計委關於取消第三類醫療技術臨床應用准入審批有關工作的通知》（國衛醫發〔2015〕71號）文件的要求。會議重申，未在「限制臨床應用的醫療技術（2015版）」名單內的《首批允許臨床應用的第三類醫療技術目錄》其他在列技術（主要指自體免疫細胞治療技術等），按照臨床研究的相關規定執行。會議要求，各級衛生計生行政部門要立即組織對轄區內醫療機構違規出租或變相出租科室、違規開展醫療技術臨床應用的情況開展全面清理，積極配合工商部門查處違法發布醫療廣告的行

---

① 魏則西事件追蹤　國防部清查醫院對外合作項目 [EB/OL]. (2016-05-26) [2017-04-18]. http://mt.sohu.com/20160526/n151658965.shtml.

# 10 醫療領域的誠信問題

為，以高度負責的態度，認真履職盡責，更好地維護人民群眾的健康權益。① 會議重申，自體免疫細胞治療技術作為臨床研究類醫療技術，不得直接應用於臨床。醫療機構開展自體免疫細胞治療技術的臨床研究工作，必須遵循嚴格科研設計、明確適應症、自願知情同意、符合倫理和非營利的原則，並不得向受試者收取相關費用。②

## 10.4 結論

魏則西事件之所以引起社會的廣泛關注，並引發輿情，是因為醫療市場與我們每個人都息息相關，是人們關注的焦點。公眾的關注正是媒體的興奮點，自媒體隨時隨地都可能揭露所見所聞之事。在如今的網路社會中，有些輿情會一觸即發，媒體密切跟蹤，深度挖掘和揭露黑幕。在媒體深度揭露和成千上萬網民關注、評論和呼籲的情況下，政府也要態度堅決，處理迅速、妥當。

醫療市場的「野蠻性」是市場經濟「野蠻性」的一個方面。在波蘭尼看來，完全自我調節的市場是十分野蠻的力量，市場化運動會造成人類、社會和環境的毀滅，或遲或早都會觸發社會保護的反向運動。社會保護運動不是要放棄市場，而是要有強有力的政府干預來管制市場，讓脫韁的野馬回到有序的路徑。日本的澀澤榮一被稱為日本的「現代企業之父」，創辦過500多家企業，他提出義利合一的經商理念，號召企業家一手拿《論語》，一手拿算盤。

中國在改革開放之後，市場化運動是政策的主導方向，效率優先，發展是硬道理，但是我們也看到了市場的破壞性，如醫療市場化、教育產業化、房地產開發破壞文物古跡、工廠污染自然環境等，一個見利忘義的市場肯定是破壞性的。這樣的市場與人們的價值觀、道德底線一直在發生衝突。破壞到了一定程度，社會保護運動就會起來呼籲、吶喊，政府監管和法制完善既是社會保護運動的一部分，也是社會保護運動的結果。在魏則西事件中，新聞媒體、民眾、社會組織、政府部門都是社會保護運動的參

---

① 中華人民共和國國家衛生和計劃生育委員會. 國家衛生計生委召開規範醫療機構科室管理和醫療技術管理工作電視電話會議［EB/OL］.（2016-05-05）［2016-12-30］. http://www.nhfpc.gov.cn/yzygj/s3586/201605/d56286761ce642519b8ac3e9c8c8b695.shtml.
② 衛計委召開規範醫療機構科室管理及醫療技術臨床應用管理視頻會議［EB/OL］.（2016-0505）［2016-12-30］. http://www.yigoonet.com/article/22528106.html.

### 經濟轉型與信任危機治理

與者，這是市場經濟發展和進步中的正常現象，美國、英國等發達國家都經歷過這樣的階段。因此，各界對於魏則西事件的思考，不必政治化，也不用擔憂，這是所有市場經濟走向完善過程中可能發生的事情，也是市場經濟走向完善的必由之路。

# 11 發展徵信業,建立匿名信任

## 11.1 概念界定

### 11.1.1 信用

通俗地講,信用是指商業領域或流通領域的賒欠行為。《新帕格雷夫經濟大辭典》對信用的解釋是:「信用是提供信貸,把對某物(如一筆錢)的財產權讓渡給別人,以交換在將來的某一時刻對另外的物品的所有權。」《牛津法律大辭典》對信用的解釋是:「信用是指在得到或提供貨物或服務后並不立即支付而是允諾在將來支付報酬的做法。」《貨幣銀行學》對信用的解釋是:「信用是以還本付息為條件的暫時讓渡資本的使用權的借貸行為。」信用行為面臨著一個問題,賒欠人會不會借錢不還或者不支付賒欠款項,即通常所說的講不講信用的問題。

### 11.1.2 誠信

誠信是指行為主體誠實守信。「民無信不立」。《論語》中「信」字出現了38次,頻次僅低於「仁」(109次)、「禮」(74次)。《中華人民共和國合同法》在合同的內容、意義以及適用等方面要求依據誠實信用原則來解釋合同。

### 11.1.3 徵信

《左傳》有「君子之言,信而有徵,故怨遠於其身」的說法,意思是說一個人說話是否算數,是可以得到驗證的。徵信是指客觀記錄人們過去是否講信用的信息並幫助預測未來是否守信的一種服務。徵信主體依法收集、整理、保存、加工自然人、法人及其他組織的信用信息,並對外提供信用報告、信用評估、信用信息諮詢等服務,幫助客戶判斷、控製信用風險。

## 11.2 發展徵信業之重大需求

### 11.2.1 理論解釋

市場經濟的特徵是匿名交易,交易主體之間信息不對稱。一些交易主體可能行使機會主義行為(如欺騙、惡意侵犯),不履行交易契約,一些交易主體的不誠信行為導致交易主體的不信任,不信任可能導致交易流產。因此,市場經濟需要治理交易的機制,一種機制是法律,法律保護私人產權和契約的執行。然而,法律不是萬能的,法律在很多時候具有局限性:不完全信息導致合同是不完備的;欺騙行為有時難以被證實;法律判決有時難以執行;有的執法者腐敗或不公;司法是有成本的,小額的交易糾紛使用法律是無效率的;有些法律缺失,無法有效地保護產權和合同執行。另一種機制就是私人秩序,主要依靠聲譽機制,人們根據每個交易主體的聲譽來決定是否與之交易。在熟人社會,聲譽信息的傳遞非常迅速,欺騙行為很快眾所周知,人們特別注重維護自己誠信的聲譽。在匿名社會,若沒有一個傳遞個人聲譽信息的途徑,欺騙者可以欺騙一個又一個陌生人,人們在面對陌生人時,就會普遍地不信任。如果社會存在徵信體系,就可以起到傳遞聲譽信息的作用。徵信機構為每個經濟主體建立信用帳戶,任何經濟主體在交易之前向徵信機構查詢交易對象的信用情況,並據此決策其交易行為。這樣一來,人們不會和聲譽差的人交易,每個人也會注重維護自己的誠信聲譽。例如,在魏則西事件中,魏則西相信百度推廣的信息而選擇進入武警北京總隊第二醫院進行治療,他在百度的推廣、醫院描繪的良好治療效果以及部隊醫院、斯坦福大學技術、中央電視臺報導等名詞的吸引下選擇了信任,而事實上,其他的患者已經舉報、一些媒體機構亦有報導,甚至一些司法判決早已存在,但魏則西沒有多少精力可以用來更為廣泛地搜索信息,在百度搜索中排在首位的信息為他指示了方向。如果社會存在覆蓋廣泛的徵信系統,那麼百度、武警北京總隊第二醫院、莆田系的民營醫療機構甚至每一位醫生都有其信用帳戶,患者只要從徵信系統查詢一下這些機構或個人的信用記錄,他們之前的種種不誠信或欺騙早已記錄在徵信帳戶之中,人們自然會避開這些信用不良的機構和個人。信用良好的機構和個人自然就成為人們的最終選擇。

在中國經濟轉型過程中,隨著市場經濟的發展,熟人社會向匿名社會

轉變，法律體系不健全，徵信系統又尚未建立，在城市匿名社會中，人們普遍不誠信，也普遍不信任，這就是當前所謂的誠信與信任危機。要重建誠信和信任，發展徵信體系必不可少。

### 11.2.2 現實需要

誠信是社會主義核心價值觀的一項重要內容。在中國經濟轉型過程中，不誠信事件層出不窮，如毒奶粉事件、地溝油事件、假疫苗事件、瘦肉精事件、毒膠囊事件、速生雞事件等。2003 年 10 月，黨的十六屆三中全會討論通過的《中共中央關於完善社會主義市場經濟體制若干問題的決定》明確要求「加快建設企業和個人信用服務體系」。2004 年，全國銀行、證券、保險工作會議強調中國社會信用體系建設應從「信貸信用徵信起步」，要「加快全國統一的企業和個人信用信息基礎數據庫建設，形成覆蓋全國的基礎信用信息服務網路」。2007 年，《國務院辦公廳關於社會信用體系建設的若干意見》指明了中國社會信用體系建設的方向，提出「培育和發展種類齊全、功能互補、依法經營、有市場公信力的信用服務機構，依法自主收集、整理、加工、提供信用信息」。2011 年 3 月，《中華人民共和國國民經濟和社會發展第十二個五年規劃綱要》提出「加快社會信用體系建設」。2011 年 7 月，《中共中央、國務院關於加強和創新社會管理的意見》提出「建立健全社會誠信制度」。2011 年 10 月，黨的十七屆六中全會指出要「把誠信建設擺在突出位置，大力推進政務誠信、商務誠信、社會誠信和司法公信建設，抓緊建立健全覆蓋全社會的徵信系統」。2012 年，黨的十八大報告六次出現「誠信」二字，主張「加強政務誠信、商務誠信、社會誠信和司法公信建設」。2013 年 3 月，政府工作報告提出：推動誠信體系建設，以政務誠信帶動商務誠信和社會誠信，形成良好的社會風尚。2013 年 11 月，黨的十八屆三中全會強調建立健全社會徵信體系，褒揚誠信，懲戒失信。2014 年 6 月 14 日，國務院印發了《社會信用體系建設規劃綱要（2014—2020 年）》，要求「健全覆蓋社會成員的信用記錄和信用基礎設施網路，以信用信息合規應用和信用服務體系為支撐，以守信激勵和失信約束為獎懲機制，提高全社會的誠信意識和信用水平」。社會信用體系建設的主要目標是：「到 2020 年，社會信用基礎性法律法規和標準體系基本建立，以信用信息資源共享為基礎的覆蓋全社會的徵信系統基本建成，信用監管體制基本健全，信用服務市場體系比較完善，守信激勵和失信懲戒機制全面發揮作用。政務誠信、商務誠信、社會誠信和司法

### 經濟轉型與信任危機治理

公信建設取得明顯進展，全社會誠信意識普遍增強，經濟社會發展信用環境明顯改善，經濟社會秩序顯著好轉。」《社會信用體系建設規劃綱要（2014—2020年）》強調，社會信用體系建設要按照「政府推動，社會共建；健全法制，規範發展；統籌規劃，分步實施；重點突破，強化應用」的原則有序推進。2015年，《國民經濟和社會發展第十三個五年規劃》指出，要加強思想道德建設和社會誠信建設。統一社會信用代碼制度和相關實名登記制度，完善社會信用體系。

近年來，中國很多省、市、區成立了社會信用體系建設領導小組，有些省、市、區則設立社會信用體系建設聯席會議，大多由常務副省（市、區）長負責，成立日常辦事機構。浙江省、陝西省將該機構設立在發改委；上海市、江蘇省將該機構設立在經信委；四川省將該機構設立在工商局。例如，2004年，湖南省成立社會信用體系建設領導小組；2005年，遼寧省、江蘇省成立社會信用體系建設領導小組；2013年，湖北省成立社會信用體系建設領導小組；等等。除此之外，南京市、攀枝花市等市級單位也成立了社會信用體系建設工作領導小組。社會信用體系建設領導小組的職能就是推動本地信用體系建設。以湖北省為例，社會信用體系建設領導小組下設綜合規劃、信用法制建設、公共信用信息平臺建設、政務誠信建設、企業信用建設、個人信用建設、事業單位信用建設、社會組織信用建設、信用服務市場建設、誠信文化宣傳教育10個專責小組。

中國一些省、市、區較早地提出建設「信用浙江」「信用遼寧」「信用江蘇」等戰略決策。在國務院辦公廳《關於社會信用體系建設的若干意見》下發後，不少省、市、區編制了社會信用體系建設規劃。例如，浙江省先後出抬了社會信用體系建設「十一五規劃」「十二五規劃」；江蘇省印發了《關於加快推進誠信江蘇建設的意見》和《江蘇省社會信用體系建設三年行動計劃（2008—2010年）》；上海市、四川省、廣東省、貴州省、陝西省等也都印發了類似的指導意見和規劃。2014年8月21日，貴州省人民政府印發了《貴州省社會信用體系建設規劃綱要（2014—2020年）》，提出以形成覆蓋全社會的徵信系統為基礎，以政務誠信、商務誠信、社會誠信和司法公信建設為主要內容，以推進行業信用建設、社會成員信用建設、引導信用市場需求、推廣信用應用和信用服務市場發展為重點，以建立守信激勵和失信懲戒機制、推進誠信文化建設為手段，形成社會信用體系建設框架和運行機制，全面提高全社會誠信意識和誠信水平，在全社會廣泛形成守信光榮、失信可恥的氛圍，使講誠信成為社會信用主體的自覺

行為規範，建設誠信貴州、和諧貴州。到 2020 年，社會信用基礎性法律法規和標準體系基本建立，以信用信息資源共享為基礎的覆蓋全社會的徵信系統基本建成。2014 年 7 月 30 日，廣東省政府發布《廣東省社會信用體系建設規劃（2014—2020 年）》，提出到 2020 年，政務誠信、商務誠信、社會誠信和司法公信建設取得明顯進展，基本建成與國際慣例接軌、與社會主義市場經濟體制相適應的社會信用體系，覆蓋全省的公共信用信息管理系統功能齊備、運行良好，信用服務業成為廣東省現代服務業中的重要新興產業。

## 11.3 徵信業

2013 年 1 月 21 日，國務院發布《徵信業管理條例》，對徵信業務有明確的界定：「對企業、事業單位等組織的信用信息和個人信用信息進行採集、整理、保存、加工，並向信息使用者提供的活動。」徵信機構是指依法設立主要經營徵信業務的機構。

徵信機構開展徵信業務，依法採集、整理、保存、加工企事業單位及其他社會組織、個人的信用信息，並採取合理措施保障信用信息的準確性。各地區、各行業要支持徵信機構建立徵信系統。徵信機構要根據市場需求，對外提供專業化的方便、快捷、高效的徵信服務，有序推進信用服務產品創新。

徵信服務產品包括企業信用報告、個人信用報告、信用調查報告、債券主體評級報告、債券債項評級報告、借款企業評級報告、擔保機構評級報告等。徵信產品的服務範圍涵蓋了信貸市場、債券市場、個人消費信用市場、商業信用市場等。以信用評級市場為例，其產品包括短期融資券評級、中期票據評級、上市公司債券評級等。「十一五」期間，債券市場和信貸市場開展信用評級業務 22 萬多筆。其中，債項評級 3,200 多筆，信貸市場主體評級近 21.7 萬筆。2012 年，全國評級機構共完成債項評級 1,672 筆，比 2011 年增長 42%；完成信貸市場主體評級近 5 萬筆，比 2011 年增長近 5%。[①]

《徵信業管理條例》指出，中國人民銀行及其派出機構依法對徵信

---

① 中國人民銀行《中國徵信業發展報告》編寫組. 中國徵信業發展報告（2003—2013）[M]. 北京：中國金融出版社，2014.

進行監督管理。2003年9月，國務院明確賦予中國人民銀行「管理信貸徵信業，推動社會信用體系」的職責，中國人民銀行設立了徵信管理局。

《社會信用體系建設規劃綱要（2014—2020年）》指出，健全社會成員信用記錄是社會信用體系建設的基本要求。發揮行業、地方、市場的力量和作用，加快推進信用信息系統建設，完善信用信息的記錄、整合和應用。加強重點行業領域的信用記錄建設，如工商、納稅、安全生產、產品質量、環境保護等，完善行業信用記錄和從業人員信用檔案，建立行業信用信息數據庫。加快推進行業間信用信息互聯互通。地方政府要加快推進政務信用信息整合，公安、法院、工商等部門對公共管理過程中產生的信用信息進行記錄、完善、整合，形成統一的信用信息共享平臺，大力推進本地區各部門、各單位政務信用信息的交換與共享，逐步形成覆蓋全部信用主體、所有信用信息類別、全國所有區域的信用信息網路。依法推進政務信用信息系統與徵信系統間的信息交換與共享。發揮市場激勵機制的作用，鼓勵社會徵信機構加強對已公開政務信用信息和非政務信用信息的整合，建立面向不同對象的徵信服務產品體系，滿足社會多層次、多樣化和專業化的徵信服務需求。加強地區內信用信息的應用，為企業、個人和社會徵信機構等查詢信用信息提供便利。

徵信業對經濟主體的作用主要體現在獲取交易對象的信用信息上。在匿名市場交易中，為了避免交易的風險，交易主體希望得知交易對象是否誠信可靠，如果誠信可靠，則願意與之交易；如果不誠信可靠，則會盡可能避免與之交易，或者通過市場因素來化解風險。徵信系統收集了經濟主體的信用記錄，交易主體可以向徵信機構查詢交易對象的信用記錄，並以此為依據，來進行市場交易決策。

發達國家徵信業的發展模式主要有三種，即以美國為代表的市場化模式，以德國、法國等歐洲國家為代表的公共模式和以日本為代表的會員制徵信模式。美國的徵信機構主要由私人和法人投資，以營利為目的，完全按市場化方式運作，政府通過立法對徵信機構進行管理，可稱為市場主導型模式，又稱民營模式。其最大的優點是從業者可根據市場的需要來建設數據庫和提供服務，市場競爭可以促進服務範圍的擴大和質量的提高。民營徵信公司獨立於政府之外，依法經營信用調查和信用管理業務，向社會提供信用信息有償服務。徵信機構以營利為目的，因而信用服務覆蓋面大、信用信息來源廣泛，而且根據市場需要，不斷創新信用相關服務。政府的作用一方面是促進信用管理立法，另一方面是監督信用管理法律的貫

徹執行。美國、加拿大、英國和一些北歐國家採用這種社會信用體系模式。①

美國的徵信業始於 1841 年，是典型的市場主導模式，由最初幾家地方性徵信機構發展到 2,000 多家競爭者，最后形成了目前高度集中的個人徵信市場。② 從業務類型上劃分，美國的信用評估機構主要有三種業務模式：第一種是商業市場信用評估機構，即企業徵信類（以鄧百氏公司為代表），第二種是個人消費市場信用評估機構（以益百利公司為代表）；第三種是資本市場信用評估機構（以標準普爾為代表）。

美國具有代表性的徵信公司有艾可發、益百利和全聯，這三大個人徵信公司已發展為全球三大商業個人徵信「巨無霸」。益百利公司（Experian）規模最大，1996 年重組成立，益百利公司總部位於愛爾蘭的首都都柏林，營運總部分別設於英國的諾丁漢、美國的加利福尼亞州和巴西的聖保羅。截至 2013 年年底，益百利公司在 39 個國家和地區共擁有員工 17,000 多人，客戶遍及 80 個國家和地區，持有超過 4 億客戶和 5,000 萬家企業的信息資料，持有全球 1.3 億家庭的營銷信息，與全球 70 多家徵信機構進行合作。在徵信數據服務方面，益百利公司目前在全球營運了 19 個個人徵信局和 13 個商業徵信機構。2013 年，益百利公司財務營業收入達到 48.4 億美元（1 美元約等於 6.89 元人民幣，下同），稅前淨利潤為 10.5 億美元，淨利潤率為 15.6%。艾可發公司（Equifax）於 1899 年成立，總部設在亞特蘭大，在北美、南美、英國、歐洲大陸和一些亞洲國家和地區都設有分支機構，在 14 個國家和地區擁有的員工總數超過 7,000 人，2013 年營業收入達到 15 億美元。艾可發公司的資料數據庫龐大，擁有超過 1.9 億美國人和 1,500 萬加拿大人的消費者個人資料檔案，其客戶群總數超過 10 萬家企業，2013 年財務營業收入達到 23.0 億美元，稅前淨利潤為 5.3 億美元，淨利潤率為 15.3%。全聯公司（Trans Union）創建於 1968 年，總部設在芝加哥，自 1988 年起開始提供美國全國性消費者信用調查報告。全聯公司數據庫持有 2.2 億消費者資料，覆蓋美國、加拿大、維爾京群島和波多黎各。1990 年，全聯公司已經擁有 45 家地區性信用局和 220 家代辦處。全聯公司向全世界 50 多個國家和地區提供 550 種產品和服務，信用報告的網上銷

---

① 劉姝威，王學飛，張現峰，等. 不同社會信用體系的國際比較 [N]. 上海證券報，2004-08-12.

② 姚存詳. 簡析世界各國徵信體系 [J]. 中國信用卡，2010（8）：28-30.

### 經濟轉型與信任危機治理

售每年達 4 億次，其他傳統方式查詢更達 150 億次。2013 年，全聯公司財務營業收入達到 11.8 億美元，營業利潤為 1.8 億美元，營業利潤率為 15.2%。①

鄧白氏公司（Dun & Bradstreet）是世界上歷史最久、規模最大的企業徵信公司，成立於 1841 年，在全球擁有 375 個分公司，員工達 8 萬多人，年產值達 50 多億美元。資本市場信用評估機構的代表是標準普爾、惠譽和穆迪，其處於絕對壟斷地位。標準普爾於 1860 年創立，總部位於美國紐約市，公開資料顯示其 2009 年營業收入達 26.1 億美元，員工大約為 10,000 人。

德國、法國等歐洲國家主要採取公共模式，主要是中央信貸登記系統。中央銀行使用政府資金建立中央信貸登記系統及全國公共信用信息數據庫，其信用信息來源於銀行等金融機構，並以銀行內部使用為主要目的，服務於商業銀行防範貸款風險和中央銀行金融監管。央行徵信機構是非營利性的，數據使用不是商業化的，信用報告收費很低。其優點是在公共信用數據比較分散的條件下，可以由政府協調監管的所有金融機構參加公共信息登記系統，可以在較短的時間內迅速建立起覆蓋全國範圍內的徵信數據庫，在政府的推動下，也易於整合不同公共部門的信用信息。這種模式的問題是政府公共信用數據庫不參與市場競爭，出於非營利目的，因此信用信息的廣泛性不夠，政府建設的公共信用信息平臺耗資、維護費用巨大，但商業利益甚微，服務的質量和效率難以保證，而且難以做到中立。法國、德國、比利時、義大利、奧地利、葡萄牙和西班牙等國家採取這種模式。當然，這些國家也有市場化營運的私人徵信機構。

第三種是會員制模式。日本採用這種社會信用體系模式。這種模式是由行業協會為主建立信用信息中心，為協會會員提供個人和企業的信用信息，通過內部信用信息共享機制實現徵集和使用信用信息的目的。在會員制模式下，會員向協會信用信息中心義務地提供掌握的個人或者企業的信用信息，協會信用信息中心僅限於向協會會員提供信用信息查詢服務。這種協會信用信息中心不以營利為目的，只收取成本費用。日本的信用信息機構大體上可劃分為銀行體系、消費信貸體系和銷售信用體系三類，相應的行業協會分別是銀行業協會、信貸業協會和信用產業協會。例如，日本

---

① 廣發證券. 徵信行業深度報告 [EB/OL]. (2015-01-29) [2016-12-30]. http://www.1991it.com/archives/325371.html.

銀行業協會建立了非營利的銀行會員制機構——日本個人信用信息中心，銀行作為會員參加信用信息中心，信用信息中心的信息來源於會員銀行。該中心在收集與提供信息服務時要收費，以維持中心的運行與發展，但不以營利為目的。

日本三大行業協會，即銀行業協會、信貸業協會和信用產業協會的信用信息中心 CIC、JICC 和 BIC 基本能夠滿足會員對個人信用信息徵集和查詢的需求。這三大信息中心的營運總收入不超過 10 億元，年查詢次數總計 3.4 億人次，查詢單價約為 3 元/次。除此之外，日本徵信業也存在一些商業性的徵信公司，占前兩名的是帝國數據銀行（成立於 1899 年）和東京商工所（成立於 1892 年），年營業收入分別約為 28 億元和 10 億元，占據日本公司徵信市場 70% 的市場份額。這兩家公司的業務包括企業徵信和信用管理服務、個人或法人財產徵信。[①]

國際上三種發展徵信業的模式對中國發展徵信業都有一定的啓發意義。美國的市場化模式代表了發展徵信業的主要方向，市場化運作方式的最大優點是從業者可根據市場的需要來建設數據庫和提供服務，市場競爭可以促進服務範圍的擴大和質量的提高，經營模式更為靈活。我們國家主張市場在資源配置中起決定性作用，那麼信用信息的市場化供給，可能是未來的趨勢。以德國、法國等歐洲國家為代表的公共模式比較符合中國當前的國情，信用信息屬於信息基礎設施的範疇，而基礎設施由政府來主導建設，是中國的普遍現象。日本的會員制模式對於一些行業信用信息系統也有借鑑意義。

綜合考慮，中國發展徵信業應該由政府主導，以市場為主體，這個行業的發展離不開政府的扶持，如政策環境，但是產業的主體應該是企業。筆者認為，混合所有制是比較好的途徑，可以考慮成立具有政府背景的國有企業和民營企業聯合出資的股份制企業來發展徵信業。

## 11.4 國內徵信業發展現狀

目前，中國的徵信體系主要有三大塊，即金融徵信體系、行政管理徵信體系和商業徵信體系。金融徵信體系是以金融業主管部門為主導進行建

---

① 平安證券. 計算機行業徵信市場系列研究之一：點錯成長樹的日本徵信市場 [EB/OL]. (2014-09-04) [2016-12-30]. http://finance.qq.com/a/20140904/0681383.htm.

設，主要運用於銀行、證券、保險、擔保等金融領域；行政管理徵信體系是以政府相關職能部門為主導進行建設，如公安、法院、工商系統的數據庫；商業徵信體系是市場化的徵信公司，前兩種徵信數據體系不以營利為目的，市場化的徵信公司以營利為目的。

中國第一家徵信機構「中華徵信所」誕生於 1932 年。20 世紀 80 年代後期，中國人民銀行批准成立了第一家信用評級公司——上海遠東資信評級有限公司。1993 年，專門從事企業徵信的新華信國際信息諮詢有限公司開始正式對外提供服務。此後，一批專業信用調查仲介機構相繼出現，徵信業的雛形初步顯現。經中國人民銀行批准，上海市進行個人徵信試點，1999 年上海資信有限公司成立，開始從事個人徵信服務。1999 年年底，銀行信貸登記諮詢系統上線運行。2002 年，銀行信貸登記諮詢系統建成地、省、總行三級數據庫，實現全國聯網查詢。2003 年，國務院賦予中國人民銀行「管理信貸徵信業，推動建立社會信用體系」職責，批准設立徵信管理局。同年，上海、北京、廣東等地率先啓動區域社會徵信業發展試點，一批地方性徵信機構設立並得到迅速發展，部分信用評級機構開始開拓銀行間債券市場信用評級等新的信用服務領域，國際知名信用評級機構先後進入中國市場。2004 年，人民銀行建成全國集中統一的個人信用信息基礎數據庫。2005 年，銀行信貸登記諮詢系統升級為全國集中統一的企業信用信息基礎數據庫。2008 年，國務院將中國人民銀行徵信管理職責調整為「管理徵信業」並牽頭社會信用體系建設部際聯席會議，2011 年牽頭單位中增加了國家發改委。2013 年 3 月，《徵信業管理條例》正式實施，明確中國人民銀行為徵信業監督管理部門，徵信業步入了有法可依的軌道。據不完全統計，2012 年年底，中國有各類徵信機構 150 多家，徵信行業收入 20 多億元。目前，中國徵信機構主要分三大類：第一類是政府背景的信用信息服務機構，共計 20 家左右。近年來，各級政府推動社會信用體系建設，政府或其所屬部門設立徵信機構，接收各類政務信息或採集其他信用信息，並向政府部門、企業和社會公眾提供信用信息服務。第二類是社會徵信機構，共計 50 家左右。社會徵信機構規模相對較小，主要以從事企業徵信業務為主，從事個人徵信業務的徵信機構較少。第三類是信用評級機構。目前，納入中國人民銀行統計範圍的信用評級機構共 70 多家。[①]

---

[①] 中國人民銀行《中國徵信業發展報告》編寫組. 中國徵信業發展報告（2003—2013）[M]. 北京：中國金融出版社，2014.

## 11　發展徵信業,建立匿名信任

在中國人民銀行的協調、推動下,各行業主管部門按照《關於社會信用體系建設的若干意見》(國辦發〔2007〕17 號)關於「完善行業信用記錄,推進行業信用建設」的要求,積極開展本行業、本部門信用建設,多數行業主管部門建立了本行業與信用相關的信息系統,對管理對象進行信用評價,部分部門之間實現了信用信息互聯和共享,提高了信用信息的使用效率,促進了部門之間的聯合監管。2009 年,中國人民銀行發布《中國人民銀行關於推進農村信用體系建設工作的指導意見》,人民銀行協調相關部門,通過建設農村信用體系試驗區、建立農戶電子信用檔案、開展農戶信用評價、開展「信用戶、信用村、信用鄉(鎮)」創建活動等形式推進農村信用體系建設。截至 2012 年年底,全國共為 1.48 億農戶建立了信用檔案,並對其中 9,784 萬農戶進行了信用評定。2010 年,中國人民銀行印發了《中小企業信用體系試驗區建設指導意見》。近年來,中國人民銀行協調相關部門,以建設中小企業信用體系試驗區、建立中小企業信用檔案、搭建中小企業信用信息共享平臺、開展中小企業信用評價等方式推進中小企業信用體系建設。截至 2012 年 12 月底,全國累計補充完善中小企業信用信息 235.3 萬戶。[①] 截至 2013 年 11 月底,國內最全面的數據庫人民銀行徵信系統收錄自然人 8.3 億多人,收錄企業及其他組織近 2,000 萬戶。[②]

大部分政府部門的信用信息目前還處於非共享狀態,中國目前民事主體的信用信息分散在金融、工商、稅務、法院、公安、環保、社保、電信、質檢等十幾個部門。除了中國人民銀行牽頭建設的金融業統一徵信平臺實現了商業銀行之間的信貸信息共享以外,其他各系統大多形成了獨立的信息管理和保密制度,徵信數據處於相互屏蔽的狀態。由於缺乏全國聯網的信用信息數據平臺,就難以實現「一處失信、處處受制」的誠信體系目標。

徵信業發展的主體是徵信業務的供給方。2014 年 9 月,國家發改委和中國人民銀行聯合召開「全國社會信用體系建設」工作會議,明確了中國徵信體系建設將以市場化的徵信機構為主導。中國人民銀行副行長潘功勝表示,作為徵信業的管理部門,中國人民銀行對大數據公司進入徵信市場持開放態度,歡迎阿里巴巴、騰訊等大數據公司進入徵信體系建設。2015

---

① 中國人民銀行《中國徵信業發展報告》編寫組. 中國徵信業發展報告(2003—2013)[M]. 北京:中國金融出版社,2014.

② 廣發證券. 徵信行業深度報告[EB/OL].(2015-01-29)[2016-12-30]. http://www.1991it.com/archives/325371.html.

## 經濟轉型與信任危機治理

年1月5日,中國人民銀行印發《關於做好個人徵信業務準備工作的通知》,8家機構獲第一批個人徵信牌照,包括芝麻信用管理有限公司、騰訊徵信有限公司、深圳前海徵信中心股份有限公司、鵬元徵信有限公司、中誠信徵信有限公司、中智誠徵信有限公司、拉卡拉信用管理有限公司和北京華道徵信有限公司。

在美國、日本及歐洲等發達經濟體中,徵信業大部分是以市場化的社會徵信機構為主,中國的信用信息主要集中在金融系統和行政部門。中國徵信體系的建設,從長遠和可持續發展的角度來看,需要建立一個發達的徵信市場,讓市場化的徵信機構起主導作用。中國現有各類徵信機構、評級機構150多家,年收入20多億元,總體上規模小、服務與產品種類少。目前中國徵信系統的信息覆蓋面主要集中在信貸系統,而對於個人其他經濟活動和社會活動尚缺乏信用報告,徵信業發展潛力巨大。

根據黨的十八屆三中全會的精神,市場在資源配置中發揮決定性作用,發展徵信業的主體應以民營徵信機構為主,公共徵信機構和民營徵信機構相互補充,走市場化運作的道路。

第一,培育新創徵信公司。對符合條件的徵信服務機構,按有關規定享受國家和地方關於現代服務業和高新技術產業的優惠政策,培育、發展品牌徵信機構。

第二,引進國內外品牌徵信公司。積極擴大徵信業對外開放,引進國外先進的技術和管理經驗,促進徵信業與國際接軌,准入國際品牌徵信企業開展業務,積極維護國家信息安全,嚴格外資進入徵信業的標準。

第三,成立經營徵信業務的國有企業。國內建立的金融信用信息和行政部門信用信息是寶貴的信息資源,卻不能由政府部門開展經營業務。因此,對社會共享的積極性不高,這些公共信用信息可以視同公共基礎設施,由國有企業提供經營。

第四,大數據網路公司開展徵信業務。阿里巴巴、騰訊、京東等大數據網路公司可以進入徵信業務,利用交易數據和評級數據完善信用信息,這些網站本身就已有較豐富的信用數據。

第五,成立股份制徵信公司。支持實力較強、規模較大的徵信機構做大做強,培育全國性和區域性的徵信龍頭企業,鼓勵徵信機構之間重組併購,成立股份制徵信公司,國有徵信企業和民營徵信企業都可以入股。

徵信業發展的客體是指徵信業務的需求方。匿名市場交易的所有參與者都是徵信業務的需求方。中國從計劃經濟向市場經濟轉型,黨的十八屆

## 11 發展徵信業，建立匿名信任

三中全會主張市場在資源配置中起決定性作用，匿名市場交易的範圍不斷擴大，交易主體日益重視防範信用風險，都需要在交易前瞭解交易對象的信用信息，並據此決策是否交易，市場主體也對自身的信用信息更加關注。徵信業發展的客體包括企業、個人、組織、政府、家庭、國家等，任何匿名市場交易的參與者都將成為徵信業務的客體。徵信業發展的市場潛力巨大。

當前，徵信業務的客體仍需培育，社會信用意識和信用環境有待提高。中國市場經濟體制建立的時間不長，全社會信用意識和社會信用環境還比較薄弱。《政府信息公開條例》雖然已對政務信息公開做出了具體規定，但在執行過程中，政務信息的公開尚不全面，一些政府部門信用信息不面向社會共享，削弱了信用信息的完整性。民營化的徵信業務仍處於起步階段。信用信息的有效整合也還沒有實現。

需求和供給是「雞生蛋、蛋生雞」的過程，培育市場需求可以化解這一困境，政府可以制定政策，對信用信息查詢提供補貼，降低查詢費用。政府在行政過程中切實執行激勵誠信、懲戒失信的政策，加強普及性徵信宣傳活動，將「信用是經濟身分證」「信用創造財富」「守信光榮、失信可恥」等徵信文化理念植入人心。企業和個人的商業行為也要獎勵誠信，懲戒欺騙。

根據邁克爾‧波特的產業競爭力分析模型，我們分析徵信業的產業競爭力，供決策者參考（見圖11-1）。

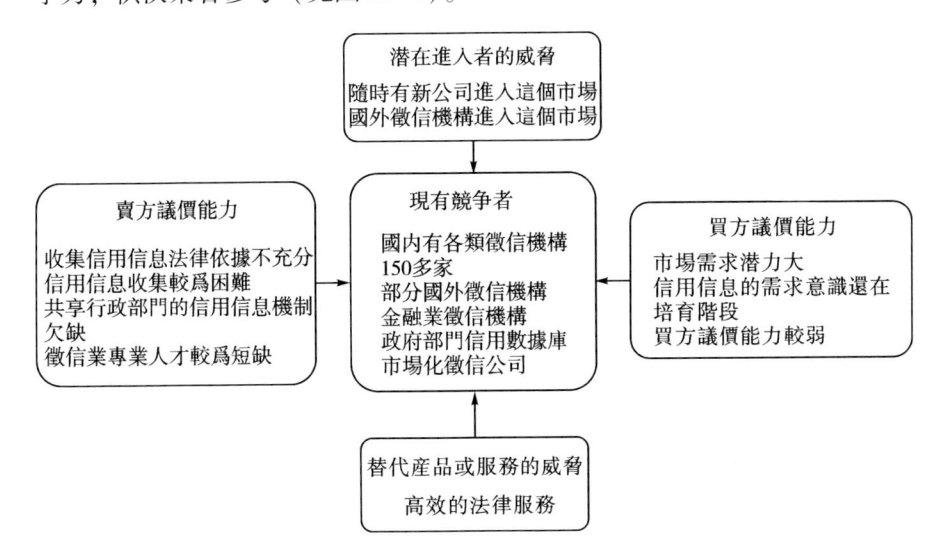

```
                    ┌─────────────────────────┐
                    │     潛在進入者的威脅      │
                    │  隨時有新公司進入這個市場  │
                    │ 國外徵信機構進入這個市場  │
                    └───────────┬─────────────┘
                                ↓
┌──────────────────┐   ┌─────────────────┐   ┌──────────────────┐
│    賣方議價能力    │   │    現有競爭者    │   │    買方議價能力    │
│ 收集信用信息法律   │→  │ 國內有各類徵信機構│ ← │ 市場需求潛力大     │
│ 依據不充分         │   │ 150多家          │   │ 信用信息的需求意識 │
│ 信用信息收集較為   │   │ 部分國外徵信機構  │   │ 還在培育階段       │
│ 困難               │   │ 金融業徵信機構    │   │ 買方議價能力較弱   │
│ 共享行政部門的信用 │   │ 政府部門信用數據庫│   │                  │
│ 信息機制欠缺       │   │ 市場化徵信公司    │   │                  │
│ 徵信業專業人才較為 │   │                 │   │                  │
│ 短缺               │   │                 │   │                  │
└──────────────────┘   └─────────┬───────┘   └──────────────────┘
                                 ↑
                    ┌─────────────────────────┐
                    │   替代產品或服務的威脅    │
                    │      高效的法律服務       │
                    └─────────────────────────┘
```

圖 11-1　徵信業的產業競爭力

## 11.5　政策建議

其一，大力發展徵信業。

發展徵信業是大勢所趨，而且潛力巨大，要多種途徑發展徵信業主體，鼓勵民營資本進入徵信行業。

其二，加快完善徵信相關的立法工作，使徵信工作有法可依。

目前，中國徵信業法律體系尚不完善，《徵信業管理條例》是粗線條的法律，在個人隱私權保護和合法徵集信用信息之間難以區分。中國應該立法規範經濟主體信用信息的收集、記錄、開放和使用；對收集、記錄、開放經濟主體信用信息的徵信機構立法加以規範，依法加以監管。

其三，建立機制協調共享各行政部門的信用數據庫。

成立社會信用體系建設領導小組，建立起協調共享各行政部門信用數據的機制，組織建設統一的信用數據檢索平臺。

其四，建立信用信息收集和評級標準。

建立信用信息收集和評級的標準體系。明確收集、記錄、開放個人、企事業單位、政府部門信用信息的標準；建立信用評級標準，根據信用主體的信用記錄，確定其信用等級，甚至建立「黑名單」「紅名單」制度。

其五，加大徵信體系建設的信息化投入，建設覆蓋全社會的徵信系統。

目前，與信用有關的信息分散在各個部門，如工商、稅務、交通、銀行、證券、公安、法院等，由於多頭管理、技術標準不一致、數據無法共享、不對外開放，造成大量信息資源的浪費。要建立統一、開放的徵信數據檢索平臺，各部門的信用數據庫要互聯互通，統一服務標準。

其六，宣傳推廣徵信工作。

加強對徵信工作的宣傳力度，廣泛宣傳徵信體系的意義和作用，為徵信體系建設創造良好的社會條件和輿論氛圍。引導交易主體向徵信系統查詢交易對象的信用記錄。

其七，通過法律、徵信業主管部門和徵信行業本身，共同確保徵信機構的誠信。

完善徵信相關的法規或條例，成立徵信行業協會，與徵信業主管部門

一起確保徵信機構本身的誠信。在徵信體系中，徵信機構本身也是經濟主體，也有其信用帳戶，不誠信的徵信機構將被市場淘汰。

其八，構建誠實守信的社會環境。

目前對不誠信行為的處罰措施難以有效地治理失信行為，需要建立起多部門聯動監管機制，在市場准入、銀行貸款、航空、網路等領域實現「一處失信、處處受限」，讓失信者真正地付出代價。

# 參考文獻

[1] 阿夫納·格雷夫. 大裂變：中世紀貿易制度比較和西方的興起[M]. 鄭江淮，等，譯. 北京：中信出版社，2008.

[2] 奧利弗·E.威廉姆森. 資本主義經濟制度[M]. 段毅才，譯. 北京：商務印書館，2002.

[3] 邊沁. 道德與立法原理導論[M]. 時殷弘，譯. 北京：商務印書館，2000.

[4] 伯納德·巴伯. 信任：信任的邏輯與局限[M]. 牟斌，李紅，範瑞平，譯. 福州：福建人民出版社，1989.

[5] 包剛升. 反思波蘭尼《大轉型》的九個命題[J]. 浙江社會科學，2014 (6).

[6] 彼得·什托姆普卡. 信任——一種社會學理論[M]. 程勝利，譯. 北京：中華書局，2005.

[7] 曹大宇. 階層分化、社會地位與主觀幸福感的實證考量[J]. 統計與決策，2009 (10).

[8] 陳葉烽，葉航，汪丁丁. 超越經濟人的社會偏好理論：一個基於實驗經濟學的綜述[J]. 南開經濟研究，2012 (1).

[9] 陳葉烽，葉航，汪丁丁. 信任水平的測度及其對合作的影響[J]. 管理世界，2010 (4).

[10] 陳炳，全永波. 民主理念、公民教育與美國進步時代改革[J]. 經濟社會體制比較，2012 (3).

[11] 道格拉斯·C.諾思，羅伯特·托馬斯. 西方世界的興起[M]. 厲以平，蔡磊，譯. 北京：華夏出版社，1999.

[12] 道格拉斯·C.諾思. 制度、制度變遷與經濟績效[M]. 杭行，譯. 上海：格致出版社，2008.

[13] 杜朝運. 社會轉型、經濟轉軌與過渡金融[J]. 當代財經，2005(6).

[14] 戴維·佩珀. 生態社會主義：從深生態學到社會主義[M]. 劉

穎,譯.濟南:山東大學出版社,2005.

［15］恩格斯.自然辯證法［M］.中共中央馬克思恩格斯列寧斯大林著作編譯局,譯.北京:人民出版社,1971.

［16］弗朗西斯·福山.信任:社會美德與創造經濟繁榮［M］.彭志華,譯.海口:海南出版社,2001.

［17］菲呂博頓,瑞切特.新制度經濟學［M］.孫經緯,譯.上海:上海財經大學出版社,1998.

［18］費孝通.鄉土中國［M］.上海:上海三聯書店,1985.

［19］廣發證券.徵信行業深度報告［EB/OL］.(2015-01-29)［2016-12-30］.http://www.1991it.com/archives/325371.html.

［20］高虹,陸銘.社會信任對勞動力流動的影響——中國農村整合型社會資本的作用及其地區差異［J］.中國農村經濟,2010(3).

［21］格蘭特·吉爾莫.契約的死亡［M］//梁慧星.民商法論叢:第3卷.北京:法律出版社,1995.

［22］盧曼.信任［M］.瞿鐵鵬,譯.上海:上海人民出版社,2005.

［23］哈特.企業、合同與財務結構［M］.費方域,譯.上海:上海人民出版社,2006.

［24］黃少卿.經濟轉軌中的合同執行［M］.上海:上海遠東出版社,2012.

［25］何立華.信任,分工與經濟增長［J］.山西財經大學學報,2009(12).

［26］懷特利.社會資本的起源［M］//社會資本與社會發展.李惠斌,楊雪冬,譯.北京:社會科學文獻出版社,2000.

［27］胡榮.中國農村居民的社會信任［J］.中共天津市委黨校學報,2005(2).

［28］胡榮,李靜雅.城市居民信任的構成及影響因素［J］.社會,2006(6).

［29］胡鞍鋼,王紹光,周建明.第二次轉型,國家制度建設［M］.北京:清華大學出版社,2003.

［30］霍布斯.利維坦［M］.黎思復,黎廷弼,譯.北京:商務印書館,1985.

［31］埃里德·方納.美國自由的故事［M］.王希,譯.北京:商務印書館,2002.

[32] Jeffrey Sachs，胡永泰，楊小凱. 經濟改革和憲政轉軌 [J]. 經濟學季刊，2003 (4).

[33] John Herrick. 美國進步時代：變革社會中的社會政策創新 [J]. 公共行政評論，2008 (4).

[34] 吉登斯. 現代性的后果 [M]. 田禾，譯. 南京：譯林出版社，2000.

[35] 蔣文婷，鐘春平，潘黎. 信任與經濟發展 [J]. 徵信，2015 (6).

[36] 金俐. 關於信任的經濟學分析 [J]. 社會科學，2002 (11).

[37] 科爾曼·詹姆斯. 社會理論的基礎 [M]. 鄧方，譯. 北京：社會科學文獻出版社，1990.

[38] 卡爾·波蘭尼. 大轉型：我們時代的政治與經濟起源 [M]. 馮剛，劉陽，譯. 杭州：浙江人民出版社，2007.

[39] 柯武剛，史漫飛. 制度經濟學：社會秩序與公共政策 [M]. 北京：商務印書館，2000.

[40] 李偉民，梁玉成. 特殊信任與普遍信任：中國人信任的結構與特徵 [J]. 社會學研究，2002 (3).

[41] 麗貝卡·梅涅斯. 1880年到1930年美國城市的腐敗和經濟增長 [M]//吳敬璉. 比較 (22). 北京：中信出版社，2006.

[42] 李濤，黃純純，何興，等. 什麼影響了居民的社會信任水平？——來自廣東省的經驗證據 [J]. 經濟研究，2008 (2).

[43] 陸銘，張爽. 勞動力流動對中國農村公共信任的影響 [J]. 世界經濟文匯，2008 (4).

[44] 劉守剛. 「雙重運動」與現代國家的興起：評波蘭尼的《大轉型》[J]. 公共行政評論，2010 (6).

[45] 劉亞平. 美國進步時代的管制改革——以食品安全為例 [J]. 公共行政評論，2008 (2).

[46] 劉姝威，王學飛，張現峰，等. 不同社會信用體系的國際比較 [N]. 上海證券報，2004-08-12.

[47] 林南. 社會資本：關於社會結構與行動的理論 [M]. 上海：上海人民出版社，2005.

[48] 李海飛. 卡爾·波蘭尼反市場自由主義思想評析 [J]. 當代經濟研究，2012 (6).

[49] 麥克尼爾. 新社會契約論 [M]. 雷喜寧，潘勤，譯. 北京：中

國政法大學出版社, 2004.

[50] 馬克思. 資本論: 第1卷 [M]. 中共中央馬克思恩格斯列寧斯大林著作編譯局, 譯. 北京: 人民出版社, 1975.

[51] 中共中央馬克思恩格斯列寧斯大林著作編譯局. 馬克思恩格斯全集: 第3卷 [M]. 北京: 人民出版社, 1960.

[52] 中共中央馬克思恩格斯列寧斯大林著作編譯局. 馬克思恩格斯選集: 第4卷 [M]. 北京: 人民出版社, 2009.

[53] 中共中央馬克思恩格斯列寧斯大林著作編譯局. 馬克思恩格斯全集: 第1卷 [M]. 北京: 人民出版社, 2009.

[54] 馬德勇. 信任、信任的起源與信任的變遷 [J]. 開放時代, 2008(4).

[55] 馬駿, 劉亞平. 美國進步時代的政府改革及其對中國的啟示 [M]. 上海: 格致出版社, 2010.

[56] 馬駿. 經濟、社會變遷與國家治理轉型: 美國進步時代改革 [J]. 公共管理研究, 2008 (0).

[57] 於空軍. 美國最大的企業徵信服務機構 [J]. 經濟研究參考, 2002 (67).

[58] 內田貴. 契約的再生 [M]. 胡寶海, 譯. 北京: 中國法制出版社, 2005.

[59] 普特南. 使民主運轉起來: 現代義大利的公民傳統 [M]. 王列, 賴海榕, 譯. 南昌: 江西人民出版社, 2001.

[60] 彭泗清. 信任的建立機制: 關係運作與法制手段 [J]. 社會學研究, 1999 (1).

[61] 青木昌彥. 比較制度分析 [M]. 周黎安, 譯. 上海: 上海遠東出版社, 2001.

[62] 西美爾. 貨幣哲學 [M]. 陳戎女, 耿開君, 文聘元, 譯. 北京: 華夏出版社, 2002.

[63] 錢穎一. 市場與法治 [J]. 經濟社會體制比較, 2000 (3).

[64] 錢穎一. 目標與過程 [J]. 經濟社會體制比較, 1999 (2).

[65] 塞繆爾·亨廷頓. 文明的衝突與世界秩序的重建 [M]. 周琪, 劉緋, 張立平, 等, 譯. 北京: 新華出版社, 2002.

[66] 涂爾干. 社會分工論 [M]. 渠東, 譯. 上海: 上海三聯書店, 2000.

[67] 楊小凱. 新興古典經濟學與超邊際分析 [M]. 北京: 社會科學

文獻出版社, 2003.

[68] 吳敬璉. 呼喚法治的市場經濟 [M]. 北京: 生活·讀書·新知三聯書店, 2007.

[69] 韋伯. 儒教與道教 [M]. 王容芬, 譯. 北京: 商務印書館, 1995.

[70] 王永欽. 市場互聯性、關係型合約與經濟轉型 [J]. 經濟研究, 2006 (6).

[71] 王永欽. 大轉型——互聯的關係型合約理論與中國奇跡 [M]. 上海: 格致出版社, 2009.

[72] 王永欽. 聲譽、承諾與組織形式 [M]. 上海: 上海人民出版社, 2005.

[73] 王俊秀, 楊宜音. 中國社會心態研究報告 2012—2013 [M]. 北京: 社會科學文獻出版社, 2013.

[74] 王紹光. 大轉型: 1980 年代以來中國的雙向運動 [J]. 中國社會科學, 2008 (1).

[75] 王紹光. 美國進步時代的啟示 [M]. 北京: 中國財政經濟出版社, 2002.

[76] 王紹光, 劉欣. 信任的基礎: 一種理性的解釋 [J]. 社會學研究, 2002 (3).

[77] 王紹光. 大轉型——中國的雙向運動 [J]. 國情報告, 2007 (27).

[78] 王紹光. 美國「進步時代」的啟示 [J]. 讀書, 2001 (8).

[79] 王棟兵. 徵信業發展的模式 [N]. 人民日報, 2004-08-05.

[80] 汪丁丁. 經濟學理性主義的基礎 [J]. 社會學研究, 1998 (2).

[81] 汪丁丁. 在經濟學與哲學之間 [M]. 北京: 中國社會科學出版社, 1996.

[82] 汪匯, 陳釗, 陸銘. 戶籍、社會分割與信任: 來自上海的經驗研究 [J]. 世界經濟, 2009 (10).

[83] 文建東, 何立華. 中國「信任之謎」及其解釋 [J]. 經濟科學, 2010 (3).

[84] 袁正, 曹曦. 生態環境危機的政治經濟學分析 [J]. 當代經濟研究, 2011 (9).

[85] 袁正. 經濟理性、消費異化與生態環境危機 [J]. 海派經濟學, 2011 (1).

[86] 楊明, 孟天廣, 方然. 變遷社會中的社會信任：存量與變化 [J]. 北京大學學報, 2011 (6).

[87] 楊瑞龍. 關於誠信的制度經濟學思考 [J]. 中國人民大學學報, 2002 (5).

[88] 楊宇, 沈坤榮. 社會資本、制度與經濟增長 [J]. 制度經濟學研究, 2010 (2).

[89] 岳經倫. 社會科學、知識分子與和諧社會——美國進步時代的啟示 [J]. 公共行政評論, 2008 (2).

[90] 約翰·貝拉米·福斯特. 資本主義與生態環境的破壞 [J]. 董金玉, 譯. 國外理論動態, 2008 (6).

[91] 姚存祥. 簡析世界各國徵信體系 [J]. 中國信用卡, 2010 (8).

[92] 葉初升, 孫永平. 信任問題經濟學研究的最新進展與實踐啟示 [J]. 國外社會科學, 2005 (3).

[93] 朱虹. 「親而信」到「利相關」：人際信任的轉向 [J]. 學海, 2011 (4).

[94] 張維迎. 信息、信任與法律 [M]. 北京：生活·讀書·新知三聯書店, 2003.

[95] 張維迎. 經濟學家看法律、文化與歷史 [J]. 民商法網刊, 2006(1).

[96] 張維迎. 法律制度的信譽基礎 [J]. 經濟研究, 2001 (1).

[97] 張維迎, 柯容住. 信任及其解釋：來自中國的跨省調查分析 [J]. 經濟研究, 2002 (10).

[98] 張維迎. 博弈與社會 [M]. 北京：北京大學出版社, 2013.

[99] 張爽, 陸銘, 章元. 社會資本的作用隨市場化進程減弱還是加強——來自中國農村貧困的實證研究 [J]. 經濟學季刊, 2007 (2).

[100] 張建君. 論中國經濟轉型模式 [M]. 北京：中共中央黨校出版社, 2008.

[101] 張克中. 中國經濟轉型的社會資本分析 [J]. 江西財經大學學報, 2005 (3).

[102] 張靜. 信任問題 [J]. 社會學研究, 1996 (2).

[103] 鄭也夫. 信任與社會秩序 [J]. 學術界, 2001 (4).

[104] 鄭也夫. 信任論 [M]. 北京：中國廣播電視出版社, 2001.

[105] 鄒宇春, 敖丹, 李建棟. 中國城市居民的信任格局及社會資本影響 [J]. 中國社會科學, 2012 (5).

[106]《公司的力量》編委會. 公司的力量 [M]. 太原：山西教育出版社，2010.

[107] 資中筠. 20世紀的美國 [M]. 上海：上海三聯書店，2007.

[108] 周雪光. 組織社會學十講 [M]. 北京：社會科學文獻出版社，2003.

[109] 臧旭恒，高建剛. 信任關係的不完全信息動態博弈模型 [J]. 重慶大學學報（社會科學版），2007（4）.

[110] 中國人民銀行《中國徵信業發展報告》編寫組. 中國徵信業發展報告（2003—2013）[M]. 北京：中國金融出版社，2014.

[111] Algan Yann, Pierre Cahuc. Trust and Growth [J]. Annual Review of Economics, Annual Reviews, 2013, 5（1）：521-549.

[112] Adam B Seligman. The Problem of Trust [M]. Princeton：Princeton University Press, 1997.

[113] Andre Gorz. Capitalism, Socialism, Ecology [M]. London：Verso, 1994.

[114] Ahlerup P, O Olsson, D Yanagizawa. Social capital vs institutions in the growth process [J]. European Journal of Political Economy, 2009, 25（1）：1-14.

[115] Avner Greif. Contract Enforceability and Economic Institutions in Early Trade：The Maghribi Traders Coalition [J]. American Economic Review, 1993, 83（3）：525-548.

[116] Avner Greif. Institutions and Impersonal Exchange：the European experience [J]. Working paper, 2003.

[117] Avner Greif. Cultural Beliefs and the Organization of Society：A Historical and Theoretical Reflection on Collectivist and Individual Societies [J]. Journal of Political Economy, 1994, 102：912-50.

[118] Avner Greif. Contracting, Enforcement, and Efficiency：Economics beyond the Law [J]. Annual World Bank Conference on Development Economics, World Bank, 1997.

[119] Avner Greif, Milgrom Paul, Weingast Barry R. Coordination, Commitment, and Enforcement：The Case of the Merchant Guild [J]. The Journal of Political Economy, 1994, 102：4.

[120] Avner Greif. The Birth of Impersonal Exchange：The Community

Responsibility System and Impartial Justice [J]. Journal of Economic Perspectives, 2006, 20 (2): 221-236.

[121] Avner Grief. Institutions and Impersonal Exchange: The European Experience [J]. Department of Economics Stanford University, working paper, 2003.

[122] Akerlof G A. The Market for「Lemons」: Quality Uncertainty and the Market Mechanism [J]. Quarterly Journal of Economics, 1970, 84 (3): 488-500.

[123] Avinash K Dixit. Lawlessness and Economics: Alternative Models of Governance [M]. Princeton: Princeton University Press, 2004.

[124] Arrow K. Grifts and Exchanges [J]. Philosophy and Public Affairs, 1972, 1: 343-362.

[125] Alesina A, Ferrara E L. Who Trusts Others [J]. Journal of Public Economics, 2002, 85 (2): 207-234.

[126] Adler, Paul S. Market, Hierarchy, and Trust: The Knowledge Economy and the Future of Capitalism [J]. Organization Science, 2001, 12 (2): 215-234.

[127] Abreu Dilip. On the Theory of Infinitely Repeated Games with Discounting [J]. Econometrica, 1998, 39.

[128] Axelrod R M. The Evolution of Cooperation [M]. New York: Basic Books, 1984.

[129] Barber B. The Logic and Limits of Trust [M]. New Brunswick: Rutgers University Press, 1983.

[130] Barney J B, Hansen M H. Trust Worthinessas a Source of Competitive Advantage [J]. Strategic Management Journal, 1994, 15: 175-190.

[131] Barzel Yoram. A Theory of the State: Economic Rights, Legal Rights, and the Scope of the State [M]. Cambridge: Cambridge University Press, 2002.

[132] Basu B B. The Spontaneous Evolution of Commercial Law [J]. Southern Economic Journal, 1989, 55: 644-661.

[133] Banfield E C. The Moral Basis of a Backward Society [M]. Glencoe: Free Press, 1958.

[134] Beugelsdijk S, Schaik T V. Social Catpial and Growth in European

Regions: An Empirical Test [J]. European of Journal of Political Economy, 2005, 21: 301-324.

[135] Bhattacharya R, et al. A formal Model of Trust Based on Outcomes [J]. Academy of Management Review, 1998, 23 (3): 459-472.

[136] Burt R S, Knez M. Trust and Third Party Gossip [M] //R M Kramer, Tylor T R. Trust in Organizations: Frontiers of Theory and Research. Thousand Oaks, CA: Sage, 1996.

[137] Berg J, John D, Kevin M. Trust, Reciprocity, and Social History [J]. Games and Economic Behavior, 1995, 10 (1): 122-142.

[138] Buchanan James M. Explorations into Constitutional Economics [M]. State of Texas: Texas A&M University Press, 1989.

[139] Bjornskov C. The Multiple Facets of Social Capital [J]. European Journal of Political Economy, 2006, 22 (1): 22-40.

[140] Bjornskov C. Determinants of Generalized Trust: A Cross-Country Comparison [J]. Public Choice, 2006, 130: 1-21.

[141] Bjornskov C, Pierre-Guillaume Meon. Is Trust the Missing Root of Institutions, Education, and Development? [J]. Public Choice, 2013.

[142] Blanchard O, M Kremer. Disorganization [J]. The Quarterly Journal of Economics, 1997, 10: 1091-1126.

[143] Baker G, Gibbons R, Murphy K J. Ralational Contracts and the Theory of Firm [J]. The Quarterly Journal of Economics, 2002, 117: 39-84.

[144] Bernstein Lisa. Private Commercial Law in the Cotton Industry: Creating Cooperation through Rules, Norms, and Institutions [J]. Michigan Law Review, 2001, 99: 1724-1788.

[145] Bohnet I, Zeckhauser R. Trust, Risk and Betrayal [J]. Journal of Economic Behavior & Organization, 2004, 55 (4): 467-484.

[146] Brehm John, Wendy Rahn. Individual-level Evidence for the Causes and Consequences of Social Capital [J]. American Journal of Political Science, 1997, 41 (3).

[147] Bradach J, Eccles R. Rice, Authority, and Trust: From Ideal Types to Plural Forms [J]. Annual Review of Sociology, 1989, 15: 97-118.

[148] Boix, Carles, Daniel N Posner. Social Capital: Explain its Origins and Effects on Government performance [J]. British Journal of Political Sci-

ence, 1998, 28: 686-674.

[149] Buchan N, Johnson E, Croson R. Let's get Personal: An International Examination of the Influence of Communication, Culture and Social Distance on Other Regarding Preferences [J]. Journal of Economic Behavior and Organization, 2006, 60 (3): 373-398.

[150] Camerer C F. Behavioral Game Theory: Experiments in Strategic Interaction [M]. Princeton: Princeton University Press, 2003.

[151] Cumming L L, Bromiley P. The Organizational Trust Inventory: Development and Validation [M] //Kramer R M, Tyler T. Trust in Organizations. Newbury Park, CA: Sage, 1996.

[152] Coleman J S. Foundations of Social Theory [M]. Cambridge, MA: Harvard University Press, 1990.

[153] Coleman J S. Social Capital in the Creation of Human Capital [J]. American Journal of Sociology, 1988 (94).

[154] Carpenter D P. The Forging of Bureaucratic Autonomy [M]. Princeton: Princeton University Press, 2001.

[155] Carpenter J P. Social Capital and Trust in SouthEast Asian Cities [J]. Urban studies, 2004, 41 (4), 853-874.

[156] Capra C M, Lanier K, Meer S. Attitudinal and Behavioral Measures of Trust: A New Comparison [J]. Working Paper, Department of Economics, Emory University, 2008.

[157] Crunden R M. Ministers of Reform: The Progressives' Achievement in American Civilization, 1889—1920 [M]. Chicago: University of Illinois Press, 1984.

[158] Cole R L. Toward as Model of Political Trust: A Causal Analysis [J]. American Journal of Political Science, 1973, 17 (4): 809-817.

[159] Cole S, Gine X, Tobacman J, et al. Barriers to Household Risk Management: Evidence from India [J]. American Economic Journal: Applied Economics, 2013, 5 (1): 104-135.

[160] Coleman J S. Social Capital in the Creation of Human Capital [J]. American Journal of Sociology, 1988, 94: 95-120.

[161] Coase R H. The Nature of the Firm [J]. Economica, New Series, 1937, 4 (16): 386-405.

［162］Coote L, Forrest E J, Tam T W. An Investigation into Commitment in Non-Western Industrial Marketing Relationships ［J］. Industrial Marketing Management, 2003, 32 (7): 595-604.

［163］Cooter Robert D. Structural Adjudication and the New Law Merchant: A Model of Decentralized Law ［J］. International Review of Law and Economics, 1994, 14: 215-231.

［164］Carmichael H, W B MacLeod. Gift-giving and the Evolution of Cooperation ［J］. International Economic Review, 1997, 38: 485-509.

［165］David Kreps, Paul R Milgrom, D John Roberts, et al. Rational Cooperation in the Finitely Repeated Prisoner's Dilemma ［J］. Journal of Economic Theory, 1982, 27: 245-252.

［166］David Kreps, Robert Wilson. Reputation and Imperfect Information ［J］. Journal of Economic Theory, 1982, 27: 253-279.

［167］Dore R. Taking Japan Seriously ［M］. Stanford: Stanford University, 1987.

［168］Dyer J H, Ouchi W G. Japanese Style Partnerships: Giving Companies A Competitive Edge ［J］. Sloan Management Review, 1993, 35 (1): 51-63.

［169］Dinner Steven J. A Very Different Age: Americans of the Progressive Era ［M］. NewYork: A Division of Farrar, Straus and Giroux, 1988.

［170］De Santis V P. The Shaping of Modern America: 1877—1920 ［M］. Wheeling, IL: Harlan Davidson, Inc, 2000.

［171］Delhey Jan, Newton Kenneth. Who Trusts? The Origins of Social Trust in Seven Nations ［J］. European Societies, 2003, 5 (2): 93-137.

［172］Dearmon J, Grier K. Trust and Development ［J］. Journal of Economic Behavior & Organization, 2009, 71: 210-220.

［173］Ellickson Robert. Order Without Law ［M］. Cambridge: Harvard University Press, 1991.

［174］Ensminger J. Making A Market: the Institutional Transformation of An African Society ［M］. Cambridge, UK: Cambridge University Press, 1992.

［175］Erickson E H. Childhood and Society ［M］. New York: Norton, 1963.

［176］Frank B Cross. Law and Trust ［J］. School of Law, The University of Texas, Working Paper, 2005 (64).

[177] Fama E. Agency Problem and The Theory of the Firm [J]. Journal of Political Economy, 1980 (88): 288-307.

[178] Fafchamps Marcel. The Enforcement of Commercial Contracts in Ghana [J]. World Development, Elsevier, 1996, 24 (3): 427-448.

[179] Fafchamps Marcel. Market Institutions in Sub – Saharan Africa: Theory and Evidence [M]. Cambridge, MA: MIT Press, 2004.

[180] Flanagan M A. America Reformed: Progressives and Progressivisms 1890—1920 [M]. NewYork: Oxford University Press, 2007.

[181] Fukuyama Francis. Trust: The Social Virtues and the Creation of Prosperity [M]. NewYork: Free Press, 1995.

[182] Fukuyama Francis. Social Capital and Civil Society [J]. IMF Working Paper, 2000 (74).

[183] Fudenberg D, E Maskin. The Fork Theoreom in Repeated Games with Discounting or With Imcomplete Information [J]. Economitrica, 1986, 54: 533-556.

[184] Fudenberg D, J Tirole. Game Theory [M]. Cambridge: MIT Press, 1992.

[185] Friedman J. A Noncooperative Equilibrium for Supergame [J]. Review of Economic Studies, 1971, 38: 1-12.

[186] Glaeser Edward, Oliver Hart. On the Design of A Legal System [J]. Working Paper, Department of Economics, Harvard University, 2000.

[187] Guinnane T W. Trust: A Concept Too Many [J]. Yale University Economic Growth Center Discussion Paper, 2005 (2): 907.

[188] Gaughan A. Harvey Wiley, Theodore Roosevelt, and the Federal Regulation of Food and Drugs [J]. Chemical Communications, 1965, 5 (4).

[189] Ghosh P, Ray D. Cooperation in Community Interaction without Information Flows [J]. Review of Economic Studies, 1996, 63: 491-519.

[190] Glaeser E, Andrei S. The Rise of the Regulatory State [J]. Journal of Economic Literature, 2003, 41 (2): 401- 425.

[191] Glaeser E L, Laibson D I, Scheinkman J A, et al. Measuring Trust [J]. Quarterly Journal of Economics, 2000, 65 (3): 811-846.

[192] Granovetter M. Economic Action and Social Structure: the Problem

of Embededness [J]. American Journal of Sociology, 1985, 91: 481-510.

[193] Guiso Luigi, Paola Sapienza, Luigi Zingales. The Role of Social Capital in Financial Development [J]. The American Economic Review, 2004, 94 (3): 526-556.

[194] Guiso L. A Trust-driven Financial Crisis. Implications for the Future of Financial Markets [J]. EIEF Working Paper, 2010.

[195] Goldberg V. Relational Exchange, Economics, and Complex Contracts [J]. American Behavioral Scientist, 1980, 23.

[196] Granovetter M. Getting a Job: A Study of Contacts and Careers [M]. Chicago: University of Chicago Press, 1995.

[197] Galanter M. Justice in Many Rooms: Courts, Private Ordering and Indigenous Law [J]. Journal of Legal Pluralism & Unofficial Law, 1981, 19 (1): 1-47.

[198] Grossman Sanford J, Oliver D Hart. The Costs and Benefits of Ownership: A Theory of Vertical and Lateral Integration [J]. Journal of Political Economy, 1986, 94 (4): 691-719.

[199] Ganesan S. Determinant of Long-Term Orientation in Buyerseller relationships [J]. Journal of Marketing, 1994, 58 (4), 1-19.

[200] Gow H, J Swinnen. Private Enforcement Capital and Contract Enforcement in Transition Countries [J]. American Journal of Agricultural Economics, 2001, 83 (3): 686-690.

[201] Hendley K, P Murrell, Ryterman. Law, Relationships, and Private Enforcement: Transactional Strategies of Russian Enterprises [J]. Europe-Asia Studies, 2000, 52: 627-656.

[202] Hendley K, Peter Murrell. Which Mechanisms Support the Fulfillment of Sales Agreement? Asking Decision-makers in Firms [J]. Economics Letter, 2003, 78: 49-54.

[203] Helliwell John. Economic Growth and Social Capital in Asia [J]. NBER Working Paper, 1996.

[204] Hicks F. Social Limits to Growth [M]. Cambridge: Harvard University Press, 1976.

[205] Hirshleifer J. The Dark Side of the Force: Economic Foundations of Conflict Theory [M]. Cambridge: Cambridge University Press, 2001.

[206] Hosmer L T. Turst: The Connection Link between Organizational Theory and Philosophical Ethics [J]. Academy of Management Review, 1995, 20 (2): 379-403.

[207] Holmstrom B. Managerial Incentive Problems: A Dynamic Perspective [J]. Review of Economic Studies, 1999, 66: 169-182.

[208] Holm H J, Danielson A. Tropic Trust versus Nordic Trust: Experimental Evidence From Tanzania And Sweden [J]. The Economic Journal, 2005, 115: 505-532.

[209] Inglehart R. Modernization and Postmodernization: Cultural, Economic, and Political Change in 43 Societies [M]. Princeton: Princeton University Press, 1997.

[210] Johnson S, McMillan J, Wooddruff C. Courts and Relational Contracts [J]. Journal of Law, Economics, and Organization, 2002, 18: 221-277.

[211] John Shuhe Li. Relation-based Versus Rule-based Governance: An Explanation of the East Asian Miracle and Asian Crisis [J]. Review of International Economics, 2003, 11: 651-673.

[212] John Shuhe Li. The Benefits and Costs of Relation-based Governance: An Explanation of the East Asian Miracle and Crisis [J]. Review of International Economics, 2003, 11: 651-673.

[213] Kranton R. Reciprocal Exchange: A Self-sustaining System [J]. American Economic Review, 1996 (4): 830-851.

[214] Knack S, P Keefer. Does Social Capital Have An Economic Payoff? A Cross-Country Investigation [J]. Quarterly Journal of Economics, 1997, 112 (4): 1251-1288.

[215] Knack S. Social Capital and the Quality of Government: Evidence from the States [J]. American Journal of Political Science, 2002, 46 (4): 772-785.

[216] Kreps David. Corporate Culture and EconomicTheory [M] // JamesAlt, Ken-neth Shepsle. Perspectives on Positive Political Economy. Cambridge: Cambridge University Press, 1990: 90-143.

[217] Korczynski M. The Political Economy of Trust [J]. Journal of Management Studies, 2000, 37: 1.

［218］Kornai J, B Rothstein, S Rose-Acherman. Creating Social Trust in Post-Socialist Transition ［J］. Palgrave MaCmillan, 2004.

［219］Kandori M. Social Norms and Community Enforcement ［J］. Review of Economic Studies, 1992, 59（1）: 61-80.

［220］Knight F H. Risk, Uncertainty, and Profit ［M］. Boston, MA: Hart, Schaffner & Marx; Houghton Mifflin Company, 1921.

［221］Koford B, J B Miller. A Model of Contract Enforcement in Early Transition ［J］. ISNIE Conference paper, 1999.

［222］Kolko G. The Triumph of Conservatism ［M］. NewYork: Free Press, 1977.

［223］Klein B, R G Crawford, A Alchain. Vertical Integration, Appropriable Rents, and the Competitive Contracting Process ［J］. Journal of Law and Economics, 1978, 21（2）: 297-326.

［224］Kreps D, P Milgrom, Roberts, et al. Rational Cooperation in the Finitely Repeated Prisoners Dilemma ［J］. Journal of Economic Theory, 1982, 27: 245-52.

［225］M Tsuchiya, La Porta R, Andrei Shleifer, et al. Trust in Large Organizations ［J］. American Economic Review, 1977, 87（2）.

［226］Lawler E E. The Ultimate Advantage: Creating the High-involvement Organization ［M］. San Francisco: Jossey-Bass, 1992.

［227］Leigh A. Trust, Inequality and Ethnic Heterogeneity ［J］. Economic Record, 2006, 82: 268-280.

［228］Lewis J David, Weigert Andrew. Trust as A social reality ［J］. Social Forces, 1985, 63（4）: 967-985.

［229］Luhmann N. Trust and Power ［M］. NewYork: John Wiley, 1979.

［230］Ledyard J. Public Goods: A Survey of Experimental Research ［M］//J Kagel, A Roth. Handbook of Experimental Economics. Princeton: Princeton University Press, 1995.

［231］Luo Jar-Der. Particularistic Trust and General Trust: A Network Analysis in Chinese Organ izations ［J］. Management and Organization Review, 2005, 1（3）: 437-458.

［232］Macneil, Ian R. The Many Futures of Contracts ［J］. Southern

California Law Review, 1974, 47: 691-816.

[233] McCallum J. National Borders Matter: Canada——U.S. Regional Trade Pattern [J]. American Economic Review, 1995, 85 (3): 615-623.

[234] Morgan, Robert M, Hunt, et al. The Commitment-trust Theory of Relationship Marketing [J]. Journal of Marketing, 1994, 58 (3): 20-38.

[235] Mansyur C, Amick B, Harist R B, et al. Social Capital, Income Inequality, and Self-rated Health in 45 Countries [J]. Social Science and Medicine, 2008, 66 (1): 43-56.

[236] Masanori Kuroki. Does Social Trust Increase Individual Happiness in Japan? [J]. Journal of the Japanese Economic Association, 2011, 62 (4).

[237] Macaulay, Stewart. An Empirical View of Contract [J]. WisconsinLawReview, 1985 (3): 465-482.

[238] Manabe, Kazufumi. People's Attitudes Toward Technology and Environment in China [J]. Kwansei Gakuin University Annual Studies, 1995.

[239] Macneil, IanR. Relational Contract: What We Do and We Do Not Know [J]. Wisconsin Law Review, 1985 (3): 482-524.

[240] Murrell, Peter. How far has the Transition Progressed? [J]. Journal of Economic Perspectives, 1996, 10: 25.

[241] Mattli, Walter. Private Justice in A Global Economy: From Litigation to Arbitration [J]. International Organization, 2001, 55: 919-947.

[242] McMillan, John, Christopher Woodruff. Private Order under Dysfunctional public order [J]. Michigan law Review, 2000, 98: 2421-2458.

[243] McMillanJ, Woodruff C. The Central Role of Entrepreneursin Transition Economies [J]. Journal of Economic Perspective, 2002, 16 (3): 153-170.

[244] Murrell, Peter. How Far has the Transition Progressed? [J]. Journal of Economic Perspectives, 1996, 10: 25.

[245] Mueller E N, M Seligson. Civic Culture and Democracy: The Question of Causal Relationships [J]. American Political Science Review, 1994, 88.

[246] Martin Kilduff, Wenpin Tsai. Social Networks and Organizations [M]. London: Sage Publications, 2003.

[247] McMillan, John, Christopher Woodruff. Dispute Prevention without

Courts in Vietnam [J]. Journal of Law, Economics and Organization, 1999, 15: 637-658.

[248] Milgrom, Paul, John Roberts. Predation, Reputation, and Entry Deterrence [J]. Journal of Economic Theory, 1982, 27: 280-312.

[249] Misztal B. Trust in Modern Societies [M]. Cambridge: Polity Press, 1996.

[250] Mansbridge, Jane. Altruistic Trust [M] //Mark Warren. Democracy and Trust. New York: Cambridge University Press, 1999.

[251] Miguel E, P Gertler, D L Levine. Does Industrialization Build or Destroy Social Networks [J]. Economic Development and Culture Change, 2006, 54 (2): 287-317.

[252] Morgan R, Hunt S D. The Commitment-trust Theory of Relationship Marketing [J]. Journal of Marketing, 1994, 58: 20-38.

[253] Macneil I R. The Many Futures of Contracts [J]. Southern California Law Review, 1974, 47: 691-816.

[254] Merry S E. Rethinking Gossip and Scandal [M] //Donald Black. Toward a General Theory of Social Control. New York: Academic Press, 1984.

[255] McMillan J, C Woodruff. Interfirm Relationships and Informal Credit in Vietnam [J]. The Quarterly Journal of Economics, 1999, 10: 1285-1315.

[256] Mayer R C, Davis J H, Schoorman F D. An Integrative Model of Organizational Trust [J]. Academy of Management Review, 1995, 20 (3): 709-734.

[257] Macauley Stewart. Non-contractual Relations in Business: A Preliminary Study [J]. American Sociological Review, 1963, 28: 55-69.

[258] Mishler William, Rose Richard. What Are the Origins of Political Trust？Testing Institutional and Cultural Theories in Post-Communist Societies [J]. Comparative Political Studies, 2001, 34 (1): 30-62.

[259] Milgrom Paul, Douglas North, Barry Weingast. The Role of Institutions in the Revival of Trade: The Law Mechant, Private Judges, and the Champagne Fairs [J]. Economics and Politics, 1990, 2: 1-23.

[260] North D. Institutions, Institutional Change and Economic Performance [M]. Cambridge: Cambridge University Press, 1990.

[261] North D. Economic Performance through Time [J]. American Economic Review, 1994, 84, 359-368.

[262] North D, B Weingast. Constitutions and Commitment: The Evolution of Institutions Governing Public Choice in Seventeenth–Century England [J]. Journal of Economic History, 1994, XLIX, 803-832.

[263] North D, Thomas R P. The Rise of the Western World [M]. Cambridge: Cambridge University Press, 1976.

[264] Nooteboom B. Trust: Forms, Foundations, Functions, Failures and Figures [M]. Cheltenham UK: Edward Elgar, 2002.

[265] Ostrom Elinor. Governing the Commons [M]. Cambridge: Cambridge University Press, 1990.

[266] Rotter J B. A New Scale for the Measurement of Interpersonal Trust [J]. Journal of Personality, 1967, 35: 651-665.

[267] Pruitt D G, Kimmel M J. Twenty Years of Experimental Gaming: Critique, Synthesis, and Suggestions for The Future [J]. Annual Review of Psychology, 1977, 28: 363-392.

[268] Portes A, J Sensenbrenner. Embeddedness and Immigration: Note on the Social Determinants of Economics action [J]. American Journal of Sociology, 1933, 98 (6): 1320-1350.

[269] Putnam R D. Making Democracy Work: Civic Traditions in Modern Italy [M]. Princeton: Princeton University Press, 1993.

[270] Putnam R D. The Prosperous Community: Social Capital and Public Life [J]. American Prospect, 1993, 13: 35-42.

[271] Putnam R D. Bowling alone: the Collapse and Revival of American Community [M]. New York: Simon and Schuster, 2000.

[272] Putnam R D. Bowling Alone: America's Declining Social Capital [J]. Journal of Democracy, 1995, 6: 65-78.

[273] Powell W W. Neither Market Nor Hierarchy: Network Forms of Organization [J]. Research in Organizational Behavior, 1990, 12, 295-336.

[274] Patterson O. Liberty Against the Democratic State: On the Historical and Contemporary Sources of American Distrust [M] //Mark E Warren. Democracy and Trust. Cambridge: Cambridge University Press, 1999.

[275] Recanatini, Ryterman. Disorganization or Self-organization? [J].

Working paper. The World Bank, Washington DC, 1999.

[276] Rubin Paul H. Growing A Legal System in the Post-communist Economies [J]. Cornell Internatonal Law Journal, 1994, 27: 1-47.

[277] Redding G. The Spirit of Chinese Capitalism [M]. Berlin: Walter de Gruyter, 1990.

[278] Raiser M, A Rousso, F Steves. Trust in Transition: Cross Country and Firm evidence [J]. William Davidson Institute Working Paper, 2004.

[279] Roth Felix. Does Too Much Trust Hamper Economic Growth [J]. Kyklos, 2009, 62 (1): 103-128.

[280] Roman Horvath. Does Trust Promote Growth? [J]. Journal of Comparative Economics, 2013, 41 (3): 777-788.

[281] Shapiro D, Sheppard B, Cheraskin L. Business on A Handshake [J]. Negotiation Jounal, 1992, 8 (4): 365-377.

[282] Simon H A. Administrative Behavior [M]. 2th. NewYork: Macmillan, 1961.

[283] Sabel C F. Studied Trust: Building New Forms of Cooperation in a Volatile Economy [J]. Human Relations, 1993, 46 (9): 1133-1170.

[284] Sztompka P. Trust: A Sociological Theory [M]. Cambridge: Cambridge University Press, 1999.

[285] Sako M, Helper S. Determinants of Trust in Supplier Relations: Evidence from the Automotive Industry in Japan and the United States [J]. Journal of Economic Behavior and Organization, 1998, 34 (3): 387-417.

[286] Solow Robert. But Verify [J]. New Republic, 1995 (11): 36.

[287] Uzzi B. Social Structure and Competition in Interfirm Networks: the Paradox of Embeddedness [J]. Administrative Science Quarterly, 1997, 42 (1): 35-67.

[288] Uzzi B. Making of Financial Capital: How Social Relations of Network Benefit Firms Seeking Finance [J]. American Sociological Review, 1999, 64: 481-505.

[289] Uslaner E M. The Moral Foundations of Trust [M]. Cambridge: Cambridge University Press, 2002.

[290] Volken T. Elements of Trust: The Cultural Dimension of Internet Diffusion Revisited [J]. Information Technology, Education and Society,

2002, 3 (1): 71-103.

[291] Williamson O E. The Economic Institutions of Capitalism [M]. New York: Simon & Schuster Press, 1985.

[292] Williamson O E. The Institution of Governance [J]. American Economics Review, 1998, 88 (2): 75-79.

[293] Williamson O E. Calculativeness Trust and Economic Organization [J]. Journal of Law and Economics, 1993, 36: 453-486.

[294] Williamson O E. The Vertical Integration of Production: Market Failure Considerations [J]. American Economic Review, 1971, 61: 112-123.

[295] Williamson O E. Organization Form, Residual Claimants, and Corporate Control [J]. Journal of Law and Economics, University of Chicago Press, 1983, 26 (2): 351-366.

[296] Williamson O E. Transaction Cost Economics: the Governance of Contractual Relations [J]. Journal of Law and Economics, 1979, 22: 233-261.

[297] Weingast Barry. Constitutions as Governance Structures: the Political Foundations of Secured Markets [J]. Journal of Institutional and Theoretical Economics, 1993, 149 (1): 286-311.

[298] Watson J. Starting Small and Renegotiation [J]. Journal of Economic Theory, 1999, 85: 52-90.

[299] Welch M R, D Sikkink, E Sartain, et al. Trust in God and Trust in Man: The Ambivalent Role of Religion in Shaping Dimensions of Social Trust [J]. Journal for the Scientific Study of Religion, 2004, 3: 317-344.

[300] Wrightsman L S. Assumptions about Human Nature: A socialpsychological Analysis [M]. Monterey, CA: Brooks/Cole, 1974.

[301] Wrightsman L S. Interpersonal Trust and Attitudes Toward Human Nature [M] //J P Robinson, P R Shaver, L S Wrightsman. Measures of Personality and Social Psychological Attitudes. San Diego: Academic Press, 1991: 373-412.

[302] Whiteley P F. Economic Growth and Social Capital [J]. Political Studies, 2000, 48: 443-466.

[303] Yamagishi T. The Provision of a Sanctioning System as a Public Good [J]. Journal of Personality and Social Psychology, 1986, 51: 110-116.

[304] Young-Ybarra C, Wiersema M. Strategic Flexibility in Information Technology Alliances: The Influence of Transaction Cost Economics and Social Exchange Theory [J]. Organization Science, 1999, 10 (4): 439-459.

[305] Woodruff C. Establishing Confidence in Business Partners: Courts, Networks, and Relationships as Pillars of Support [J]. Working Paper, 2000.

[306] Young J H. Pure Food: Securing the Federal Food and Drugs Act of 1906 [M]. Princeton: Princeton University Press, 1989.

[307] Yang D L. Remaking the Chinese Leviathan: Market Transition and the Politics of Governance in China [M]. Stanford, CA: Stanford University Press, 2004.

[308] Zak P, Knack S. Trust and Growth [J]. The economicjournal, 2001, 111: 295-321.

[309] Zucker L G. Production of Trust: Institutional Sources of Economic Structure [J]. Research in Organization Behavior, 1986, 18: 53-111.

國家圖書館出版品預行編目(CIP)資料

經濟轉型與信任危機治理 / 袁 正 著. -- 第一版.
-- 臺北市 ： 崧燁文化，2018.08

　面 ；　　公分

ISBN 978-957-681-499-0(平裝)

1.經濟倫理

　198.55　　　107013272

書　名：經濟轉型與信任危機治理
作　者：袁 正著
發行人：黃振庭
出版者：崧燁文化事業有限公司
發行者：崧燁文化事業有限公司
E-mail：sonbookservice@gmail.com
粉絲頁　　　　　　網　址：
地　址：台北市中正區重慶南路一段六十一號八樓815室
8F.-815, No.61, Sec. 1, Chongqing S. Rd., Zhongzheng
Dist., Taipei City 100, Taiwan (R.O.C.)
電　話：(02)2370-3310　傳　真：(02) 2370-3210
總經銷：紅螞蟻圖書有限公司
地　址：台北市內湖區舊宗路二段121巷19號
電　話:02-2795-3656　傳真:02-2795-4100　網址：
印　刷：京峯彩色印刷有限公司（京峰數位）

　本書版權為西南財經大學出版社所有授權崧燁文化事業有限公司獨家發行
　電子書繁體字版。若有其他相關權利及授權需求請與本公司聯繫。

定價：450 元

發行日期：2018 年 8 月第一版

◎ 本書以POD印製發行